求是智库
ZJU Think Tank

舟山群岛新区自由港研究丛书

丛书主编 罗卫东 余逊达

浙江舟山群岛新区建设用地空间保障研究

Space Supporting Research of
Construction Land in Zhejiang Zhoushan
Archipelago New Area

谭永忠◎著

ZHEJIANG UNIVERSITY PRESS

浙江大学出版社

图书在版编目(CIP)数据

浙江舟山群岛新区建设用地空间保障研究 / 谭永忠
著 .一杭州：浙江大学出版社，2019.6
ISBN 978-7-308-19561-4

Ⅰ.①浙…　Ⅱ.①谭…　Ⅲ.①城市建设－土地利用－
研究－舟山　Ⅳ.①F299.275.53

中国版本图书馆 CIP 数据核字(2019)第 197840 号

浙江舟山群岛新区建设用地空间保障研究

谭永忠　著

责任编辑	陈思佳　杨利军
责任校对	陈静毅　张培洁
封面设计	项梦怡
出版发行	浙江大学出版社
	（杭州市天目山路 148 号　邮政编码 310007）
	（网址：http://www.zjupress.com）
排　　版	杭州隆盛图文制作有限公司
印　　刷	杭州高腾印务有限公司
开　　本	710mm×1000mm　1/16
印　　张	20.5
字　　数	290 千
版 印 次	2019 年 6 月第 1 版　2019 年 6 月第 1 次印刷
书　　号	ISBN 978-7-308-19561-4
定　　价	68.00 元

总　序
开启舟山"自由港"筑梦之旅

　　舟山群岛是中国第一大群岛,拥有 1390 个岛屿和 270 多千米深水岸线,历史上被誉为东海鱼仓和中国渔都。从地缘区位来看,舟山是"东海第一门户",地处中国东部黄金海岸线与长江黄金水道的交汇处,背靠长三角广阔腹地,面向太平洋万顷碧波,是我国开展对外贸易和交往的重要通道。从自然地理来看,舟山港域辽阔,岸线绵长,航门众多,航道畅通,具有得天独厚的深水港口和深水航道优势,是大型深水港及集装箱码头的理想港址。

　　舟山独特的地缘区位优势与自然地理优势,使它在 16 世纪上半叶就成为当时东亚最早、最大、最繁华的贸易港,汇聚了葡萄牙、日本等十多个国家的商人,呈现出自由贸易港的雏形。但后来由于倭寇入侵等原因,舟山成为海盗、海商与朝廷对抗的地方。明朝开始实行的"海禁"政策,使舟山的区位优势和地理优势未能转化为支撑舟山经济发展的产业优势。鸦片战争期间,那些来到舟山的侵略者也赞叹它优越的地缘区位和自然禀赋。一名英国海军上校在信中就曾这样写道:"舟山群岛良港众多……如果英国占领舟山群岛中的某个岛屿,不久便会使它成为亚洲最早的贸易基地,也许是世界上最早的商业基地之一……其价值不可估量。"然而,晚清政府屡弱无能,舟山的岛屿价值和港口优势并没有得到应有的重视和开发。因此,在近代中国百年历史中,舟山一直以"渔都"存在着,无人梦及"自由港"。

新中国成立后特别是改革开放政策实施以来,舟山开始焕发勃勃生机,它的地缘区位优势与自然地理优势也受到广泛关注。随着改革开放的深化,2011 年 6 月 30 日,国务院正式批准设立浙江舟山群岛新区,舟山成为我国继上海浦东、天津滨海和重庆两江之后设立的第四个国家级新区,也是首个以海洋经济为主题的国家级新区,舟山群岛的开发开放上升成为国家战略。2013 年 1 月 17 日,国务院批复了《浙江舟山群岛新区发展规划》,明确了舟山群岛新区的"三大定位"(浙江海洋经济发展先导区、全国海洋综合开发试验区、长江三角洲地区经济发展重要增长极)和"五大目标"(我国大宗商品储运中转加工交易中心、东部地区重要的海上开放门户、重要的现代海洋产业基地、海洋海岛综合保护开发示范区、陆海统筹发展先行区),舟山的国家战略使命更加清晰。而后,随着我国"一带一路"倡议的提出,2014 年 11 月,李克强总理在考察浙江期间指出,舟山应成为 21 世纪海上丝绸之路的战略支点。殷殷期许承载了多少历史的蹉跎、时代的重托。

中国特色自由贸易港发展战略研究总序根据国际经验和中国的发展目标及具体情况,我们认为,实现舟山的战略使命,关键在于利用舟山的地缘区位优势与自然地理优势,把舟山创建成中国内地首个自由贸易港区。这既是舟山对国务院提出的"三大定位"、"五大目标"的深入贯彻,也是舟山"四岛一城一中心"建设目标的突破口和核心环节,更是我国发展海洋经济、创建国际竞争新优势的重大举措。

把舟山创建成中国内地首个自由贸易港区,其技术路线图大致是:从综合保税区到自由贸易园区,再到自由港区。具体而言,第一步,建设综合保税区,让舟山先拥有传统的海关特殊监管区。第二步,选择合适的区域建设舟山自由贸易园区,实行国际通行的自由贸易园区政策,实现贸易自由、投资自由、金融自由和运输自由,使之成为中国内地经济活动自由度最高、最活跃的地区。第三步,争取将舟山全境建设成自由港区,实现贸易和投资自由化,成为能与德国汉堡、荷兰鹿特丹、新加坡、中国香港等相媲美的自由港。

　　自由港作为国际通行的一国或地区对外开放的最高层次和最高形态,其建设内容是多方面的,比如推动建立完备的自由贸易区法律体系,建立简洁高效的自由贸易区管理体制,逐步放开海关监管、提高海关工作效率,促进金融制度改革等。同时,这些改革举措如何与国家的宏观制度环境相契合,也需要认真考量和应对。这就需要我们从国家战略的角度,先期进行科学的理论研究和顶层设计。基于这样的思路,从 2013 年开始,浙江大学社会科学研究院设立"浙江大学文科海洋交叉研究专项课题",组织金融、管理、贸易、法律、生态等相关领域的专家学者,一方面研究借鉴国内外相关经验,一方面深入舟山进行调查研究,多领域、多角度、多层次地提出问题和分析问题,进而为舟山群岛新区"自由港"建设提供理论论证和决策咨询建议。现在,我们将成果结集为"舟山群岛新区自由港研究丛书",并作为"求是智库"系列丛书之一献给大家,以响应我国"一带一路"倡议和海洋强国战略建设的伟大号召。

　　是为序。

余逊达

2016 年 12 月 8 日

前　言

　　2011 年,国务院批准设立浙江舟山群岛新区(以下简称"舟山新区")。舟山新区成为我国继上海浦东新区、天津滨海新区、重庆两江新区之后的第四个国家级新区,是我国第一个以海洋经济为主题的国家级新区。2013 年,国务院正式批复《浙江舟山群岛新区发展规划》,明确了舟山新区作为浙江海洋经济发展先导区、全国海洋综合开发试验区、长江三角洲地区经济发展重要增长极的"三大战略定位"和中国大宗商品储运中转加工交易中心、东部地区重要的海上开放门户、重要的现代海洋产业基地、海洋海岛综合保护开发示范区和陆海统筹发展先行区的"五大发展目标"。规划到 2015 年,舟山新区实现海洋生产总值 1000 亿元,年均增长 17％以上,港口货物年吞吐量达到 4 亿吨以上;到 2020年,海洋生产总值年均增长 20％左右,接近 2500 亿元,港口货物年吞吐量达到 6 亿吨以上。

　　2015 年,浙江省设立了舟山新区海洋产业集聚区,这是浙江省 15个省级产业集聚区中唯一一个既拥有省级高新技术产业园区又拥有国家综合保税区的集聚区。2017 年,中国(浙江)自由贸易试验区落户舟山,这是中国唯一一个由陆域和海洋锚地组成的自由贸易园区,也是中国立足环太平洋经济圈的前沿地区,与"一带一路"倡议下的沿线国家建立合作的重要窗口。2017 年,党的十九大提出"赋予自由贸易试验区更大改革自主权,探索建设自由贸易港",自由港将成为未来舟山新区的建设目标。由此可知,舟山新区承担着实现国家和浙江省发展战略的重任,同时将迎来一个经济总量的高速增长期。舟山新区的土地资源如何为未来的发展提供建设空间保障,是舟山新区发展面临的一个现实问题。

舟山新区土地总面积为 1456 平方公里,目前已开发建设用地 356 平方公里,国土开发强度为 24.5%,显著高于浙江全省开发强度(12.5%,均扣除水库水面),在全省各市中仅次于嘉兴市(27.5%),位列全省第二,超过中国香港(23.4%)、法国巴黎(22.7%)和英国伦敦(23.7%),逐渐接近日本东京(29.4%)的开发强度。规划基本农田保护率高达 93.2%。作为典型的海岛型地区,与陆地城市相比,舟山新区土地资源呈现出以下特点。第一,可供开发利用的土地资源极为稀缺。舟山新区岛屿地面坡度大于 15° 的占 44.3%,大部分为海岛生态防护林,不宜开发利用;坡度小于 15° 的土地主要为无人岛和潮间带。目前适宜开垦为耕地的后备资源不足 1 万亩(6.67 千米²),而近 10 年舟山新区的年均建设用地增加面积超过 10 千米²,其中耕地超过 5 千米²。第二,耕地资源匮乏,耕作种植严重受制于水资源。舟山新区耕地资源少且布局分散,土壤盐碱化日趋严重,耕地利用效益低,同时由于群岛淡水资源紧缺,耕地利用严重受制于水资源,粮食作物播种面积仅为 51.30 千米²,耕地撂荒比例较高。相应地,舟山新区第一产业以渔业为主,目前农林牧渔业生产总值中农业产值仅占 4.34%,且近年所占比重不断下降。第三,岛屿建设用地布局分散,基础设施及特殊用地比重高。舟山新区岛屿分布总体呈"大岛近岸,小岛离散"的空间形态,建设用地布局总体呈现较为分散的状态,各岛屿基础设施共享性差,基础设施用地比重较高。另外,作为国家军事战略要地,特殊用地面积大、比重高,旅游配套服务设施用地多。

为了挖掘舟山新区适应未来发展的建设空间保障潜力,针对舟山新区土地资源的特点,本书在明晰舟山新区土地资源利用现状与建设用地空间需求的基础上,从陆海统筹的视角,以基于渔耕平衡的耕地占补平衡制度改进、促进海上花园城市建设的城乡建设用地节约集约利用、促进海洋产业集聚的开发区用地集约利用、建设用地后备空间资源的合理开发利用等为核心，并借鉴新加坡这一代表性自由港的建设用地空间管理经验，开展舟山新区建设用地空间保障机制研究。

　　全书共分为六章。第一章主要阐述了舟山新区的土地资源状况，分析了其未来建设用地需求。第二章阐述了新加坡这一代表性自由港的建设用地特征，归纳总结了若干政策启示。第三章分析了舟山新区耕地占补平衡面临的困境，基于渔耕平衡和农田当量视角，提出了舟山新区耕地占补平衡制度改进设想及其政策建议。第四章针对舟山新区将海上花园城作为未来建设目标，并且将"紧凑集约，高效利用土地"作为规划原则之一，研究了促进海上花园城市建设的舟山城乡建设用地节约集约利用，提出了若干政策建议。第五章针对舟山新区海洋产业集聚区是浙江省重点建设的产业集聚区，开发区将承担为未来海洋产业集聚发展提供用地空间保障的重任，研究了促进海洋产业集聚的舟山新区开发区土地集约利用。第六章研究了舟山新区沿海滩涂资源开发利用、低丘缓坡资源开发利用和农村居民点用地综合整治这三种建设用地后备空间资源未来的开发利用潜力，并提出了若干政策建议。

　　本书的出版得到浙江大学文科海洋交叉研究项目和浙江省科技厅软科学计划项目的资助，在数据资料收集过程中得到国家海洋局第二海洋研究所、原舟山市国土资源局、舟山市发展和改革委员会等相关部门的支持，浙江大学出版社为本书的出版提供了诸多帮助，在此一并表示衷心感谢。

谭永忠
2018 年 12 月

目　录

第一章　舟山群岛新区土地资源状况与建设用地需求分析 / 1

第一节　舟山群岛新区土地资源利用的自然环境与社会经济
　　　　背景 / 1

第二节　舟山群岛新区土地资源利用现状特征 / 14

第三节　舟山群岛新区土地资源的变化及其存在的问题 / 36

第四节　舟山群岛新区建设用地需求分析 / 46

第二章　代表性自由港的建设用地空间特征及管理启示 / 58

第一节　新加坡的建设用地空间规模与结构变化特征 / 58

第二节　新加坡的土地管理制度特征及其启示 / 67

第三章　舟山群岛新区耕地占补平衡面临的困境与改进研究 / 75

第一节　舟山群岛新区耕地资源现状与占补平衡面临的困境 / 75

第二节　舟山群岛新区基于渔耕平衡的耕地占补平衡制度
　　　　改进 / 85

第三节　基于农田当量的舟山群岛新区耕地占补平衡制度
　　　　设计 / 115

第四章　促进海上花园城市建设的舟山城乡建设用地节约集约
　　　　研究 / 135
　　第一节　建设用地节约集约利用的基本理论 / 135
　　第二节　舟山群岛新区社会经济发展与建设用地变化分析 / 164
　　第三节　舟山群岛新区建设用地节约集约利用状况评价
　　　　　　分析 / 176
　　第四节　促进海上花园城市建设的舟山建设用地节约集约利用
　　　　　　政策建议 / 199

第五章　促进海洋产业集聚的舟山群岛新区开发区集约用地
　　　　研究 / 209
　　第一节　舟山群岛新区开发区建设用地特征 / 210
　　第二节　舟山群岛新区开发区建设用地集约利用程度 / 229
　　第三节　舟山群岛新区开发区建设用地集约利用潜力 / 248
　　第四节　促进海洋产业集聚的舟山群岛新区开发区集约用地
　　　　　　政策建议 / 261

第六章　舟山群岛新区建设用地后备空间资源 / 277
　　第一节　舟山群岛新区沿海滩涂资源的合理开发利用 / 278
　　第二节　舟山群岛新区低丘缓坡资源的合理开发利用 / 289
　　第三节　舟山群岛新区农村居民点的综合整治 / 301

参考文献 / 311

第一章
舟山群岛新区土地资源状况与建设用地需求
分析

第一节 舟山群岛新区土地资源利用的自然环境
与社会经济背景

一、自然地理背景

(一)地理位置

舟山市是新兴的海岛港口旅游城市,位于我国东南沿海,浙江省东部,长江口东南,钱塘江、甬江的入海交汇处,杭州湾外缘东海海域。其地理位置位于东经 121°30′—123°25′、北纬 29°32′—31°04′,东西长 182千米,南北宽 169 千米[①],陆域总面积为 1455 千米^2(第二次土地调查数据)。市内陆域由 1390 个大小岛屿组成,海岸线总长 2444 千米,其中水深 15 米以上的岸线长度为 201 千米,水深 20 米以上的岸线长度为 104千米。市内最大岛屿是舟山本岛,东西长 45 千米,南北宽 18 千米,面积

---

① 舟山市人民政府网站(自然地理)。

502 千米²,为我国第四大岛。① 随着"长三角"经济整合、建设海洋经济强省、打造先进制造业基地和环杭州湾产业带的逐步推进,先行先试建设舟山群岛新区已上升为国家战略,舟山市独特的地理位置优势进一步凸现。

(二)地形地貌

舟山市地貌属海岛丘陵区,系浙江省境内天台山余脉向东北方向延伸入海出露部分,山地面积占三分之二,平原及淡水水域面积仅占三分之一。舟山岛屿由高到低呈"西南-东北"走向:西南部大岛较多,分布密集;东北部多为小岛,分布零散。海域自西向东由浅入深。岛内丘陵起伏,有较多的丘间谷地。一般大岛中央绵亘分水岭,山脚和滨海呈小块平地。全区最高峰为桃花岛的对峙山,海拔 544.4 米;其次是舟山岛的黄杨尖,海拔 503.6 米;其余山峰的海拔一般为 200～400 米。② 群岛海岸线蜿蜒曲折,总长度 2444 千米。

(三)地质构造

舟山群岛地质构造属闽浙隆起地带东北端,地表出露以侏罗纪火山岩及燕山晚期侵入岩为主,另有部分为潜火山岩和变质岩。陆域以丘陵山地为主,土层以较厚的海相沉积为主,少量为海陆交互相沉积,以火山岩分布最为广泛。平原区为第四纪松散沉积物,成因类型复杂,相变频繁。

(四)气候条件

舟山市属北亚热带南缘季风海洋性气候:冬季受蒙古冷高压控制,盛行西北风,以晴冷、干燥天气为主,是低温、少雨的季节;夏季受太平洋副热带高压控制,盛行东南风,空气湿润,是高温、强光照的季节。全年常有大风天气出现,夏秋台风(热带风暴)影响频繁。舟山市年平均太阳总辐射量为 111.5～117.8 千卡/厘米²;年均日照时数为 2101.3～2302.8 时,居浙江省首位;年均气温为 15.4～17.6℃,极端最低气温为 -7.9℃,极端最高气温为 39.1℃,年均温差为 20.3～23.3℃。全市多

---

① 舟山档案网(舟山概况)。
② 《舟山市土地利用总体规划(2006—2020 年)》(2013 修改版)。

年年均降水量为 1275.2 毫米,地区年均降水量为 1038.1～1553.1 毫米,全市平均最大年降水量为 1648.5 毫米(1977 年),最小年降水量为 632.6 毫米(1967 年),雨日为 91～170 天。①

（五）土壤植被

舟山市域内土壤有红壤、黄壤、基中性火山岩土、粗骨土、石质土、新积土、潮土、滨海盐土、水稻土等九个土类,按分布面积大小依次为粗骨土、红壤、滨海盐土、水稻土,上述四类土壤面积之和占全市土壤总面积的 92.4%,其余土壤面积仅占 7.6%。② 土壤从丘陵地到滨海滩涂地,质地由粗到细,筛选性明显,山冈陡坡为石砾砂土,滨海滩涂地以匀细的涂泥为主。土壤 pH 值为 8～9,从丘陵到滨海逐渐增高,盐分含量增大。土壤有机质含量较低,一般为 1.0%～1.5%。③ 舟山市植被属浙江省天台山、括苍山山地植被片,大致可划分为草本植被、灌草丛植被与森林植被三类。滨海滩涂和小块平原上,生长着各种草本植被,丘陵和山地上长有草丛与森林。目前各岛屿上原生植被已不多见,大多为次生植被和人生植被,马尾松和黑松林是各岛主要植被类型。

（六）河流水系

舟山市与我国的主要陆地分隔,无过境客水,山低源短,水资源基本全靠降水补给;岛屿分散造成地面径流差异大,诸岛水系很不发达,多为季节性间歇河流,兼农田灌溉之功用。全市共有大小河道 495 条计683068 米,其中定海区 243 条计 292579 米,普陀区 136 条计 217064 米,岱山县 84 条计 113225 米,嵊泗县 10 条计 15500 米,市本级 22 条计44700 米。④ 舟山本岛是个缺水的海岛,岛内河道以平地范围为界,间以山岭,互不相通,独流入海。由于岛屿分散,地面径流差异大,河流小,降雨径流大部分排泄入海,截流条件差,岛上缺乏建造大中型水库的条件。

---

① 《舟山市土地利用总体规划(2006—2020 年)》(2013 年修改版)。

② 同①。

③ 同①。

④ 同①。

二、海洋资源背景

(一)海岛资源

舟山市共有大小岛屿1390个,海岛的数量超过绝大部分沿海省份,与福建省的海岛数量基本相当(表1.1)。全市面积大于1千米² 海岛有59个,其中大于10千米² 的有16个,最大的舟山本岛面积为502千米²(不包括潮间带)。① 全市海岛呈"西北-东南"走向,以列岛形式排列,自北向南有嵊泗列岛、马鞍列岛、崎岖列岛、川湖列岛、浪岗山列岛、火山列岛、七姊八妹列岛、中街山列岛和梅散列岛等。岛屿分布从南到北,呈现出越往北越稀疏的特征:距岸较近的南部海域(舟山岛以南)岛屿分布较为密集,共有512个海岛,占39.4%;大岛集中分布在岱山岛以南的中南部,在全市16个面积大于10千米² 的大岛中,有14个分布在岱山岛以南的中南部海域,2个分布在衢山岛以北的北部海域。②

表1.1 舟山主要海洋资源与全国沿海省区市的对比③

地区	海域面积/万千米²	海岸线/千米	深水岸线/千米	海岛资源/个	滩涂面积/千米²
舟山市	2	2444	279	1390	185
浙江省	26	6696	506	2869	2606
辽宁省	15	2100	145	506	2070
山东省	15	3024	270	326	3223
江苏省	18	954	240	16	6873
上海市	1	470	90	24	645
福建省	14	3244	180	1546	1325
广东省	35	3368	340	759	1248
海南省	200	1528	110	280	171
广西壮族自治区	13	1595	86	651	1005

---

① 《舟山市土地利用总体规划(2006—2020年)》(2013年修改版)。
② 同①。
③ 同①。

(二)岸线资源

舟山港域适宜开发建港的深水岸段有 54 处,总长 279 千米,占全省的 55%,全国的 18%,与山东省的深水岸线长度接近,超过除广东省外其他省份深水岸线的长度(表 1.1)。其中,水深 15 米以上岸线长 201 千米,水深 20 米以上岸线长 104 千米(表 1.2)。按每千米深水岸线承载 500 万吨年吞吐能力的系数测算,舟山港域港口资源可建码头泊位年吞吐能力超过 10 亿吨[①],相当于目前上海港、宁波-舟山港货物吞吐量的总和。宁波-舟山港根据一体化规划,共有 19 个港区,其中舟山有 11 个。深水岸线中现已开发利用的约有 120 千米,尚未利用的有 160 多千米。54 段适宜开发的岸段中,41 段尚未开发利用。舟山港域航道畅通,港池宽阔,锚泊避风条件优越:可通航 15 万吨级船舶的航道有 13 条,可通航 30 万吨级船舶的航道有 3 条;有锚地 50 处,锚泊作业面积达 390 千米^2,其中可锚泊 10 万吨级船舶的锚地有 20 个,可锚泊 30 万吨级船舶的锚地有 5 个。[②] 港池受群岛环抱,水深浪小,少淤不冻,综合建港条件十分优越,可供第六代、第七代集装箱船、大型油轮、大宗散货船舶及更先进船型的通行和靠泊,是我国建设大型现代化深水港的理想港址。

表 1.2　舟山市海洋资源占全省和全国的比重[③]

海洋资源	总量	占全省比例/%	占全国比例/%
岛屿	1390 个	45	26
海岸线总长	2444 千米	35	8
深水岸线	279 千米	55	18

注:深水岸线是指适宜建设各类型万吨级及以上泊位的岸线。

(三)滩涂资源

舟山市地处长江、钱塘江、甬江三江入海的交汇处,以长江为主的"三江"入海泥沙在舟山市绵延曲折的海岸线沉积下来,形成了大量可开

---

① 《舟山市土地利用总体规划(2006—2020 年)》(2013 年修改版)。

② 同①。

③ 同①。

发利用的滩涂资源。目前,全市共有 5 米等深线以上滩涂面积 595.70 千米²,其中理论深度基准面以上的滩涂面积 185.40 千米²,超过海南省的滩涂面积(表 1.1)。这些年来,舟山市坚持把围垦造地工程作为拓展发展空间、建设海洋经济强市的重要战略举措。1951 年至 2011 年,全市已围垦海涂 400 余处,围垦成陆面积 160 多千米²,人均增加用地 200 米²。目前,已开发利用围垦成陆土地 11.20 千米²,其中:耕地 26.60 千米²,海水养殖用地 45.34 千米²,盐业生产用地 1120 公顷,城镇建设用地 8.34 千米²,机场、电厂、港口、公路等基础设施和工矿企业用地 46.87 千米²。[①]

(四)旅游资源

舟山市是中国优秀旅游城市,海洋旅游资源十分丰富,拥有两个国家级风景名胜区——普陀山和嵊泗列岛,普陀山是国家首批 5A 级旅游景区,拥有两个省级风景名胜区——岱山岛和桃花岛,以及众多的海洋特色休闲旅游岛屿,舟山市已经成为中国海岛海洋旅游的聚焦点、长三角海洋旅游目的地、海内外佛教朝拜圣地。舟山市海洋风光秀丽,气候宜人,环境优美。蓝天、白云、青山、阳光、沙滩、海洋,令人神驰心往。舟山市是我国环境空气质量最好的城市之一,市区环境空气质量好于或等于国家二级标准的天数达到 99.4%[②],是名副其实的海上花园城市、港口宜居城市。

三、水资源背景

在舟山群岛新区未来以海洋经济为主题的全方位发展中,水资源无疑成为最重要的支撑要素之一,并直接影响该区土地资源的利用。但舟山市地处海岛,河流短小,蓄水工程不足,水资源时空分布不均,人均拥有量仅占浙江省的三分之一左右,淡水资源供需矛盾突出(许红燕、黄志珍,2014)。

(一)淡水资源总量

舟山市淡水资源总量缺乏,全市多年(45 年)平均降水量仅为

① 《舟山市土地利用总体规划(2006—2020 年)》(2013 年修改版)。
② 同①。

1275.2 毫米,低于全省多年平均的 1604.4 毫米,全市多年平均水面蒸发量为 800～850 毫米,多年平均径流深 550.3 毫米,多年平均地表水资源量为 6.92×10^8 米^3,仅占全省的 0.7%。全市单位面积水资源量和人均拥有水资源量为全省最少,单位面积水资源量为 55.03×10^4 米^3/千米^2,为全省的 60%。空间分布上,水资源自西南向东北递减,定海最丰,嵊泗最缺(表 1.3)。人均拥有水资源量仅为 707 米^3,远低于全省和全国平均值,只有全省人均的 33.4%,低于人均 1000 米^3 的世界缺水警戒线,属于资源型缺水(许红燕、黄志珍,2014)。

表 1.3　舟山市及其各县(区)水资源量汇总

单位:万米^3

区域	水资源量				水资源可利用量			
	地表水	地下水	重复量	总量	地表水	地下水	重复量	总量
定海区	33551	7717	7717	33551	18691	768	275	19183
普陀区	21805	5015	5015	21805	9564	562	123	10003
岱山县	11825	2720	2720	11825	5502	351	85	5767
嵊泗县	1985	700	700	1985	761	65	8	818
全市	69165	16152	16152	69165	34516	1747	499	35771

（二）蓄水能力

舟山市水资源可利用总量虽为 358 千米^3,但本地的淡水资源现有开发利用率已达 37.3%,高于全省 35.4% 的平均水平,已达到国际通行的 35.0%～40.0% 的高开发率标准;但在目前的开发利用率下,全市的水环境已经显得十分脆弱,可见进一步开发地表水的潜力不大。且从"河流伦理学"的角度,现在国际上通常认为一条河调水不要超过 20%,用水不要超过 40%,否则对生态就会有严重影响。而且舟山市降雨集中在梅雨季和台风雨季,众多岛屿分散,各岛内呈一丘一岙地形,集水面积小,蓄水能力十分有限:遇到干旱年份会出现无水可蓄的情况;遇到集中降雨,则因河流源短流急,洪水径流量大,60% 左右的水以洪水形式流入大海(许红燕、黄志珍,2014)。舟山市所建水库以中、小型为主,径流调节能力小,表现为雨洪等蓄水工程多样性不足的工程型缺水。总之,舟山市淡水资源总量缺乏,蓄水能力弱,为资源型和工程型缺水地区。

(三)水资源时空分布

舟山市水资源的时空分布不均,削弱了对有限淡水资源的保障能力。降水与径流的空间分布类似,由西向东、自南向北递减。水面蒸发量的空间分布,全市相近,为800~850毫米。而年蒸发量与年降水量在空间分布上的相关关系可由干旱指数看出,全市两者比值为0.5~0.7,总的分布自西南向东北渐增(许红燕、黄志珍,2014)。

时间分布上,受梅雨和台风影响,降水与径流的年内分配均呈双峰型,主要集中在梅雨和台风雨季,两个雨季的多年平均降水量分别占全年的30.8%~35.0%和20.2%~26.1%,径流量分别占年径流量的21.6%和24.5%;连续最大4个月降水量占全年降水量的43.8%~46.7%,径流量占全年径流量的44.66%,出现时间在6~9月。11月至翌年2月是一年中的主要枯水期。受季节变化和温湿条件不同的影响,蒸发量7、8月最大,占全年的27.0%,1、2月仅占全年的9.2%。各水文要素的年际变化均较大:极值比降水为1.90~3.30,蒸发为1.44,径流为20.5;变差系数降水为0.18~0.21,径流为0.37~0.44,径流的年际变化比降水更为剧烈(许红燕、黄志珍,2014)。水资源总量常出现连续丰枯年,且枯水年份多于丰水年份。受降水和下垫面空间分布不均的共同影响,径流的年际变化更甚于降水,增加了河流对生产、生活用水供给保证的不稳定性,削弱了对有限淡水资源的保障能力。

(四)水资源污染状况

舟山市水资源污染状况比较严重,水污染进一步加剧了舟山市淡水资源的供需矛盾,淡水资源除了表现出资源型和工程型缺水的特点外,也表现出水质型缺水的特点。以2012年为评价期,对虹桥、岑港两个代表水库分别按照总氮参与和不参与进行评价,可以发现,全年期、汛期、非汛期水质分别为Ⅳ、Ⅴ类和Ⅲ类,营养化程度均为中营养。舟山市全年地表水功能区达标率0.0%,评价总河长10.2千米,其中Ⅲ类为6.2千米,Ⅳ类为4.0千米,地表水污染情况严重(浙江省水利厅,2012)。地下水水质相对较好,现状水质和目标管理水质均为Ⅲ类,矿化度1.6克/升,水化学类型以 Cl·HCO₃-Na·Ca 为主,地下水水功能区属海岛自然生态保护一级区和地质灾害易发二级区(浙江省水利厅,2009)。水资源的以上特点决定了舟山市水资源的开发利用必须开源节流并重,防污控污并举,以使有限的水资源在新区未来建设中最大限度地发挥效益,在最大程度上发挥可持续支撑作用。

四、社会经济背景

(一)人口增长状况

舟山市辖定海、普陀两个区,岱山、嵊泗两个县,岛屿 1390 个。2015年末常住人口为 115.2 万人,全市家庭总户数为 36.7 万户,户籍人口为97.4 万人。按性别分,男性为 48.1 万人,女性为 49.2 万人。全年户籍出生人数为 5990 人,死亡人数为 7309 人,人口自然增长率为-1.35‰。[①]户籍人口减少的同时,常住人口逐年增加,2010 年至 2015年舟山市常住人口增加了约 3 万,年均增长 0.54%(表 1.4)。

表 1.4　舟山市常住人口增长情况

单位:万人

年份	常住人口
2010	112.1
2011	113.7
2012	114.0
2013	114.2
2014	114.6
2015	115.2

数据来源:舟山统计年鉴(2011—2016)。

(二)城市化发展水平

2015 年,舟山市常住人口城镇化率达到 66.9%,比 2010 年提高 3.5个百分点(表 1.5)。城乡统筹发展水平位居全省前列。城市建成区面

---

① 2016 舟山统计年鉴。

积达到 71.74 千米²,组团式城市形态初具雏形,主城区市政配套设施和综合商务功能不断完善,旧城有机更新步伐加快。六横、金塘等小城市和一批中心镇加快发展,累计建成美丽海岛精品(特色)社区(村)89 个,在全省率先实现美丽乡村创建全域化。城镇居民和渔农村居民人均可支配收入分别达到 44845 元和 25903 元,城乡收入比由 2010 年的1.84∶1 缩小到 1.73∶1。基本公共服务水平和均等化程度显著提高。①

表 1.5　舟山市常住人口城镇化率情况

单位:%

年份	常住人口城镇化率
2010	63.4
2011	64.3
2012	65.3
2013	65.8
2014	66.3
2015	66.9

(三)经济发展水平

2015 年,舟山市 GDP 达到 1093 亿元,"十二五"期间年均增长9.9%,增速位居全省首位;定海区和普陀区占全市 GDP 的比重接近四分之三,其中定海区超过 40%(表 1.6)。"十二五"期间,人均 GDP(按常住人口计算)超过 1.5 万美元,全市一般公共预算收入达到 112.7 亿元,5 年累计完成固定资产投资 3947 亿元。全市海洋生产总值年均增长 11.8%,快于 GDP 1.9 个百分点,占 GDP 比重达到 70.0%,比 2010年提高 2 个百分点。② 舟山港域港口货物吞吐量达到 3.79 亿吨,金塘大浦口集装箱码头开港运营,7 家企业进入全国造船行业"白名单",成功举办国际海岛旅游大会,国际邮轮港正式开港,国家远洋渔业基地建设加快推进。

---

① 2016 舟山统计年鉴。
② 同①。

表 1.6　舟山市及其各县(区)GDP

单位:亿元

区域	2010 年	2011 年	2012 年	2013 年	2014 年	2015 年
定海区	256.1	318.2	351.7	382.7	416.7	449.2
普陀区	201.8	246.9	273.5	298.6	326.9	352.0
岱山县	128.9	154.8	166.7	180.8	192.3	206.4
嵊泗县	58.1	54.5	62.7	69.7	78.1	86.0
全市	644.9	774.4	854.6	931.7	1014.0	1093.6

数据来源:舟山统计年鉴(2011—2016)。

(四)基础设施建设状况

随着舟山跨海大桥的建成通车,舟山市实施全面登陆战略,大力推进城乡一体化,群岛面貌焕然一新。舟山市适应大桥时代新形势,实施三年交通畅通提升工程,建成城市立交、北向疏港公路一期、蜈蚣峙旅游集散中心等项目,新增公路总里程 161.3 千米,新开通 5 条空中客运航线、12 条海上客运航线。本岛北部、本岛至岱山等引水工程和六横海水淡化一期竣工投用,海水淡化日生产能力新增 5.3 万吨,海塘加固、水库改造、河道整治和城市防洪等一批水利工程完成,220 千伏大陆联网、舟山电厂二期扩建工程顺利建成。

五、社会政策背景

2011 年 6 月 30 日,国务院正式批准设立浙江舟山群岛新区,这是继上海浦东新区、天津滨海新区和重庆两江新区之后,国务院设立的又一个国家级新区,也是我国首个以海洋经济为主题的国家战略层面新区。舟山群岛新区作为国家战略空间,背负着为实现国家海洋经济战略先行先试的特殊使命,需要为建设海洋强国积极实践。

(一)国家层面社会政策背景

1.保障国家经济安全

我国仍处在工业化中期向后期过渡的关键阶段,经济增长仍然以制造业为主导,随着我国工业化、城镇化的快速推进,资源、能源消耗量呈快速上升趋势。这种产业结构特征决定了未来经济增长必将伴随着对资源、能源等大宗战略物资需求量的持续旺盛,而国内资源供求矛盾决定了我国战略物资对进口的依赖将持续增长。舟山市在保障我国大宗战略物资方面将发挥极其重要的作用,成为我国进口大宗商品的中转枢纽,比如国家铁矿砂中转基地、国家石油战略储备基地、全国最大商用石油中转基地、华东最大煤炭中转基地、全国最重要的化工品和粮油中转基地,在保障国家经济安全方面举足轻重。

2. 全面实施海洋战略

国家"十二五"规划纲要和党的十八大报告提出,发展海洋经济,建设海洋强国。海洋经济成为沿海开发的新热点。综观我国海洋经济的发展轨迹,主要有以下三个趋势。

一是从出口贸易主导向海洋经济拓展。从产业类型看,过去依赖港口发展出口贸易的开发方式正逐渐向更深层次的海洋产业体系拓展。海洋本身作为一种空间载体和资源参与到经济活动中来,海洋产业通过优化海洋经济结构和建设具有较强竞争力的现代海洋产业集聚区,实现经济发展方式的转变,促进科学发展。

二是从陆域岸线向海域海岛延伸。海域海岛正在成为现代海洋产业基地的空间载体,海洋经济从过去依托陆地和岸线发展临港工业的开发模式逐渐向海域、海岛延伸,向注重海洋资源、海洋权益的综合开发与保护转变。海洋经济空间关系的焦点也由关注"港城一体化"发展向关注"陆海统筹"发展转变。海洋经济的类型也由过去依托沿海岸线和土地资源发展以出口为导向的加工业,向依托海洋资源、以海岛作为海洋产业基地,发展深海勘探、海工装备等现代海洋产业体系转变。

三是海岛成为深化对外经贸合作的核心载体。从海岛本身的特征看,一方面,海岛独特的地理环境使其便于实施封闭管理并成为特殊政策的示范区;另一方面,海岛相对靠近陆域,同时也是陆域开放的前沿地区,容易成为先行先试的门户地区。在沿海城市海洋经济发展的大潮中,舟山群岛新区将成为以海洋经济为主题的国家新区。

3. 深化沿海对外开放

国家"十二五"规划纲要要求深化沿海开放,使其从全球加工装配基地向研发、先进制造和服务基地转变,率先建立与国际化相适应的管理体制和运行机制,推进服务业开放和国际服务贸易发展。自由贸易区(港)是参与国际资本与资源配置的门户。随着经济全球化进程的进一步加快,国际产业结构迅速调整,国际产业分工体系格局发生重大变化,由此带来了资源在全世界范围内的重新配置。这种资源配置的前提就是国际资本和大宗商品资源的跨国流动。

自由贸易是海洋经济发展的内在要求。海洋经济的特点在于国际性、开放性和流动性。海洋经济的发展,一方面需要核心资源要素的保障和利用,另一方面则需要对外开放,而自由贸易的发展与海洋经济存在必然的内在联系。海洋经济向新兴高端方向发展,尤其是向服务业、贸易业提升转变的过程,必然伴随着贸易的开放。在目前发展海洋经济的关键阶段,舟山群岛新区应率先以舟山港综合保税区为平台对自由贸易进行突破,以更高层次参与国际资本与资源配置,逐步建成符合国际标准的自由贸易港。

(二)省域层面社会政策背景

1.构建产业大平台支撑经济转型

针对浙江省民营经济发展长期积累的发展空间散、产业层次低、大项目少、企业规模小、增长后劲缺乏和抗风险能力弱的问题,浙江省提出通过"大平台、大产业、大项目、大企业"建设,加快转变经济发展方式。全省计划培育 14 个产业集聚区,形成具有集聚规模优势的空间组织模式,带动全省产业结构调整和经济转型升级,其中包括舟山海洋产业集聚区。

2.培育海洋经济新的增长点

浙江省陆地面积小,长期发展受到资源、能源的约束较大。但浙江是海洋资源大省,领海、专属经济区和大陆架的面积共有 26 万千米^2,海岸线长度和岛屿数均为全国第一。因此,在陆域资源已高密度开发的情况下,向海洋要空间、要资源,"加快发展海洋经济,争取成为海洋经济强省"成了浙江省经济发展的重要战略。根据《浙江海洋经济发展示范区规划》,舟山群岛新区将建设成为浙江省海洋经济发展的核心区。

3.全方位扩大对外开放

浙江省深化对外开放的格局主要有三个层次:首先,各中心城市更加强调对外开放的广度和深度;其次,通过设立特定的政策示范区寻求对外开放的专项突破;最后,门户城市依托海港、空港资源,更加有利于通过海关特殊监管区的优惠政策来深化对外开放,发挥先导作用。舟山群岛新区是浙江海洋经济核心区、海洋产业集聚区,具备独特的区位优势和资源优势,拥有国家新区先行先试的政策优势,在浙江省新一轮发展中将起到创新海洋经济发展模式、引领对外开放的重要作用。

第二节　舟山群岛新区土地资源利用现状特征

一、土地资源现状

(一)土地资源的规模与结构

舟山市的市域面积为 2.23 万千米^2,其中陆域总面积为 1455 千米^2,海域面积为 2.08 万千米^2。根据舟山市 2015 年土地利用变更调查数据,2015 年,全市土地面积 145577.94 公顷,其中,农用地 84629.77 公顷,占土地总面积的 58.13%;建设用地 34040.34 公顷,占土地总面积的 23.39%;其他土地 26908 公顷,占土地总面积的 18.48%。农用地中,耕地 23370.10 公顷,占土地总面积 16.05%;园地 2131.69 公顷,占土地总面积 1.46%;林地 50989.09 公顷,占土地总面积 35.03%;其他农用地 8138.89 公顷,占土地总面积 5.59%。建设用地中,城乡建设用地 26068.79 公顷,占土地总面积 17.92%;风景名胜及特殊用地 1723.24 公顷,占土地总面积 1.18%;交通水利用地 6248.31 公顷,占土地总面积 4.29%。其他土地中,水域 791.88 公顷,占土地总面积 0.54%;滩涂沼泽 14954.20 公顷,占土地总面积 10.27%;自然保留地 11161.75 公顷,占土地总面积 7.67%(表 1.7)。全市土地按面积从大到小依次为:林地、耕地、滩涂沼泽、村庄、自然保留地、城镇、其他农用地、交通水利用地、采矿用地、园地、风景名胜及特殊用地、水域。

表 1.7　舟山市土地利用现状（2015 年）

类别		面积/公顷	比重/%
农用地	耕地	23370.10	16.05
	园地	2131.69	1.46
	林地	50989.09	35.03
	其他农用地	8138.89	5.59
	合计	84629.77	58.13
建设用地	城乡建设用地 城镇	9617.38	6.61
	村庄	12411.06	8.53
	采矿用地	4040.35	2.78
	小计	26068.79	17.92
	风景名胜及特殊用地	1723.24	1.18
	交通水利用地	6248.31	4.29
	合计	34040.34	23.39
其他土地	水域	791.88	0.54
	滩涂沼泽	14954.20	10.27
	自然保留地	11161.75	7.67
	合计	26907.83	18.48
总计		145577.94	100

数据来源：舟山市 2015 年土地利用变更调查。

（二）土地资源的空间格局

根据舟山市 2015 年土地利用变更调查数据，2015 年，舟山市定海区、普陀区、岱山县和嵊泗县四个县（区）的土地面积分别为 57219.32 公顷、46147.77 公顷、32520.72 公顷和 9690.13 公顷。其中，定海区土地面积占比最大，为 39.30％。全市各县（区）土地资源利用现状的空间分布如表 1.8 和表 1.9 所示。

以县（区）为单位，定海区农用地 39398.56 公顷，占定海区土地总面积的 68.86％；建设用地 13758.21 公顷，占定海区土地总面积的 24.04％；其他土地 4062.55 公顷，占定海区土地总面积的 7.10％。普陀区农用地 26778.73 公顷，占普陀区土地总面积的 58.03％；建设用地

9787.72公顷,占普陀区土地总面积的21.21%;其他土地9581.32公顷,占普陀区土地总面积的20.76%。岱山县农用地16338.94公顷,占岱山县土地总面积的50.24%;建设用地7835.30公顷,占岱山县土地总面积的24.09%;其他土地8346.48公顷,占岱山县土地总面积的25.67%。嵊泗县农用地2113.54公顷,占嵊泗县土地总面积的21.81%;建设用地2659.11公顷,占嵊泗县土地总面积的27.44%;其他土地4917.48公顷,占嵊泗县土地总面积的50.75%(表1.8)。

表1.8 舟山市各县(区)土地利用现状面积(2015年)

单位:公顷

类别		定海区	普陀区	岱山县	嵊泗县
农用地	耕地	12321.70	6803.69	4008.28	236.43
	园地	1017.16	650.58	436.87	27.08
	林地	23281.86	16072.22	9852.46	1782.55
	其他农用地	2777.84	3252.24	2041.33	67.48
	合计	39398.56	26778.73	16338.94	2113.54
建设用地	城乡建设用地 城镇	5722.83	2462.37	906.77	525.41
	城乡建设用地 村庄	3370.57	4647.53	3565.34	827.62
	城乡建设用地 采矿用地	1098.37	760.27	2129.81	51.90
	城乡建设用地 小计	10191.77	7870.17	6601.92	1404.93
	风景名胜及特殊用地	611.19	382.09	512.31	217.65
	交通水利用地	2955.25	1535.46	721.07	1036.53
	合计	13758.21	9787.72	7835.30	2659.11
其他土地	水域	449.02	293.89	45.59	3.38
	滩涂沼泽	2473.64	6099.80	4765.15	1615.61
	自然保留地	1139.89	3187.63	3535.74	3298.49
	合计	4062.55	9581.32	8346.48	4917.48
总计		57219.32 (39.30%)	46147.77 (31.70%)	32520.72 (22.34%)	9690.13 (6.66%)

数据来源:舟山市2015年土地利用变更调查。

从各类土地资源的空间分布来看:全市农用地、建设用地数量最多

的是定海区,分别占舟山市农用地、建设用地总量的 46.55%、40.42%;
全市其他土地数量最多的是普陀区,占舟山市其他土地总量的
35.61%。从农用地资源的空间分布来看,耕地、园地以及林地数量最多
的是定海区,接着是普陀区、岱山县和嵊泗县。以耕地为例:定海区耕地
面积为 12321.70 公顷,占全市耕地总面积的 52.73%;普陀区耕地面积
为 6803.69 公顷,占全市耕地总面积的 29.11%;岱山县耕地面积为
4008.28 公顷,占全市耕地总面积的 17.15%;而嵊泗县耕地面积为
236.43 公顷,仅占全市耕地总面积的 1.01%。全市范围内,普陀区的其
他农用地最多,面积为 3252.24 公顷,占全市其他农用地总面积的
39.96%(表 1.9)。

表 1.9　舟山市各县(区)土地利用现状结构(2015 年)

单位:%

类别		定海区	普陀区	岱山县	嵊泗县
农用地	耕地	52.73	29.11	17.15	1.01
	园地	47.72	30.52	20.49	1.27
	林地	45.66	31.52	19.32	3.50
	其他农用地	34.13	39.96	25.08	0.83
	合计	46.55	31.64	19.31	2.50
建设用地	城乡建设用地　城镇	59.51	25.60	9.43	5.46
	村庄	27.16	37.44	28.73	6.67
	采矿用地	27.19	18.82	52.71	1.28
	小计	39.10	30.19	25.32	5.39
	风景名胜及特殊用地	35.47	22.17	29.73	12.63
	交通水利用地	47.30	24.57	11.54	16.59
	合计	40.42	28.75	23.02	7.81
其他土地	水域	56.70	37.11	5.76	0.43
	滩涂沼泽	16.54	40.79	31.87	10.80
	自然保留地	10.21	28.56	31.68	29.55
	合计	15.10	35.61	31.02	18.27

数据来源:作者计算整理。

根据 2015 年末舟山市各县区户籍总人口以及舟山市 2015 年土地利用变更调查数据,可得 2015 年全市各县区人均土地利用的现状(表1.10)。2015 年,舟山全市人均土地面积为 0.15 公顷,定海区、普陀区、岱山县和嵊泗县四个地区的人均土地面积分别为 0.15 公顷、0.14 公顷、0.17 公顷和 0.13 公顷。从人均耕地面积来看,舟山全市人均耕地面积为 0.024 公顷,定海区、普陀区、岱山县和嵊泗县四个地区的人均耕地面积分别为 0.032 公顷、0.021 公顷、0.021 公顷和 0.003 公顷。可见,舟山市人均拥有的土地资源占有量十分有限,各县(区)之间人均耕地资源占有量相差较大,嵊泗县人均耕地面积远低于全市平均水平。

表 1.10　舟山市及其各县(区)人均土地利用现状(2015 年)

区域	户籍总人口/万人	人均土地面积/公顷	人均耕地面积/公顷
定海区	38.77	0.15	0.032
普陀区	32.19	0.14	0.021
岱山县	18.65	0.17	0.021
嵊泗县	7.75	0.13	0.003
全市	97.36	0.15	0.024

(三)土地资源特征

1. 土地资源规模小,可利用土地资源有限

从土地总量上看,舟山市是浙江省土地面积最小的地级市,其土地总面积仅为全省土地总面积的 1.40%,全国土地总面积的 0.02%。全市境内多山,丘陵广布,地形起伏,可利用土地资源非常有限。受海岛地形、地貌限制,全市可供开发利用的岛屿仅占岛屿总数的 31%。岛屿地面坡度大于 15°的面积占土地总面积的 44.3%,大部分海岛土地为生态防护林,不宜开发利用。地面坡度小于 15°的土地中,建设用地占33.7%,耕地占 25.5%,其他农用地和未利用土地占 40.8%,主要为无人岛屿和岛屿岸线潮间带,可利用土地资源非常有限。经调查,除海涂围垦外,只有约 667 公顷(1 万亩)的山坡地和废弃建设用地可开发复垦

为耕地。①

2. 国土空间开发强度高,各县(区)间开发强度差异较大

2015年舟山市开发强度为23.38%,显著高于全省开发强度(12.16%),在全省各市中仅次于嘉兴市(27.09%),位列全省第二,开发强度接近英国伦敦(23.70%)和日本东京(29.40%)(石忆邵等,2010),也日益逼近30.00%的区域国土开发强度上限,直接影响未来的开发建设活动和生态环境。全市各县(区)中,四个地区的国土空间开发强度均超过20.00%,但存在明显差异,其中嵊泗县开发强度最高,为27.44%,比开发强度最低的普陀区高出6.23个百分点(表1.11)。

表1.11　舟山市及其各县(区)国土开发强度(2015年)

区域	建设用地总面积/公顷	国土开发强度/%
定海区	13758.21	24.04
普陀区	9787.72	21.21
岱山县	7835.30	24.09
嵊泗县	2659.11	27.44
全市	34040.34	23.38

数据来源:作者计算整理。

3. 基本农田保护率高,建设与保护的空间矛盾突出

随着浙江省舟山群岛新区和舟山海洋综合开发试验区的建设,以及舟山市与海洋经济相关的新兴产业的迅速崛起,舟山市的建设用地需求必将持续增长,土地供需矛盾将会更加突出。按照现有基本农田保护任务,建设用地根本无法"落地"。舟山市坡度小于15°、集中连片土地很少,除海涂以外,可进一步开发整理并复垦为耕地的可利用土地资源非常有限。"十二五"、"十三五"时期的新增建设用地需求量大,海岛可供建设的空间小,土地供需矛盾尖锐。从分布情况看,全市耕地主要集中在舟山本岛、岱山、六横、金塘、朱家尖、衢山等六个大岛的山地丘陵之间以及沿海低平区域,耕地分布区域基本上与建设用地扩展区域重叠,耕

---

① 《舟山市土地利用总体规划(2006—2020年)》(2013年修改版)。

地保护与建设占用的矛盾突出。

4.受淡水资源约束,耕地利用效益较低

舟山群岛地貌以山地丘陵为主,岛内集水面积小,淡水资源主要靠大气降水,蓄供水工程小而散,雨量丰沛时需泄洪,雨量少时就干旱,因此淡水资源较少。全市水资源总量 5.79 亿米³,缺水量达 1.64 亿米³,人均淡水资源拥有量 613.00 米³,仅为全省和全国人均拥有量的 25.4% 和23.6%。每年通过大陆引水解决 0.88 亿米³,引水成本达到 1.86 元/米³;通过海水淡化解决 0.76 亿米³,海水淡化成本为 6.0 元/米³,每年引水和海水淡化的总成本达到 6.2 亿元。① 这已经影响到海岛农业发展,全市第一产业比重逐年下降,从 2005 年的 14.1% 下降至 2010 年的9.9%。第一产业又以渔业为主导,渔业生产总值占农业总产值的88.4%;全市粮食自给率仅约为 5%。舟山农业用地特别是水田的生产条件差,生产成本高。根据水稻成本、收购价、每公顷产量和用水量等计算,舟山市水稻平均每公顷耗水成本高达 19020 元,种植水稻仅耗水成本是水稻平均种植成本的 2.0 倍,是国家水稻收购价格的 1.4 倍。如全市 11080 公顷水田不种植水稻,可为全市节约水资源 1.13 亿米³,节约引水成本 2.1 亿元。②

5.耕地规模小,且质量较差

舟山市耕地资源少且布局分散,受自然灾害侵袭较多,土壤盐碱化日趋严重,耕地质量较差。2015 年全市耕地面积 23370.10 公顷(35.06万亩),约占全省耕地总面积的 1.18%,占全国耕地总面积的 0.01%。耕地中,水田面积占 43.02%,其余 56.98% 为旱地,受海岛自然条件影响,产出率非常低。全市坡度在 15°以上的耕地有 3400 公顷(5.1 万亩),占全市耕地总量的 14%;坡度为 6°~15°的耕地有 4900 公顷(7.4万亩),占全市耕地总量的 20%;较为平坦的耕地多位于沿海,受土壤质量、淡水资源等条件制约,土地产出效益非常低。以水稻为例,平均每公

---

① 《舟山市土地利用总体规划(2006—2020 年)》(2013 年修改版)。
② 同①。

顷成本约为 9375 元(不含人工灌溉水源),产出仅为 13950 元。[①]

二、建设用地现状

(一)建设用地的规模与结构

舟山市是一个典型的群岛城市,其土地资源及其他资源禀赋与大陆地区迥异。群岛环境导致舟山市陆域面积狭小,布局分散,可利用土地少,开发成本高。市内较大的岛屿有较高山峰、丘冈,分层次构成则是以本岛为典型的高丘、低丘、平原、滩涂(潮间带)以及海域地貌的环状结构。较小岛屿往往是"一山一岛"或"一丘一岛",以低丘地貌为主。从地貌类型统计看,高丘占 9%,低丘占 61%,平原占 30%。丘陵面积在全部土地面积中所占的比重较大,导致可开发利用土地有限,并在一定程度上增加土地开发利用的难度。

根据舟山市 2015 年土地利用变更调查数据,2015 年,全市建设用地面积共计 34040.34 公顷,占土地总面积的 23.38%。全市建设用地按其面积从大到小依次为:村庄、城镇、交通水利用地、采矿用地和风景名胜及特殊用地(表 1.12)。

2015 年,全市城乡建设用地共计 26068.79 公顷,占建设用地总面积的 76.58%。其中,城镇用地 9617.38 公顷,占建设用地总面积的 28.25%;村庄用地 12411.06 公顷,占建设用地总面积的 36.46%;采矿用地 4040.35 公顷,占建设用地总面积的 11.87%。全市风景名胜及特殊用地共计 1723.24 公顷,占建设用地总面积的 5.06%。全市交通水利用地共计 6248.31 公顷,占建设用地总面积的 18.36%。其中,交通用地 4323.82 公顷,占建设用地总面积 12.71%;水利设施用地面积 1924.49 公顷,占建设用地总面积 5.65%。

---

① 《舟山市土地利用总体规划(2006—2020 年)》(2013 年修改版)。

表 1.12　舟山市建设用地利用现状表(2015 年)

类别		面积/公顷	比重/%
城乡建设用地	城镇	9617.38	28.25
	村庄	12411.06	36.46
	采矿用地	4040.35	11.87
	小计	26068.79	76.58
风景名胜及特殊用地		1723.24	5.06
交通水利用地	交通	4323.82	12.71
	水利设施	1924.49	5.65
	小计	6248.31	18.36
合计		34040.34	100.00

数据来源:舟山市 2015 年土地利用变更调查。

舟山市 2016 年统计年鉴数据显示,2015 年,全市总人口 115.2 万人,其中城镇人口 53.8 万人。由此可得,2015 年舟山市人均城乡建设用地面积为 226 米^2,人均城镇建设用地面积为 179 米^2,远超国家规定的控制指标的上限。

(二)建设用地利用现状的空间格局

舟山市目前群岛城镇用地多位于沿海平原地带,临港产业大多依海而建,城镇工业建设用地呈现较为分散的状态;各岛屿基础设施自成体系,共享性差,基础设施用地比重高于浙江省的平均水平;风景名胜资源丰富,旅游设施用地较多,同时特殊用地和盐田面积较大,布局分散。

以各县区为单位,从各类建设用地的空间分布来看(表 1.8、表 1.9),城乡建设用地、风景名胜及特殊用地以及交通水利用地最多的是定海区。在城乡建设用地中,以城镇为例,定海区、普陀区、岱山县和嵊泗县四个地区占比分别为 59.51%、25.60%、9.43% 和 5.46%;风景名胜及特殊用地中,定海区、普陀区、岱山县和嵊泗县四个地区占比分别为 35.47%、22.17%、29.73% 和 12.63%,差距有明显缩小;在交通水利用地中,岱山县占有量最少,面积为 721.07 公顷,占 11.54%。

根据 2015 年末舟山市各县区户籍总人口以及 2015 舟山市土地

利用变更调查数据,可得 2015 年全市各县(区)人均建设用地利用现状
(表 1.13)。2015 年,舟山全市人均建设用地面积为 349.63 公顷,定海
区、普陀区、岱山县和嵊泗县四个县(区)的人均建设用地面积分别为
354.87 米^2、304.06 米^2、420.12 米^2 和 343.11 米^2。从人均城乡建设用
地来看,全市人均城乡建设用地面积为 267.76 公顷,各县(区)之间有显
著差异,岱山县人均城乡建设用地面积最大,为 353.99 米^2,大约为嵊泗
县的两倍。

表 1.13　舟山市及其各县(区)人均建设用地利用现状(2015 年)

区域	户籍总人口/万人	人均建设用地/米^2	人均城乡建设用地/米^2
定海区	38.77	354.87	262.88
普陀区	32.19	304.06	244.49
岱山县	18.65	420.12	353.99
嵊泗县	7.75	343.11	181.28
全市	97.36	349.63	267.76

数据来源:作者计算整理。

(三)建设用地特征

1.陆域面积小,建设用地布局分散

为改变小岛屿居民长期远离城镇,生活环境艰苦的局面,20 世纪 80
年代,舟山市开始实施"小岛迁,大岛建"的战略。但是,受到地形条件的
限制,一方面"大岛建"并未实现居民点的集中布局,城镇和农村居民点
布局分散,各乡镇建制的岛屿自成体系地建设基础设施和发展社会事
业,扩大了分布空间,另一方面,小岛居民的迁移使小岛的耕地被抛荒,
迁入大岛后的居民还需占用相应的土地建房,造成部分地区出现浪费土
地的现象。

2.基础设施共享性差,建设用地需求量较大

受经济社会条件和地形地貌等环境条件的制约,舟山市城镇和农村
居民点布局分散,基础设施共享性差,用地量较大,基础设施用地比重高
于浙江省的平均水平。虽然舟山市普陀山风景名胜区、嵊泗风景名胜
区、岱山风景名胜区等旅游胜地都极具特色,但由于岛屿环境特点,交

通、水利、供水、电力、通信等基础设施共享性差,机场规模小,高速公路里程短,岛上公路等级低,给海洋经济产业和旅游产业发展造成"瓶颈制约"。"十三五"期间,全市计划加大综合交通体系和水利设施建设,基础设施建设用地需求将急剧增加。

3. 建设用地扩张迅速,耕地保护与用地保障矛盾突出

舟山市的土地利用总体规划新增用地规模不足,"十一五"期间实际执行新增建设用地 4920 公顷,年均使用新增建设用地约 1000 公顷。"十二五"、"十三五"时期的新增建设用地需求量大,海岛可供建设的空间小,供需矛盾尖锐。由于地形特点,舟山市的岛屿中部多为山地,城镇工矿建设多布局于地势较平缓的沿海区域,尤其是船舶制造、港口物流、临港工业等大型建设项目大多依海而建,而沿海低平区域又是农业及耕地集中分布的区域,优质耕地分布区域基本上与建设用地扩展区域重叠,沿海滩涂是发展水产养殖的主要空间,因此城镇工矿建设沿海布局与农业、水产养殖挤争用地空间的特点十分明显,导致耕地保护与建设占用的矛盾突出。

4. 部分重点产业项目占地面积大,利用率较低

舟山市群岛城镇用地多布局于沿海平原地带,临港产业大多依海而建,多属于仓储和船舶修造类型,这些项目往往占地多,且较为分散,建筑容积率和单位土地面积的经济产出能力不高。据调查分析,由于建设项目的用地性质和特点,舟山市主要临港企业的建筑容积率一般都在 0.4 以下,较一般工业企业的建筑容积率要低一半以上。①

5. 可利用空间有限,土地集约利用任务艰巨

舟山群岛新区可供利用的岛屿仅占岛屿总数的 31%,而岛屿地面坡度小于 15°的面积占土地总面积的 55.7%,其中建设用地占 33.7%,耕地占 25.5%,其他农用地和未利用土地面积占 40.8%,且主要为岛屿岸线潮间带等。② 因此,岛屿可利用土地十分有限,造成城镇工矿建设用地只能布局于沿海地势较低区域,大型建设项目大多依海而建,挤压

---

① 《舟山市土地利用总体规划(2006—2020 年)》(2013 年修改版)。
② 同①。

了利用沿海滩涂发展生态农业和进行水产养殖的空间。

6. 国家战略物资项目和军事用地占舟山市建设用地比重较大

国家战略物资项目和军事用地占舟山市建设用地比重较大,这在一定程度上压缩了其他建设用地空间。国家在舟山市建设了岙山石油储备基地、老塘山粮油中转储运基地等一批战略性物资储运项目,"十二五"期间还将建设岙山石油储备基地二期、衢山大宗散货中转、矿石矿砂中转、燃料乙醇生产等一批国家战略物资储运项目。这类项目具有耗费土地资源多、占用岸线长、地方税收少等特点,在全市建设用地中占有相当的比重。舟山市自古以来是军事要地,到 2011 年年底,舟山市军事用地总面积约为 1547 公顷[1],占舟山市建设用地总面积的 5%,舟山市为国家经济安全和国防安全做出了巨大的贡献。上述项目的建设,在一定程度上挤占了舟山新增建设用地空间,影响了城乡建设用地总规模,限制了舟山市的发展空间。

三、滩涂资源现状

(一)滩涂资源的规模与结构

舟山市滩涂资源比较丰富,岛屿岸线总长度为 2444 千米,共有 5 米等深线以上的滩涂和海域资源 5.96 万公顷(表 1.14)。其中 2 米等深线与 5 米等深线之间的滩涂最多,面积为 2.88 万公顷,占全市滩涂资源面积的 48.41%;理论深度基准面以上的滩涂面积为 1.85 万公顷(包括 40 处总面积 360 公顷的沙滩),占全市滩涂资源面积的 31.12%;理论深度基准面与 2 米等深线之间的面积为 1.22 万公顷,占全市滩涂资源面积的 20.47%。[2]

---

① 任益穗:《舟山群岛土地利用结构优化研究》,大连海事大学硕士学位论文,2016 年。

② 舟山市人民政府:《舟山市滩涂围垦总体规划(2009—2020 年)》,2010 年。

表 1.14　舟山市各县(区)滩涂资源及高涂现状面积①

单位:公顷

区域	海拔−5 米到−2 米 (不包括)	海拔−2 到 0 米 (不包括)	滩涂资源 (0 米及以上)	资源调查面积
定海区	2903	1547	3718	8168
普陀区	7631	3934	7007	18572
岱山县	13626	4577	5673	23876
嵊泗县	4674	2133	2141	8948
全市	28834	12191	18539	59564

　　从舟山各县区的滩涂资源结构来看(表 1.15):定海区理论深度基准面以上的滩涂最多,占全区滩涂资源面积的 45.52%,2 米等深线与 5 米等深线之间的滩涂面积占 35.54%,理论深度基准面与 2 米等深线之间滩涂面积占 18.94%;普陀区 2 米等深线与 5 米等深线之间的滩涂最多,占全区滩涂资源面积的 41.09%,理论深度基准面以上的滩涂面积占 37.73%,理论深度基准面与 2 米等深线之间滩涂面积占 21.18%;岱山县 2 米等深线与 5 米等深线之间的滩涂最多,占全县滩涂资源面积的 57.07%,理论深度基准面以上的滩涂以及理论深度基准面与 2 米等深线之间滩涂面积相差不大,分别占 23.76%、19.17%;嵊泗县 2 米等深

表 1.15　舟山市及其各县(区)滩涂资源及高涂现状结构

单位:%

区域	海拔−5 米到−2 米 (不包括)	海拔−2 到 0 米 (不包括)	滩涂资源 (0 米及以上)	资源调查面积
定海区	35.54	18.94	45.52	100.00
普陀区	41.09	21.18	37.73	100.00
岱山县	57.07	19.17	23.76	100.00
嵊泗县	52.24	23.84	23.92	100.00
全市	48.41	20.47	31.12	100.00

数据来源:作者计算整理。

---

① 舟山市人民政府:《舟山市滩涂围垦总体规划(2009—2020 年)》,2010 年。

线与 5 米等深线之间的滩涂最多,占全县滩涂资源面积的 52.24%,理论深度基准面以上的滩涂以及理论深度基准面与 2 米等深线之间的滩涂面积较为接近,分别占 23.92%、23.84%。

(二)滩涂资源的空间分布

舟山市沿海滩涂开发利用历史悠久,分别经历了以兴海煮盐、垦荒种棉、围海养殖、临港工业等为主要利用方式的多个阶段,开展了较大规模的滩涂围垦开发活动。舟山市地处长江、钱塘江、甬江三江入海的交汇处,以钱塘江和长江为主的"三江"入海泥沙在全市绵延曲折的海岸线沉积下来,形成了大量可开发利用的滩涂资源。截至 2011 年,全市已围垦海涂 400 余处,围垦成陆面积 16000 多公顷(24 万亩),人均增加用地 0.02 公顷。目前已开发利用围垦成陆土地 13833 公顷,其中,耕地 2660 公顷,海水养殖用地 4533 公顷,盐业生产用地 1120 公顷,城镇建设用地 833 公顷,机场、港口、公路等基础设施和工矿企业用地 4687 公顷。[①]

根据舟山市 2015 年土地利用变更调查数据(表 1.16),2015 年,全市滩涂总面积为 14954.20 公顷。其中,普陀区滩涂最多,面积为 6099.80 公顷,占全市滩涂的 40.79%;其次是岱山县,面积为 4765.15 公顷,占全市滩涂的 31.86%;再次是定海区,面积为 2473.64 公顷,占全市滩涂的 16.54%;最后是嵊泗县,面积为 1615.61 公顷,占全市滩涂的 10.80%。

表 1.16　舟山市及其各县(区)滩涂资源利用现状(2015 年)

区域	面积/公顷	比重/%
定海区	2473.64	16.54
普陀区	6099.80	40.79
岱山县	4765.15	31.87
嵊泗县	1615.61	10.80
全市	14954.20	100.00

数据来源:作者计算整理。

---

① 《舟山市土地利用总体规划(2006—2020 年)》(2013 年修改版)。

舟山群岛新区经过综合开发利用滩涂资源,有效减少了建设占用耕地面积:在滩涂围垦区安排临港工业、港口物流、海洋旅游等特色产业用地;优先在滩涂区域安排产业发展空间,截至 2015 年,新区工业化、城市化建设减少占用耕地面积 1 万亩以上[1];通过滩涂围垦新增城市建设空间,形成以舟山定海、临城、沈家门城区为城市中心,以高亭、金塘、白泉、六横、衢山、菜园、洋山镇等为城市副中心的城市形态;积极发展海洋科教文化产业,推进海洋科学城、摘箬山岛海洋科学研究基地、浙江海洋大学、浙江大学舟山校区的建设;在围垦区发展国际储运物流、海洋工程装备制造业、海洋生物、海洋清洁能源等产业。截至 2015 年,船舶制造、保税港区、大宗散货中转类等建设项目占用约 2667 公顷(4.0 万亩)海域。通过滩涂围垦开发,新增农用地 5000 公顷(7.5 万亩)、建设用地 2333 公顷(3.5 万亩)。[2]

(三)滩涂资源特征

1. 滨海湿地减少,生物多样性破坏

滩涂湿地是一个活跃的生态系统,以其自身的生态优势维系大量生物的生存发育。滩涂围垦和滥捕掠夺使海湾内海洋生物栖息地的水文和底质等条件发生变化,导致许多具有重要价值的海洋生物的种苗和繁殖地遭到破坏,生物多样性受到严重破坏。随着经济的发展,滩涂开发规模日益扩大,舟山市沿海滩涂湿地面积也明显萎缩。大规模的滩涂围垦使各类动植物的原生境不复存在,直接影响了其自然演替,致使滩涂湿地生物资源加速减少甚至枯竭;使滩涂底栖生物的生存环境丧失,适宜于滩涂表面生活的生物的生存环境也遭到破坏,生物数量和栖息密度下降。物种多样性被破坏,生态系统趋向简化,生态系统自我调控能力被削弱,生态系统的稳定性和有序性降低(赵学敏,2005)。

2. 海域污染加剧,生态环境恶化

随着滩涂资源的加速开发,舟山市海域环境污染状况日趋严重,成

---

① 《舟山市土地利用总体规划(2006—2020 年)》(2013 年修改版)。
② 同①。

为造成沿海滩涂生态区生态环境恶化的主要因素。滩涂围垦成的耕田以及水产养殖过程中农药化肥等物质大量排放入海;沿海各种污染物质的入海以及海上活动的增多,尤其是海上航船含油污水的排放,造成了直接污染;污染工业被引进滩涂区,甚至把滩涂作为天然纳污场;滩涂围垦使得海洋潮差变小,潮流的冲刷能力降低,港湾内纳潮量减少,水流交换速度减慢,海水的自净能力随之减弱,导致舟山海域的水体富营养化,水质恶化,赤潮发生的频率增加。这些因素导致滩涂生态系统的健康受到损害,滩涂资源可持续利用面临挑战(杨升等,2012)。

3.港闸淤积,航运功能受损

港闸等水利工程建筑物建造在防洪、御卤和蓄水灌溉等方面取得了良好的效益。通常的做法是在闸外保留一部分边滩,利用两侧边滩汇入河道内的落潮水流维护入海水道的水深,避免进入河道的潮汐变形或造成闸下淤积(陈吉余,2000)。舟山市海岛滩涂资源为港湾型滩涂,多位于港湾和岛屿之间,有时单片滩地围垦面积较小,需促淤围垦,或在岛屿间堵港建坝促淤。岛屿围垦或连岛围垦会明显改变陆岛附近的水沙环境,给港口航道带来不同程度的负面影响,主要表现为海湾的水动力状况改变,海湾的纳潮量减少,港湾水流动态和泥沙的运动变化受到影响,海港的航道堵塞。

四、耕地后备资源现状

(一)宜耕低丘缓坡现状

1.低丘缓坡资源范围确定

一般而言,低丘缓坡资源主要是指海拔低于 300 米,同时坡度在 $6°\sim15°$ 范围内的区域。考虑舟山市实际情况,此处应用广义的低丘缓坡土地资源概念,将坡度范围提高到 $25°$,即本书所指低丘缓坡为海拔低于 300 米,且坡度为 $6°\sim25°$ 的土地。

2.宜耕低丘缓坡调查评价方法

根据第二次全国土地调查 2015 年度土地变更调查数据、数字高程模型 DEM、地形图等相关数据,可以分析低丘缓坡资源面积及分布区域特点,划分低丘缓坡已开发区域、适宜开发区域及不可开发区域等。在开发利用过程中扣除那些会对人们社会生活、生态环境有严重破坏的部分,确保低丘缓坡的综合开发利用不会影响当地的生态环境。根据相关法律、政策及舟山市相关规划,不能开发利用的低丘缓坡原则上包括生态公益林、自然保护区、土地利用总体规划确定的禁止建设区等区域。

适应性评价主要考虑坡度、坡向、海拔高度、水源保证率、交通条件、土地利用类型、连片程度。各因子的权重见表1.17,特征值及相应作用分值见表1.18。

表 1.17　宜耕低丘缓坡评价因素及权重

因素	权重值
坡度	0.21
坡向	0.09
海拔高度	0.11
水源保证率	0.31
交通条件	0.05
土地利用类型	0.19
连片程度	0.04

表 1.18　宜耕低丘缓坡评价因素特征值及作用分值计算

评价因素		特征值及作用分值计算				
坡度	特征值/度	(6,15]	(15,25]			
	作用分值	100	75			
坡向	特征值	南	东、西	北		
	作用分值	100	70	50		
海拔高度	特征值/米	(0,50]	(50,100]	(100,150]	>150	
	作用分值	100	90	80	60	
水源保证率	特征值	按坑塘及河流直线衰减赋分				
	作用分值					

续表

评价因素		特征值及作用分值计算				
交通条件	特征值	按主干道路、一般道路等不同道路 等级直线衰减赋分				
	作用分值					
土地利用类型	特征值	园地	其他农用地	未利用地（不含裸岩地）	林地	裸岩地
	作用分值	100	90	75	50	30
连片程度	特征值（公顷）	＞6	(3,6]	[1.5,3]	＜1.5	
	作用分值	100	80	60	40	

利用 ArcGIS 软件,对低丘缓坡图斑图与评价因素因子分值图进行空间分析,即可得到各低丘缓坡图斑评价因素因子分值。其计算一般有以点代面、线性内插、加权平均三种方法。

对低丘缓坡图斑各评价因素因子分值采用加权求和法进行计算,可得任一图斑的评价总分值。

加权求和法计算公式为

$$H_i = \sum_{i=1}^{p} \sum_{j=1}^{n} w_j f_{ij}.$$

式中,H_i 为第 i 个低丘缓坡图斑的评价总分值,i 为低丘缓坡图斑编号,j 为评价因素因子编号,w_j 为第 j 个评价因素因子权重;f_{ij} 为第 i 个低丘缓坡图斑内第 j 个评价因素因子的分值,n 为评价因素因子个数。

3. 评价结果

对计算所得的低丘缓坡任一图斑评价总分值采用总分值频率曲线法为主的划分方法,最终结果见表 1.19。

表 1.19　舟山市及其各县(区)宜耕低丘缓坡资源

单位:公顷

区域	宜耕土地面积	其中林地面积
定海区	1230	971
普陀区	3051	2746
岱山县	295	210

续表

区域	宜耕土地面积	其中林地面积
嵊泗县	7	5
全市	4583	3932

宜耕低丘缓坡的重点开发区域主要分布在土地开垦基础条件较好，交通、水利等基础设施相对较好，以引导土地开发整理方向和结构为主要目的，同时与现代农业园区建设、农业综合开发等有机结合的地区。重点区域主要分布在定海区的金塘镇、小沙镇、干览镇，岱山县的高亭镇的石马岙枫树等村，以及普陀区的六横镇和勾山街道。

（二）滩涂围垦潜力状况

舟山群岛新区的滩涂资源大多分布在海岛周边的小型海湾内，这一方面形成了丰富多样的海湾潮间生态带，另一方面也增大了滩涂资源开发利用的生态风险。目前，舟山群岛新区多采用顺岸围垦方式，虽然工程造价相对较低，工程实施难度较小，但是往往造成天然湿地快速减少和岸线的快速缩短，而且对海湾内丰富多样且极其敏感的生态系统造成显著破坏。舟山群岛新区应因地制宜采用顺岸围垦或人工岛围垦方式。

经过综合评估，舟山群岛新区可划分为舟山本岛、金塘、六横、岱山、衢山、嵊泗、鱼山、洋山和朱家尖九个围垦造地区块，滩涂围垦、围填海域总规模为 203 千米^2。规划到 2020 年，通过围填海新增土地总规模为 20270 公顷，其中用于农业的为 15600 公顷：普陀区分布面积最大，超过 6800 公顷，占全市的比重为 43.65%；嵊泗县次之，为 4428 公顷，占 28.38%；定海区和岱山县不相上下，均为 2200 公顷左右，占比 14% 左右（表 1.20）。[①] 农业围填海面积较大的项目主要有定海区钓梁二期和三期围垦工程、普陀区小郭巨二期围垦工程、岱山县仇家门二期围垦工程、岱山县切段山（双剑涂）围垦工程等。

---

① 《舟山市土地利用总体规划（2006—2020 年）》（2013 年修改版）。

表 1.20 舟山市及其各县(区)滩涂围垦利用方向

| 区域 | 围垦用地方向 | | | 合计 |
| | 建设用地 | 农业用地 | | 面积/公顷 |
	面积/公顷	面积/公顷	比例/%	
定海区	866	2157	13.83	3023
普陀区	579	6809	43.65	7388
岱山县	3031	2206	14.14	5237
嵊泗县	194	4428	28.38	4622
全市	4670	15600	100.00	20270

数据来源:《舟山市土地利用总体规划(2006—2020 年)》(2013 年修改版)。

　　舟山市大面积实施滩涂围垦必须注意尽量减少对海洋生态环境的影响,目前舟山可实施滩涂围垦的区块,标高为-6 米左右,处于涨退潮间地带,围填海的成本平均高达 20 万~30 万元/亩[1],滩涂开发作为农用地使用,主要是发展水产养殖,其土地作为耕地利用需要等待一个较长的脱盐熟化过程。滩涂围垦增加的耕地周期长达 8~10 年,投入产出严重不成比例,从生态保护、经济效益来看,大规模实施滩涂围垦补充耕地已难以为继。因此本次规划不安排滩涂围垦补充耕地。

　　舟山市要实现耕地占补平衡,需要转变观念,把高标准养殖塘也作为食品安全的保障。根据高标准养殖塘与耕地的实际效用替代关系,适当地考虑其类似于耕地补充的贡献,即准许以高标准养殖塘来弥补耕地的不足。根据《舟山市滩涂围垦总体规划(2009—2020 年)》和《舟山市水产养殖布局规划》,舟山市将通过养殖塘基础设施完善以及养殖结构调整,集中建设约 6667 公顷的高标准养殖塘,其中围塘养殖塘 3922 公顷,滩涂养殖塘 2745 公顷,全市及其各县(区)的高标准养殖塘建设规划情况如表 1.21 所示。高标准养殖塘主要分布在岱山岛北部的东沙镇、衢山岛中部南北两侧、舟山本岛西北部、朱家尖南部、六横岛南北沿海区域。

---

[1] 《舟山市土地利用总体规划(2006—2020 年)》(2013 年修改版)。

表 1.21　舟山市高标准养殖塘建设规划

单位:公顷

区域	围塘养殖塘			滩涂养殖塘			合计
	已建	规划	小计	已建	规划	小计	
定海区	204	716	920	108	501	609	1529
普陀区	543	100	643	820	71	891	1534
岱山县	502	1685	2187	16	1109	1125	3312
嵊泗县	—	172	172	—	120	120	292
全市	1249	2673	3922	944	1801	2745	6667

数据来源:《舟山市土地利用总体规划(2006—2020 年)》(2013 年修改版)。

(三)耕地后备资源特征

1.低丘缓坡资源丰富,但开发利用难度大

舟山市内地形以丘陵山地为主,低丘缓坡资源丰富,但是适合开发为耕地的后备资源薄弱。近几年,全市缓坡地尤其是地势平坦、土层深厚、水源丰富、交通便利的低丘缓坡资源已经开发成农业用地和建设用地,未开发利用的低丘缓坡后备资源,主要分布在交通不便、土壤瘠薄的地块,存在着地块分布较散、规模偏小、开发难度和成本大的问题。同时,在低丘缓坡综合开发利用过程中,一些零星的基本农田影响成片开发,在现行法律法规框架下处理难度非常大。

2.滩涂资源开发利用效率低,环境问题突出

近几年来,舟山市一直坚持把围垦造地工程作为拓展发展空间、建设海洋经济强市的重要战略举措。然而由于长期以来滩涂围垦开发利用机制不完善,缺乏总体规划引领,政府调控力度不够,管理不规范,当前舟山市的沿海滩涂多开发为传统的种植、养殖业的土地,开发层次不高,利用方向单一,资源综合利用效率不高。同时近海生态环境问题日益突出,给滩涂资源的持续利用和经济的持续发展带来影响。

五、岸线资源现状

(一)岸线资源规模

舟山群岛新区深水岸线资源丰富,区位优势突出。全市拥有岸线2444.0千米,适宜开发建港的深水岸段有54处,总长279.4千米,占浙江省的55.2%,占全国的18.4%,其中水深大于15米的岸线长198.3千米,水深大于20米的岸线长107.9千米,目前已开发岸线141.5千米。[①] 按每千米深水岸线承载500万吨年吞吐能力的系数测算,舟山港域港口资源可建码头泊位年吞吐能力超过10亿吨,相当于目前上海港、宁波-舟山港货物吞吐量的总和。

舟山港域内拥有丰富的深水岸线资源和优越的建港自然条件。与此同时,港域内有17条万吨级主要航道、3条30万吨级航道,锚泊作业面积约500千米[2],拥有15处10万吨级及以上船舶锚地、5处30万吨级船舶锚地。[②] 港池受群岛环抱,水深浪小,少淤不冻,综合建港条件十分优越,能满足第六代、第七代集装箱船和大型油轮、大宗散货船舶及更先进船型的通行和靠泊,是我国建设大型现代化深水港的理想港址,也是上海国际航运中心的重要组成部分。

(二)岸线资源特征

1.深水岸线资源丰富,且区位优势突出

舟山港域适宜开发的深水岸段共有54处,总长度279.4千米,占浙江省的55.2%,占全国的18.4%[③],航道畅通,港池宽阔,锚泊避风条件优越,适应国际航运船舶大型化、深水化的趋势。而且深水岸线靠近国际海运航线,面向对铁矿砂、原油、煤炭等大宗物资需求量最旺盛的长三角和长江沿线地区,更凸显了舟山群岛深水岸线的战略重要性。

2.可利用深水岸线和优质景观岸线的分布相对集中

可利用深水岸线集中在近岸大岛和北部海域,优质景观岸线集中在

---

① 《舟山市土地利用总体规划(2006—2020年)》(2013年修改版)。

② 同①。

③ 同①。

舟山本岛和各风景名胜区。舟山群岛新区在总长约 279.4 千米的规划岸线中有港口深水岸线 245.8 千米,占岸线总长的 88%。① 目前已利用的岸线有 116.9 千米,其中深水岸线有 83.3 千米,已经规划尚未开发岸线长度为 162.5 千米。54 段适宜开发的岸段中,41 段尚未开发利用。② 适宜开发的深水岸线主要集中在舟山本岛、金塘岛、六横岛等近岸大岛和北部海域的岱山岛、长涂岛、洋山岛、衢山岛等。

3.岸线利用方式比较粗放

企业占用岸线的平均投资强度偏低,例如中远船务六横公司占用岸线的投资强度为 74 万元/米,而中远船务南通公司占用岸线的投资强度则达到 350 万元/米。③ 工业和港口岸线大多采用顺岸式开发,后方陆域与占用岸线相比偏小,例如中远船务六横公司陆域用地面积与岸线长度比为 490 米²/米,而中远船务南通公司陆域用地面积与岸线长度比为 670 米²/米。④ 企业对岸线消耗偏大,而对后方用地的利用程度却偏低。

第三节　舟山群岛新区土地资源的变化及其存在的问题

一、土地资源变化

(一)近年土地资源规模与结构的变化

根据舟山市 2009—2015 年土地利用变更调查数据,2009—2015 年,全市土地面积从 145470.17 公顷增加至 145577.94 公顷,共计新增土地面积 107.77 公顷。依据土地利用现状变更调查,2009—2015 年,耕地、园地、林地、草地、水域及水利设施用地以及其他土地总量有所下

① 《舟山市土地利用总体规划(2006—2020 年)》(2013 年修改版)。
② 同①。
③ 舟山市人民政府:《浙江舟山群岛新区空间发展战略规划》,2012 年。
④ 同③。

降,共计减少面积 4010.02 公顷,其中:耕地减少 814.20 公顷,园地减少 192.56 公顷,林地减少 1020.22 公顷,草地减少 165.38 公顷,水域及水利设施用地减少 1534.70 公顷,其他土地减少 282.96 公顷;与此同时,城镇村及工矿用地、交通运输用地总量有所上升,共计新增土地面积 4117.79 公顷,其中城镇村及工矿用地增加 3488.12 公顷,交通运输用地增加 629.67 公顷(表 1.22、图 1.1)。

表 1.22　舟山市土地利用变化(2009—2015 年)

单位:公顷

年份	耕地	园地	林地	草地	城镇村及工矿用地	交通运输用地	水域及水利设施用地	其他土地
2009	24184.30	2324.25	52009.31	6992.44	24303.91	4939.09	24314.84	6402.03
2010	24238.00	2268.48	51823.82	6957.91	24808.10	5053.79	23931.57	6388.50
2011	24076.28	2233.16	51618.15	6906.40	25453.28	5258.14	23592.60	6331.89
2012	23882.60	2208.85	51467.41	6877.79	26115.62	5348.15	23368.33	6201.50
2013	23733.58	2176.94	51216.15	6853.69	26787.69	5446.48	23098.09	6157.63
2014	23551.84	2154.32	51102.62	6840.38	27289.86	5507.62	22939.12	6138.35
2015	23370.10	2131.69	50989.09	6827.06	27792.03	5568.76	22780.14	6119.07

数据来源:舟山市 2009—2015 年土地利用变更调查。

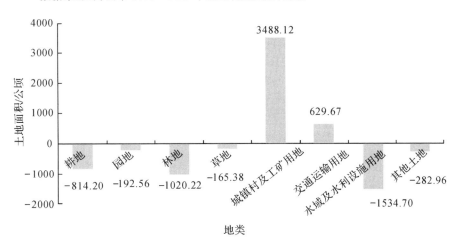

图 1.1　舟山市土地利用变化(2009—2015 年)

数据来源:作者计算整理。

　　农用地中,耕地、园地、林地以及其他农用地在 2009—2015 年间整体呈现逐年下降趋势。其中:林地减少最多,共计减少面积 1020.22 公顷,占农用地减少面积的 34.30%;其次是其他农用地,共计减少面积 947.66 公顷,占农用地减少面积的 31.86%;再次是耕地,共计减少面积 814.20 公顷,占农用地减少面积的 27.37%;园地减少面积最少,仅占变化数量的 6.47%。

　　建设用地中,城乡建设用地、风景名胜及特殊用地、交通水利用地在 2009—2015 年间整体呈现逐年上升趋势。城乡建设用地增长显著,变化面积共占建设用地增加面积的 79.27%,其中:村庄数量上升最快,共计增加面积 1920.39 公顷,占城镇村及工矿用地增加面积的 55.06%;其次是城镇,占增加面积的 37.33%(表 1.23、图 1.2)。

表 1.23　舟山市城镇村及工矿用地变化(2009—2015 年)

单位:公顷

年份	城市	建制镇	村庄	采矿用地	城镇村及 工矿用地	风景名胜及 特殊用地
2009	5005.47	3309.69	10490.67	3952.74	24303.91	1545.34
2010	5163.67	3418.53	10760.85	3897.36	24808.10	1567.69
2011	5251.43	3609.79	11094.14	3909.25	25453.28	1588.67
2012	5376.02	3691.67	11495.33	3929.80	26115.62	1622.80
2013	5483.89	3754.70	11882.80	4027.50	26787.69	1638.80
2014	5582.50	3845.49	12146.93	4033.93	27289.86	1681.02
2015	5681.11	3936.27	12411.06	4040.35	27792.03	1723.24

　　数据来源:舟山市 2009—2015 年土地利用变更调查。

　　与此同时,交通水利用地共计增加面积 687.70 公顷,占建设用地增加面积的 16.47%;风景名胜及特殊用地面积增长幅度较小。交通运输用地中,公路用地和港口码头用地在 2009—2015 年间整体呈现逐年增

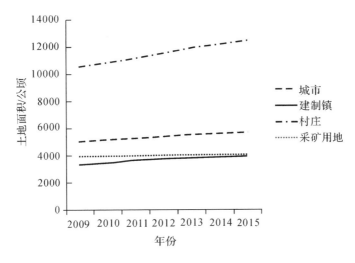

图 1.2　舟山市城镇村及工矿用地变化(2009—2015 年)

加趋势,农村道路整体呈现减少趋势,机场用地则没有较大变化。其中:
公路用地增加最快,共计增加面积 419.72 公顷,占交通运输用地增加面
积的 66.66%;其次是港口码头用地,共计增加面积 222.1 公顷,在
2009—2011 年增速迅猛,占交通运输用地增加面积的 35.27%;农村道路
数量逐年减少,但减速较缓,共计减少面积 12.15 公顷(表 1.24、图 1.3)。

表 1.24　舟山市交通运输用地变化(2009—2015 年)

单位:公顷

年份	公路用地	农村道路	机场用地	港口码头用地	交通运输用地
2009	1729.65	1257.09	163.95	1788.40	4939.09
2010	1799.92	1251.05	163.95	1838.87	5053.79
2011	1855.96	1248.64	163.95	1989.94	5258.49
2012	1936.10	1254.07	163.95	1994.03	5348.15
2013	2042.01	1240.53	163.95	1999.99	5446.48
2014	2095.69	1242.74	163.95	2005.25	5507.62
2015	2149.37	1244.94	163.95	2010.50	5568.76

数据来源:舟山市 2009—2015 年土地利用变更调查。

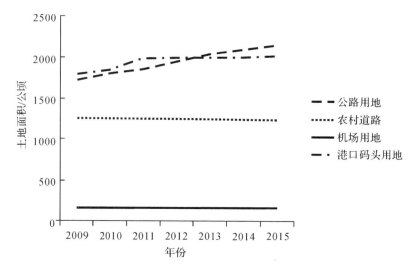

图 1.3　舟山市交通运输用地变化(2009—2015 年)

其他土地中,水域、滩涂沼泽以及自然保留地在 2009—2015 年间整体呈现逐年减少趋势。其中:滩涂沼泽减少最多,共计减少面积 592.78公顷,占其他土地减少面积的 54.21%;其次是自然保留地,共计减少面积 447.15 公顷,占其他土地减少面积的 40.89%;水域面积减少较少,占其他土地减少面积的 4.89%(表 1.25)。

表 1.25　舟山市土地利用变化结构(2009—2015 年)

地类		变化面积/公顷	比重/%
新增土地面积		107.77	—
农用地	耕地	−814.20	27.37
	园地	−192.56	6.47
	林地	−1020.22	34.30
	其他农用地	−947.66	31.86
	合计	−2974.64	100.00

续表

地类			变化面积/公顷	比重/%
建设用地	城乡建设用地	城镇	1302.22	31.18
		村庄	1920.39	45.99
		采矿用地	87.61	2.10
		小计	3310.22	79.27
	风景名胜及特殊用地		177.90	4.26
	交通水利用地		687.70	16.47
	合计		4175.82	100.00
其他土地	水域		−53.48	4.89
	滩涂沼泽		−592.78	54.22
	自然保留地		−447.15	40.89
	合计		−1093.41	100.00

数据来源:作者计算整理。

(二)近年土地资源空间分布的变化

根据舟山市 2009—2015 年土地利用变更调查数据,2009—2015年,定海区、普陀区、岱山县以及嵊泗县整体上与舟山市土地利用变化趋势相同,呈现农用地、其他用地减少,建设用地增多的情况(表 1.26)。

表 1.26　舟山市及其各县(区)土地利用变化情况(2009—2015 年)

单位:公顷

类别		定海区	普陀区	岱山县	嵊泗县	全市
农用地	耕地	−891.67	−35.70	109.96	3.21	−814.20
	园地	−67.03	−94.40	−30.71	−0.42	−192.56
	林地	−568.44	−244.96	−188.77	−18.05	−1020.22
	其他农用地	−396.22	−313.55	−240.45	2.56	−947.66
	合计	−1923.36	−688.61	−349.97	−12.70	−2974.64

续表

类别			定海区	普陀区	岱山县	嵊泗县	全市
建设用地	城乡建设用地	城镇	1060.90	182.40	36.57	22.35	1302.22
		村庄	603.23	867.79	429.78	19.59	1920.39
		采矿用地	155.68	−48.83	−19.80	0.56	87.61
		小计	1819.81	1001.36	446.55	42.50	3310.22
	风景名胜及特殊用地		95.80	25.46	40.53	16.11	177.90
	交通水利用地		426.21	151.10	51.27	59.12	687.70
	合计		2341.82	1177.92	538.35	117.73	4175.82
其他土地	水域		−39.95	−13.51	−0.02	0.00	−53.48
	滩涂沼泽		−276.53	−302.02	−8.45	−5.78	−592.78
	自然保留地		−101.98	−173.78	−72.22	−99.17	−447.15
	合计		−418.46	−489.31	−80.69	−104.95	−1093.41

数据来源:作者计算整理。

以县(区)为单位:农用地减少最多的是定海区,2009—2015 年共计减少面积 1923.36 公顷;其次是普陀区,共计减少面积 688.61 公顷;再次是岱山县,共计减少面积 349.97 公顷;最后是嵊泗县,共计减少面积 12.70 公顷。数据表明,各县(区)在各类农用地中变化趋势并不完全一致。以耕地为例,2009—2015 年定海区、普陀区耕地整体减少,而岱山县、嵊泗县耕地却有所增加。

其他土地中:减少最多的普陀区,2009—2015 年共计减少面积 489.31 公顷;其次是定海区,共计减少面积 418.46 公顷;再次是嵊泗县,共计减少面积 104.95 公顷;最后是岱山县,共计减少面积 80.69 公顷。

建设用地增加最多的是定海区,2009—2015 年共计增加面积 2341.82 公顷;其次是普陀区,共计增加面积 1177.92 公顷;再次是岱山县,共计增加面积 538.35 公顷;最后是嵊泗县,共计增加面积 117.73 公顷。数据表明,各县(区)在各类建设用地中变化趋势并不完全一致。以采矿用地为例,2009—2015 年定海区、嵊泗县采矿用地整体增加,而普陀区、岱山县采矿用地却有所减少。

(三)近年土地资源变化的特征

1.各类建设用地增长速度快

2009—2015年,舟山市建设用地增长速度快(表1.27)。城乡建设用地增加了3310.22公顷,年均增长约551.70公顷,年均增长率2.29%;交通水利用地增加了687.70公顷,年均增长114.62公顷,年均增长率为1.96%。由于舟山岛屿中部多为山地的地形特点,城镇工矿建设多布局于地势较平缓的沿海区域,尤其是船舶制造、港口物流、临港工业等大型建设项目大多依海而建,而沿海低平区域又是农业及耕地主要集中分布的区域,沿海滩涂是发展水产养殖的主要用地空间,因此城镇工矿建设沿海布局与农业、水产养殖挤争用地空间的特点十分明显。

表1.27 舟山市及其各县(区)主要建设用地类型的面积及其变化

区域	2009—2015年城乡建设用地		2010—2015年交通水利用地	
	年均增量/公顷	年均增长率/%	年均增量/公顷	年均增长率/%
定海区	303.30	3.33	71.04	2.63
普陀区	166.89	2.29	25.18	1.74
岱山县	74.43	1.17	8.55	1.24
嵊泗县	7.08	0.51	9.85	0.98
全市	551.70	2.29	114.62	1.96

数据来源:作者计算整理。

2.国土空间开发利用节约集约度不高

2009—2015年,舟山市人均建设用地不减反增。2015年舟山市人均城乡建设用地面积为226米²,较2009年增加12.19米²,其中2012—2015年人均城乡建设用地面积增长较快(表1.28)。2015年,人均城镇建设用地面积为179米²,不仅超出人均100米²的城镇建设用地标准,而且超过浙江省城镇人口人均城镇用地面积68平方米。整体而言,舟山市国土空间开发利用节约集约度不高。

表 1.28　舟山市城乡建设用地情况(2009—2015 年)

年份	常住人口/万人	城乡建设用地 面积/公顷	人均城乡建设用地 面积/(米²/人)
2009	106.3	22758.57	214.10
2010	112.1	23240.41	207.32
2011	113.7	23864.61	209.89
2012	114.0	24492.82	214.85
2013	114.2	25148.89	220.22
2014	114.6	25608.84	223.46
2015	115.2	26068.79	226.29

数据来源:作者计算整理。

3.国土开发空间供需矛盾日益突出

舟山市人多地少,人口密度大,人地矛盾比较尖锐,同时,舟山市属山地丘陵地貌,群岛新区可供利用的岛屿仅占岛屿总数的 31%,而岛屿地面坡度小于 15°的面积占土地总面积的 55.7%[1],导致全市适宜开发建设的空间狭小。在当前适宜开发建设区,不仅建设用地规模基数大,而且又有着耕地保护红线的约束,基本农田保护与建设用地保障之间的冲突比较严重。舟山市仍处于城镇化和工业化快速发展阶段,随着舟山新区等系列建设的推行,国土开发空间供需矛盾将愈发突出。

二、土地资源利用面临的形势和存在的问题

(一)土地资源利用面临的形势

舟山市发展的优势条件是:区位优势独特,港口条件优越;海洋资源丰富,海洋产业基础较好;经济增速较快,产业结构不断优化;城市化进程加快,城乡协调发展;民营经济基础雄厚,发展活力、潜力巨大。

国务院批准设立舟山群岛新区,使舟山市在我国实施区域发展总体战略、海洋经济发展战略中具有独特地位。未来 10 到 20 年,舟山群岛新区将打造我国大宗商品储运中转加工交易中心,建设世界级国际枢纽

---

① 《舟山市土地利用总体规划(2006—2020 年)》(2013 年修改版)。

港;建设舟山港综合保税区(简称"综保区"),建立自由贸易园区;实施一批船舶与海洋工程装备制造、重大基础设施和旅游建设项目;培育海洋开发试验基地和重大海洋科研成果转化基地,打造现代海洋产业基地;积极创新陆海统筹综合管理体制机制,打造独具魅力的海上花园城市。

　　舟山群岛新区建设上升为国家发展战略,要实现其战略定位和重大发展目标,土地利用将面临严峻的挑战,现行土地利用总体规划的建设用地规模已不能适应新区土地利用趋势。从舟山市现行规划执行情况来看,2009—2015 年的 7 年间,舟山市建设用地和城乡建设用地分别增长了 4175.82 公顷和 3310.22 公顷,年均增长 2.21％和 2.28％。若按这样的速度继续增长,预计到 2020 年,建设用地和城乡建设用地规模将达到 37962.88 公顷和 29192.24 公顷,其中城乡建设用地面积将突破土地利用总体规划确定的控制目标——28173 公顷。各类新区重点基础设施、海洋产业、海岛保护和开发新增建设用地项目可能无法"落地",现行规划难以适应新区发展要求。

　　(二)土地资源利用中存在的问题

　　1. 保障发展与保护资源空间矛盾突出

　　舟山市的耕地主要集中分布在六个大岛的丘陵之间及沿海的海积平原、洪积平原,而这些地带正是新区未来建设大宗商品储运中转加工交易基地,发展临港工业、现代服务业等海洋产业经济所需要的用地空间。新区城乡建设发展用地与耕地保护在空间上高度重叠,空间布局矛盾突出。

　　2. 土地开发利用与生态保护任务协调难度大

　　舟山市有大小岛屿 1390 个,103 个岛屿有人居住,剩余的 1280 多个岛屿处于自然状态,有着良好的自然生态环境。在诸多岛屿周边,拥有约 1.50 万公顷(23 万亩)沿海滩涂[①],它们是海洋生态系统和陆地生态系统的过渡带,具有丰富的生物资源及生物多样性,是海岛生态保护的重点区域。随着群岛新区国家发展目标的推进,海岛土地资源潜在价

---

　　①　舟山市 2015 年土地利用变更调查。

值不断显现,沿岸滩涂湿地将是开发建设的重要空间,协调土地开发利用与生态保护的任务艰巨。

3. 规划的引导和调控作用有待加强

作为新区顶层规划的《浙江舟山群岛新区发展规划》已经通过国务院审批,作为协调发展空间保障与资源保护的新区城市总体规划、土地利用总体规划修编正处在前期工作阶段,步伐有待加快。而新区发展势如破竹,在国内外的影响力正迅速扩大,前景极其美好,一些重大海洋产业经济项目、海岛综合开发保护项目、基础设施建设项目纷纷上马,使得现行空间规划需要适度修正,规划跟着建设项目走的现象时有发生,空间规划的刚性管制和弹性调整需要灵活的制度安排。需要同步推进城市总体规划、土地利用总体规划的修编工作,实现建设用地布局、规模、时序等方面的有效对接,促进对舟山群岛新区土地资源利用和保护空间的有序引导。

4. 规划建设空间与舟山群岛新区发展需求存在空间冲突

国务院批准设立舟山群岛新区,使舟山市在我国实施区域发展总体战略、海洋经济发展战略中具有独特地位。舟山群岛新区要实现国家发展战略和重大发展目标,其土地利用面临严峻的挑战,现行土地利用总体规划的建设用地规模已不能适应新区土地利用趋势。此外,规划内项目布局分散,各类重点基础设施建设、海洋产业发展及海岛保护的用地空间冲突,大部分项目可能无法"落地",规划难以适应新区发展要求。

第四节　舟山群岛新区建设用地需求分析

一、扩大建设用地需求的舟山新区社会经济发展规划

(一)浙江舟山群岛新区规划建设

根据舟山群岛新区的战略定位和发展目标,依托独特的区位条件、资源禀赋、生态环境容量、发展基础和潜力,舟山群岛新区将科学优化空

间布局,充分发挥比较优势,着力构建功能定位清晰、开发重点突出、产业布局合理、集聚效应明显、陆海协调联动的"一体一圈五岛群"总体开发格局。

1.优化提升开发开放主体区域

舟山本岛产业基础较好,城镇化水平较高,是舟山群岛新区开发开放的主体区域,也是舟山市海上花园城市建设的核心区,要重点构筑"南生活,中生态,北生产"三带协调、功能清晰的发展格局。

一是南部花园城市带。依托定海、新城和普陀城区,扩大城市规模,提高城市品质,推进旧城改造,打通南部海岸城市发展走廊,联动开发南部诸岛。加快第二产业转移和第三产业培育步伐,发展以金融商贸、海事中介、医疗服务、研发创意、教育培训、休闲旅游、会展节庆等业态为主的现代服务业。

二是中部重点生态带。加强舟山本岛中央山体生态保护,构筑绿色廊道,形成以山体为核心的指状绿地系统。结合水系设置沿河绿带,建设成带成片的城市结构性绿地与成网成园的生活型绿地。科学规划,合理开发,严格保护海岛生态景观和田园风光,切实维护自然生态系统平衡和海岛生态安全。

三是北部海洋新兴产业带。在小沙镇至展茅街道区域范围内,重点发展临港装备制造、海洋生物、海洋探测装备、高端海洋电子、水产品精深加工等海洋新兴产业,加快形成产业转型升级先导区和海洋新兴产业集聚区。

2.全力打造港航物流核心圈

岱山岛、衢山岛、大小洋山岛、大小鱼山岛和大长涂岛等是舟山群岛新区深水岸线资源最佳、发展潜力和空间最大的区域,是建设大宗商品储运中转加工交易中心的核心区域。

岱山岛近期积极发展临港制造业,远期规划建设大宗商品加工和区域性国际港航服务平台。衢山岛及周边的鼠浪湖、黄泽山等岛,规划建设国际燃油供应中心和矿砂、煤炭等大宗商品深水中转中心。大小洋山岛以集装箱运输、保税物流及相配套的加工增值综合服务功能为重点,计划建成上海国际航运中心港航配套服务中心。大小鱼山岛主要发展临港工业和大宗商品加工。大长涂岛主要发展原油储运。

3.积极构筑五大功能岛群

根据岛屿自身特点,合理确定主体功能和开发利用方向,培育形成内涵丰富、特色鲜明、布局合理的五大功能岛群,为舟山群岛新区全面发展提供重要支撑。

一是普陀国际旅游岛群。以普陀山国家级风景名胜区为核心,囊括朱家尖岛、桃花岛、登步岛、白沙岛等。依托佛教文化,建设禅修旅游基地,加快形成世界级佛教旅游胜地;在符合风景名胜区总体规划等相关规划要求的前提下,重点开发游艇、邮轮、康体、滑翔、潜水、攀岩等旅游新业态和新项目,打造世界一流的海洋休闲度假岛群。

二是六横临港产业岛群。以六横岛为核心,囊括虾峙岛、佛渡岛、东白莲岛、西白莲岛、凉潭岛、湖泥岛等。现有企业重点发展高端特种船舶,积极发展港口物流、大宗商品加工等临港产业和海水淡化、深水远程补给装备、海洋新能源等海洋新兴产业。

三是金塘港航物流岛群。以金塘岛为核心,囊括册子岛、外钓岛等。重点发展以国际集装箱中转、储运和增值服务为主的港口物流业,打造油品等大宗商品中转储运基地,建设综合物流园区。

四是嵊泗渔业和旅游岛群。以泗礁岛为核心,囊括嵊山岛、枸杞岛、黄龙岛等。推进中心渔港建设,加快渔业转型升级;发展海洋休闲旅游,建成集港口观光、滨海游乐、海上竞技、渔家风情、游艇海钓、海鲜美食于一体的渔业和休闲旅游岛群。

五是重点海洋生态岛群。以中街山列岛、浪岗山列岛、五峙山列岛、马鞍列岛等为重点,推进海洋生态保护。加强对海洋生态环境的监控和保育,适度发展海洋渔业和海洋旅游业,加大渔业资源增殖放流力度,逐步实现海洋生态环境良性循环,打造各具特色的海洋生态岛群。

(二)中国(浙江)自由贸易试验区规划建设

中国(浙江)自由贸易试验区(简称"自贸试验区")的实施范围达到119.95千米²,由陆域和相关海洋锚地组成,涵盖三个片区:舟山离岛片

区,78.98 千米²(含舟山港综合保税区区块二,3.02 千米²);舟山岛北部
片区,15.62 千米²(含舟山港综合保税区区块一,2.83 千米²);舟山岛南
部片区,25.35 千米²。[①]

按区域布局划分,舟山离岛片区鱼山岛重点建设国际一流的绿色石
化基地,鼠浪湖岛、黄泽山岛、双子山岛、衢山岛、小衢山岛、马迹山岛重
点发展油品等大宗商品储存、中转、贸易产业,海洋锚地重点发展保税燃
料油供应服务;舟山岛北部片区重点发展油品等大宗商品贸易、保税燃
料油供应、石油石化产业配套装备保税物流、仓储、制造等产业;舟山岛
南部片区重点发展大宗商品交易、航空制造、零部件物流、研发设计及相
关配套产业,建设舟山航空产业园,着力发展水产品贸易、海洋旅游、海
水利用、现代商贸、金融服务、航运、信息咨询、高新技术等产业。

按海关监管方式划分,自贸试验区内的海关特殊监管区域重点探索
以贸易便利化为主要内容的制度创新,重点开展国际贸易和保税加工、
保税物流、保税服务等业务;非海关特殊监管区域重点探索投资制度、金
融制度等体制机制创新,积极发展以油品为核心的大宗商品中转、加工
贸易、保税燃料油供应、装备制造、航空制造、国际海事服务等业务。

(三)浙江舟山群岛新区海洋产业集聚区规划建设

舟山群岛新区海洋产业集聚区的规划建设,将以服务国家"海洋强
国"战略和深入实施《浙江海洋经济发展示范区规划》为引领,以海洋经
济为主攻方向,发展以临港重型装备制造,船配机电制造,航空配件制
造,清洁能源、绿色石化装备制造为主导的现代工业产业;加大综保区对
海洋产业辐射力度,建设以水产品及冷链、高档消费品等为主的保税仓
储、加工、展示和交易中心,开拓以大宗商品中转贸易、清洁能源产业为
核心的现代港口物流行业。推进探索浙江海洋经济对外开放合作的新
思路,加大与沿江、沿海发达城市合作,助力浙江海洋经济实现新发展。

舟山群岛新区海洋产业集聚区将紧扣浙江舟山群岛新区"四岛一城
一中心"的发展目标,以加快转变经济发展方式为主线,以投资拉动、创

---

① 《中国(浙江)自由贸易试验区总体方案》,2017 年。

新驱动、开放带动、改革推动为核心,以临港装备制造、综合保税物流为突破口,全力打造海洋产业集聚核心区、舟山自由贸易岛建设先行区、江海联运服务引领区和产城融合示范区,初步建成经济繁荣、配套完善、管理规范、环境友好、亦业亦居的工业新城区。"十三五"期间,海洋产业集聚区将初步形成开发区和综保区"两翼齐飞,多点开花"的发展新格局。其中,开发区一期、综保区本岛分区全面完成整合提升,开发区二期建设和产业布局基本完成,综保区衢山分区和朱家尖空港分区实现封关运行。"十三五"期间,全区累计投入开发建设资金 80 亿元,累计实现全社会固定资产投资 700 亿元,开发建设面积达到 20 千米^2。[1] 具体发展建设路径包括:

1. 以实施重点工程为载体,体现转型跨越提升的主目标

坚持把加快实施重点工程、以点上突破带动面上发展作为集聚区转型跨越的首要战略,紧紧围绕"五区"发展战略,重点推进招商引资倍增工程、综保区提升发展工程、重大项目建设攻坚工程、美丽园区建设工程、科技人才创新工程、园区综合治理工程等六大工程,制定专门行动计划,明确工程时间表和路线图,逐年分解推进,确保及时落实到位。

2. 以引进重大项目为抓手,体现保持经济持续快速增长的主基调

坚持把保持经济高速增长、抓好招商投资工作作为新区转型跨越的基础前提,全力提高招商引资质量,通过制定实施"引进大企业、开发大项目、建设大平台"产业发展规划,着重引进一批世界 500 强大型企业集团和投资额超 10 亿元、年产值超 100 亿元的重大项目[2],确保每年都有一批优质高效的企业进入洽谈、签约、建设、投产流程,形成强劲有力的有效投资梯队,保持经济高速增长,引领和带动全市经济稳定发展。

3. 以结构优化升级为导向,体现加快形成产业层次清晰的主格局

坚持把结构优化升级、强化产业先进性、多元化、特色型作为新区转型跨越的主攻方向,大力引进一批先进制造业和生产性服务业企业,争取培育形成若干十亿级、百亿级主导产业,着力改变目前集聚区主导产

---

① 《浙江舟山群岛新区海洋产业集聚区"十三五"发展规划纲要》,2016 年。
② 同①。

业不明显的局面,为全区经济后续征程集聚巨大的发展能量。

4.以开放创新借势为动力,体现全面融入长三角、加快共建共享的主方向

坚持把深化开放创新,依托沿江沿海,借势、借力、借资源作为集聚区转型跨越的强大动力。一方面主动融入长三角,重点接轨沪、甬等地的创新源头、平台经济和龙头企业;另一方面要充分利用综保区功能政策优势,大力推进开放先行、产业突破、制度创新,实现综保区跨越式发展。同时,集聚各类高层次的创新资源和创新人才,持续提高产业核心竞争力,切实增强经济发展后劲。

5.以工业新城建设为契机,体现产城融合发展的主战略

坚持把以推进舟山本岛北部城市化建设为契机,促进产业融合、产城融合、社会融合成为集聚区转型跨越的根本保障,努力打造环境友好、亦业亦居的工业新城。

(四)浙江省舟山市海洋经济发展示范区规划建设

舟山市海洋经济发展示范区的功能定位主要包括:

1.全国海洋产业综合发展先行区

以国际绿色石化产业和临港装备产业转型发展为重点,以集聚化和高端化发展为导向,建设国际一流、产业集聚、绿色环保的大型绿色石化产业基地,提升船舶和海工装备制造业,努力成为全国海洋经济发展新蓝海和重要增长极。

2.舟山市江海联运服务引领区

围绕舟山市江海联运服务中心核心区建设,构建以油品、铁矿砂、煤炭、粮油为主的大宗商品中转运输体系,发展大宗商品储备,建设大宗商品交易平台,为长江经济带重点产业及其上下游提供基于江海联运的供应链综合服务,提升我国以油品为核心的大宗商品资源全球配置能力,将示范区打造成为舟山市面向环太平洋经济圈的桥头堡。

3.海洋生态文明建设示范区

坚持蓝色文明发展方向,实施可持续发展战略,严格控制示范区项目建设准入标准,以循环经济理念指导海洋产业升级和结构布局调整,

建立循环低碳型的园区生产生活方式,促进海岛能源的清洁、集约、高效利用。探索科学用海与保护海洋生态的体制机制创新,统筹构筑海洋经济可持续发展体系,把示范区打造成为优美现代化生态产业示范区。

4.海洋综合管理体制机制创新试验区

按照"先行先试"的要求,在海洋经济发展的重点领域和关键环节进行探索和实践,深化海洋综合管理体制创新,探索用海用地管理体制和金融扶持体制创新,建成引领、辐射作用明显的示范区,为推动全国海洋综合管理体制机制创新提供实践样本。

舟山市海洋经济发展示范区将依据陆海统筹、节约集约、功能清晰、产业集聚和联动发展的要求,统筹大小鱼山岛、衢山岛、黄泽山岛等海岛及周边海域,突出鱼山绿色石化和现代海洋服务业集聚导向;互动对接舟山经济开发区、上海自由贸易区及长江流域沿线城市等,构建以原油精炼以及油品、铁矿石等大宗商品贸易、中转仓储等为一体的产业链,突出产业联动发展导向;将浙江省舟山市海洋经济发展示范区布局为"一区两片多岛"的空间一体化开发格局。示范区总面积达到 60.64 千米^2。[①]

"一区两片多岛"中,"一区"指浙江省舟山市海洋经济发展示范区;"两片"分别指绿色石化产业片、现代海洋服务业片;"多岛"包括鱼山岛、鼠浪湖岛、黄泽山岛、双子山岛、小衢山岛和衢山岛的部分区域,其中鱼山重点发展绿色石化产业;其他海岛重点发展现代海洋服务业。

"一区两片多岛"以岱山本岛为纽带,兼顾绿色石化产业和现代海洋服务业,统筹产业分工合作,体现了有机对接、良性互动、协调发展的关系,整合了鱼山、鼠浪湖、黄泽山、双子山、衢山等海岛地区的资源条件,促进了示范区内生产要素的合理流动和优化配置,实现了绿色石化与海洋服务两大区域优势互补和联动发展。

(1)绿色石化产业片

绿色石化产业片规划总面积约为 41 千米^2[②],以鱼山岛为基点,带

① 《浙江省舟山市建设海洋经济发展示范区总体方案》,2017 年。
② 同①。

动周边海域海岛开发建设,并拓展岱山本岛部分区域作为绿色石化基地的生活配套区。产业片以大型炼化一体化项目为依托,采取统一规划、上下游产业紧密连接的基地化发展模式,利用国际最先进的工艺设备和技术,大力发展生态安全、环境友好、集聚高效的国际大型一体化绿色石化基地。

规划总用地分近、中、远期三个阶段逐步实施。近期(2015—2020年)通过填海造地,逐步发展大鱼山岛本岛及西侧片区,形成面积约 16 千米^{2}的陆域[①],主要布置炼化一体项目和配套港口、物流和水电等基础设施;中期(2021—2025 年)由大鱼山岛向东发展,重点围垦大鱼山岛东侧滩涂,通过填海造地形成陆域面积约为 10 千米^2;远期(2026—2030年)围垦小鱼山岛西侧海域,开发面积约为 15 千米^2。[②]

(2)现代海洋服务业片

现代海洋服务业片规划总面积约为 19.64 千米^2,以鼠浪湖岛、黄泽山岛、双子山岛、小衢山岛和衢山岛为依托,主要发展以油品、铁矿石为核心的大宗商品储存、中转、贸易以及燃料油供应等现代海洋服务产业。其中,鼠浪湖岛面积约为 6.54 千米^2,以接卸外贸进口矿石为主,提供仓储、分销、加工及配送服务;黄泽山岛面积约为 3.67 千米^2,双子山岛面积约为 3.40 千米^2,衢山岛面积约为 2.34 千米^2,小衢山岛面积约为 3.69 千米^2。[③]

二、未来建设用地需求分析

(一)未来建设用地需求规模总量分析

国务院正式批准设立浙江舟山群岛新区,使舟山市经济社会发展进入了新的阶段,大规模的海洋经济增长及其发展速度,将推动舟山市建设用地需求呈现较快增长。依据近几年的建设用地变化情况、单位GDP 的建设用地指标以及"十二五"重点建设项目用地安排情况,可以

---

① 《浙江省舟山市建设海洋经济发展示范区总体方案》,2017 年。

② 同①。

③ 同①。

对 2020 年的建设用地总规模以及新增用地需求进行预测。

根据新区经济社会发展趋势,结合浙江舟山群岛新区发展规划,预测新区 2020 年海洋生产总值达到 2500 亿元,总人口控制在 150 万人,其中城镇人口 120 万人。

1. 按近几年用地规模及发展趋势推测新增建设用地规模

"十一五"期间,舟山市新增建设占用土地面积 5571 公顷,平均每年新增建设占用土地约 1100 公顷。"十二五"以来,全市经济社会发展进入了一个全新的阶段。作为国家重要的海洋经济发展战略要地,为实现国务院确定的"三大定位、五大目标",舟山市加快推进浙江舟山群岛新区建设,未来 10 年,计划使舟山市经济总量增长 4.4 倍,预计 2020 年海洋生产总值达到 2500 亿元。① 按此发展速度,预期建设用地增量控制在只翻一番,2020 年新增建设用地规模预测为 22000 公顷左右,其中建设占用海域约为 4660 公顷。

2. 按单位海洋生产总值用地量来预测新增建设用地规模

2010 年,舟山市海洋生产总值约为 459 亿元,全市建设用地面积约为 30489 公顷,扣除水库水面和处于闲置状态的大面积盐田,建设用地总规模约为 25644 公顷,因此万元海洋生产总值用地量为 5.9 米^2。根据浙江省政府有关节约集约用地考核要求,单位 GDP 的建设用地消耗量同比应达到年均递减 5%,考虑到新区的开发建设应更加注重节约集约利用土地,预计年均递减能达到 8%。因此到 2020 年舟山市万元 GDP 用地量应控制在 24.3 米^2 左右。按此推算 2020 年实现海洋生产总值 2500 亿元的目标时,全市建设用地总量应达到 60750 公顷左右。2011—2020 年间需要增加建设用地约 35106 公顷。

3. 按重大、重点建设项目布局来预测新增建设用地规模

依据《浙江舟山群岛新区发展规划》,规划期间将实施一批重大、特大项目:

①交通项目:环杭州湾东方大通道一期项目(六横跨海大桥、岱山跨

---

① 《舟山市土地利用总体规划(2006—2020 年)》(2013 年修改版)。

海大桥）、舟山岛快速通道、南部海湾大通道等重大基础设施建设项目；

②水利项目：以骨干工程为主体的区域性防洪、灌溉工程，响水坑水库、大沙水库、大沙湾水库等10座本地水资源拦蓄工程，大陆引水、海水淡化、中水回用等水资源重大项目；

③产业项目：舟山港综合保税区基础设施与产业项目、LNG储运中转贸易项目、鱼山岛炼化一期项目、高端船舶和海洋工程装备项目、海洋能源开发项目、海洋生物与医药园区项目、浙江大学海洋学院建设等；

④重大建设项目：大长涂石化储运中转一期项目、衢山船舶加油补给中心及大宗商品储运中转项目、洋山港航物流等。

根据规划期间群岛新区重大、重点建设项目的规划布局，规划期间舟山群岛新区新增建设用地面积为21330公顷，其中占用农用地、未利用地约为16660公顷，内含耕地约10667公顷，占用海域4660公顷。具体分项为：

（1）城镇村建设用地需求

城镇建设新增用地5220公顷，其中占用耕地约3020公顷；同期，农（渔）村建设用地减少2510公顷；按增减相抵50%计，城镇村建设用地净增加3970公顷。

（2）产业发展用地（独立工矿用地）需求

根据产业发展用地布局分析，用地需求为10447公顷，其中占用耕地约5633公顷。

新增港口物流园区（基地）用地4627公顷，其中占用耕地2743公顷；新增临港工业用地4720公顷，其中占用耕地2350公顷；新增海洋文化产业园区（校区）用地400公顷，其中占用耕地200公顷；新增其他独立选址项目用地700公顷，其中占用耕地340公顷。

（3）交通水利及其他建设用地需求

据交通、水务和旅游等部门发展规划和项目用地测算，规划期间，交通水利及其他建设新增用地5667公顷，其中占用耕地2010公顷。具体为：道路工程、港口码头新增用地3767公顷；水利设施新增用地1100公顷；新增旅游设施及特殊用地800公顷。

4.建设用地需求规模预测结果

通过对近几年建设用地规模的趋势外推、万元海洋生产总值用地量测算和重大、重点建设项目规划布局用地需求等三种方法的测算结果进行评价,可以发现重点建设项目规划布局用地需求预测方法反映了舟山群岛新区的实际情况,并综合得出未来10年全市需要增加建设用地量为2万公顷左右。基于目前对"十二五"规划的重大、重点项目用地安排较为准确,这个新增总量相比于趋势外推法,更符合舟山市发展的实际需求。

(二)未来建设用地需求空间格局分析

1.发展趋势

舟山群岛新区是国家"十二五"规划纲要确定的重点推进发展区域之一,是国务院确定的全国海洋经济发展试点地区之一,在促进我国沿海地区加快海洋经济发展过程中具有独特地位。目前舟山群岛已初步形成了以港口物流、临港工业、海洋旅游、现代渔业为支柱的较为齐全的新型海洋产业体系,建成了国家石油战略储备基地、全国最大商品原油储运基地和矿砂中转基地、华东地区最大的煤炭中转基地。

国务院批准设立舟山群岛新区,对于创新我国海洋经济发展和海岛综合开发模式具有极为特殊的意义。舟山群岛新区作为浙江海洋经济发展的先导区、海洋综合开发试验区和长江三角洲地区经济发展的重要增长极,将建设成为我国大宗商品储运中转加工交易中心、东部地区重要的海上开放门户、海洋海岛综合保护开发示范区、重要的现代化海洋产业基地和陆海统筹发展先行区。

2.发展目标(2020年)

舟山群岛地区将建设成产业重组、技术创新、环境美好、社会进步的海洋经济典范地区,率先实现全面小康。

第一,打造国际物流岛。建成服务全国、辐射太平洋的大宗商品国际物流中心,建立国家石油、液化天然气、煤炭、铁矿石和粮油等物资储备转运、交易加工的基地,保障国家经济安全的战略高地。

第二,全面建成具有我国特色的海洋群岛新区。地区生产总值达到3300亿元,其中海洋生产总值突破2500亿元,港域吞吐能力达6亿吨,城市化水平达到 80％。

第三,建设以中国(舟山)海洋科学城为中心的国家战略性海洋新兴产业研发和产业化重要基地、海洋空间拓展的前沿阵地。

第四,建成海岛花园城市。合理确定岛屿、海域的主体功能区划,把舟山建成海洋科学保护与利用的示范区,山海秀美、生态宜人的海岛花园城市。

3. 新增建设用地主要方向

根据《浙江舟山群岛新区发展规划》,加快海洋经济发展是舟山市在"十三五"期间的最主要任务之一。预计 2020 年,舟山市海洋生产总值达到 2500 亿元,地区生产总值约为 3200 亿元,总人口规模控制在 160 万人左右,其中城镇人口要控制在 128 万人。"十三五"期间舟山群岛新区建设发展新增用地的主要方向是,建设大宗商品国际物流基地,打造国际物流岛,建立国家石油、液化天然气(LNG)、煤炭、铁矿石和粮油等战略物资储备转运、交易加工的基地,重点加快港航物流、船舶与海洋工程装备、滨海旅游、现代渔业、生物医药、海洋新能源等海洋产业发展,建成国家战略性海洋新兴产业研发和产业化重要基地。这一切表明,舟山群岛新区全面实施国家提出的海洋经济发展战略,建设海洋经济发展示范区,将给全市土地资源的保护与保障带来新的课题和挑战,其中建设用地需求在新的发展形势下将呈现大幅快速增长态势,为此必须改变传统用地模式,坚持节约集约、陆海统筹、以海引陆、以陆引海、海陆联动、协调发展,推进舟山群岛新区土地利用形成新的格局。

第二章
代表性自由港的建设用地空间特征及管理启示

　　新加坡是世界上典型的自由港。新加坡是一个岛国,是典型的人多地少、寸土寸金的城市型国家,面积仅为舟山市的一半,是世界上人口密度和经济密度最高的国家之一。新加坡具有建设用地空间很小、人口密度和经济密度很高的特征,同时具有相对完备的土地利用管理和建设用地空间管理制度,其作为制度建设完善、发展成熟的自由港,是其他计划建设成为自由港的地区制定相关政策的国际标杆。本章选取代表性自由港——新加坡,在阐述其建设用地空间规模变化特征和结构变化特征,以及土地利用管理制度特征的基础上,归纳总结建设用地空间管理的若干政策启示。

第一节　新加坡的建设用地空间规模与结构变化特征

一、新加坡的空间范围与建设用地分类

(一)新加坡的空间范围界定

　　新加坡位于马来半岛最南端,地处太平洋与印度洋航运要道——马六甲海峡,虽然地狭人稠,资源贫乏,但经济发达,居民生活水平较高,是东南亚的工业中心、贸易中心、金融中心、旅游中心和交通中心,也是继

纽约、伦敦、香港之后第四大国际金融中心。

新加坡是一个热带岛国,属于典型热带雨林气候,常年高温多雨,年平均气温 24～27℃,平均年降雨量 2400 毫米。全国由一个本岛和附近 63 个小岛组成,总面积为 719.2 千米²,历年填海造地面积超过 150 千米²。新加坡本岛由东到西约 42 千米,由南到北约 23 千米,面积占全国的 91.6%,地势低平,平均海拔 15 米,最高海拔仅 166 米,海岸线长 193 千米。本岛以外的其余岛屿,较大的有德光岛(24.4 千米²)、乌屿岛(10.2 千米²)和圣淘沙岛(3.5 千米²)(石忆邵等,2010)。圣淘沙岛和乌屿岛都是每年吸引大量海外游客观光度假的旅游胜地,而德光岛则发展成为重要的工业场地。

新加坡人口稠密,2016 年人口 560.7 万人,人口密度达 7796 人/千米²,是东南亚地区面积最小、人口密度最大的国家(表 2.1)。新加坡是一个多民族国家,共有 208 个民族,其中马来人是本土人。新加坡现在以华人、马来人、印度人、巴基斯坦人、孟加拉人为主,其中华人占 76.1%,马来人占 10.1%,还有为数不多的阿拉伯人、苏格兰人、荷兰人、阿富汗人、菲律宾人、缅甸人以及欧亚混血种人。[①] 官方语言有华语、马来语、泰米尔语和英语 4 种。

表 2.1　新加坡的人口与土地[②]

年份	总人口/人	常住人口/人	土地面积/千米²	人口密度/(人/千米²)
2011	5183688	3789251	708.3	7318
2012	5312437	3818205	711.6	7465
2013	5399162	3844751	716.1	7540
2014	5469724	3870739	717.3	7625
2015	5535002	3902690	718.4	7705
2016	5607283	3933559	719.2	7796

新加坡是一个城市国家。在地理上分为北部区、西部区、东北部区、

---

① 新加坡统计局网站(www.singstat.gov.sg)。

② 同①。

东部区、中部区与中央区,选举时则分为 75 个选区。

(二)新加坡建设用地的分类

新加坡目前的土地面积为 719 千米²,其中约 72% 为国家所有,其余 28% 为私人占有。[①] 新加坡将所有土地划分为 900 多个小区,并在每个小区内对土地使用进行详细的规划。按照功能,新加坡的建设用地被分为五类(表 2.2)。

表 2.2 新加坡的建设用地分类

一级分类	二级分类	说明
工业用地	特殊工业用地	用于重工业和航空工业
	普通工业用地	用于普通工业和轻工业
	标准工厂用地	用于分散和半分散的工厂和车间
	多层工厂用地	用于轻工业和无污染工业
	高科技园区用地	用于高科技开发与研究
休闲用地	—	主要用于为区域内的居民和出行者提供旅游和休闲的活动空间
居住用地	—	通过规划将居民集中到不同的区域,并在每个区域内建立完整的配套服务措施
交通用地	—	以城市地下铁路系统用地为优先考虑
中央商务区用地	—	主要发展金融和商业,同时采取措施降低此区域内的居住人口数量

资料来源:根据新加坡城市重建局资料整理。

第一类是工业用地,包括特殊工业用地、普通工业用地、标准工厂用地、多层工厂用地以及高科技园区用地五种类型。

第二类是休闲用地,主要用于为区域内的居民和出行者提供旅游和休闲的活动空间。

第三类是居住用地,通过规划将居民集中到不同的区域,并在每个区域内建立完整的配套服务措施。

第四类是交通用地,以城市地下铁路系统用地为优先考虑。

[①] 新加坡统计局网站(www.singstat.gov.sg)。

第五类是中央商务区用地。该区以发展金融和商业为主,同时采取措施降低此区域内的居住人口数量。

二、新加坡建设用地变化及其影响因素分析

(一)新加坡建设用地的变化

1.住宅用地变化

新加坡政府坚持以行政干预为主、以市场调节为辅的原则,牢牢掌握了房地产市场的主动权,供应充足的组屋既解决了大部分国民的住房问题,也有效平抑了房价。与此同时,高收入阶层的住房需求也为私人开发商提供了商机,这种各阶层在住房品种上各取所需的机制,符合市场规律。新加坡的房屋分为政府组屋、共管式公寓住宅、组屋以及别墅几种类型。2011—2016 年,新加坡的住宅总量有一定的增加,独立或半独立住宅及组屋的数量只有少量的增加,相对而言,公寓和别墅的数量有较大的增加。

表 2.3　新加坡各类住房变化表①

单位:套

年份	独立式住宅	半独立式住宅	组屋	别墅	公寓	合计
2011	10428	21795	39984	66125	126045	264377
2012	10436	21826	40201	66520	130025	269008
2013	10443	21849	40397	66994	134036	273719
2014	10449	21867	40522	67285	138112	278235
2015	10465	21891	40679	67712	142063	282810
2016	10472	21922	40895	68103	146153	287545

2.工商业用地变化

新加坡的土地资源极为稀缺,而城市化、经济发展与工商业水平的提高都增加了对土地资源的需求。为了解决这些问题,新加坡政府采取了一系列的措施来解决这些问题:一是政府高度垄断,负责工业发展的

---

① 新加坡统计局网站(www.singstat.gov.sg)。

裕廊集团(JTC)控制了全国80％的工业用地,其他诸如建设局和私人开发商等工业设施开发者,主要进行标准厂房的建设;二是工业用地供应主要采用租赁方式;三是工业用地供应以厂房租赁为主;四是工业用地量由政府研究分析,结合土地市场供给情况,并根据价格调控来决定;五是政府重视对企业进行政策性引导。

过去20多年间,新加坡成为众多跨国公司在东南亚投资的首选地,这主要得益于新加坡稳定的政局、廉洁高效的政府以及较低的投资成本。

目前新加坡的工商业用地具有如下特点:

第一,工业与商业用地绝大多数来源于私有土地,而国有土地只占21％左右。

第二,新加坡工商业用地总量变化不大,趋于平稳。新加坡的工业主要有炼油、化工、造船、电子和机械等行业,基本上集中在著名的裕廊工业区内。但随着东亚经济起飞,新加坡面临的竞争日益加剧,不少优势正在逐步丧失,部分制造业开始外迁。

3. 交通用地变化

新加坡的土地资源紧缺,政府也采取了很多的措施试图解决交通发展与土地资源紧张的矛盾。

一是注重交通和土地综合利用。通过交通引导城镇发展,注重枢纽站点的建设,整合交通设施,体现多种功能,并充分利用空间与地下资源,从而达到交通和土地综合利用的目的。二是构建完整的路网体系。截至2016年,新加坡全岛有高速公路1107千米,主干道3175千米,次干道1622千米,支路3406千米,形成了一个较为完善的道路网络(表2.4)。三是利用信息技术提高道路服务能力。新加坡通过建成智能交通平台,高效率地使用交通和路况信息。四是实施交通需求控制,积极发展公共交通。新加坡对车辆采取控制拥有与控制使用并重的措施,解决私家车问题的同时积极发展公共交通,解决市民的出行问题。

表 2.4　新加坡公共道路变化①

单位:千米

年份	已铺道路	高速公路	主干道	次干道	支路
2010	8895	1059	2938	1526	3372
2011	9045	1059	3027	1580	3380
2012	9081	1059	3054	1584	3384
2013	9178	1093	3100	1593	3392
2014	9233	1093	3146	1599	3394
2015	9246	1093	3147	1607	3399
2016	9310	1107	3175	1622	3406

新加坡的交通用地总量近年来略有增加,但基本趋于平稳。其中,主干道的增加比较多,增加了 237 千米,超过已铺道路增加总量的一半,达到 3175 千米,占已经铺设道路的三分之一;支路总长度最长,超过 3400 千米,占道路总长度的 36.6%。相对而言,高速公路较少,只占已铺道路的 11.9%。②

(二)新加坡建设用地变化的原因分析

1.人口增长对建设用地的影响

2010—2016 年,新加坡总人口与常住人口均有所增加,分别增加 53 万与 16 万左右。同时,工商业用地面积增加了 400 多万米²。③ 以常住人口计算,人均工商业用地面积基本上维持在 13 米² 左右。可以认为,建设用地规模基本上与人口总量成正比,人口的增加导致建设用地的增加。

2.大力填海造地以弥补土地资源的短缺

新加坡地少人多,它的大部分土地已用来建设居民住房,同时还要满足交通运输业、工商业和建立自然保护区、集水区以及军事基地等方

---

① 新加坡统计局网站(www.singstat.gov.sg)。

② 同①。

③ 同①。

面的用地需求。因此,新加坡一直面临着巨大的用地压力。为缓解这种紧张局面,保证有充足的土地资源以供长期发展之需,早在19世纪,新加坡便开始了填海造地。自20世纪60年代起,为满足人口增长和经济发展的需要,新加坡在沿海展开了符合国际法律条规的填海计划。2002年,新加坡又在柔佛海峡的德光岛和大士进行了大规模的填海工程。

50多年来的填海工程使得新加坡的国土面积由独立初期的580千米^{2}增加至目前的719千米^2,新加坡通过填海使国土面积增加了139千米^2,通过填海造陆所增加的土地面积占原有国土面积的20%以上。[①]填海工程所得的土地基本都成了建设用地,填海工程是建设用地增加的主要因素之一。

3.土地规划利用与土地管理政策对建设用地的影响

新加坡严格的土地管理制度控制保证新加坡建设用地供应。新加坡的土地管理机构与法规十分健全,从制度与法律上保证了农业与环境保护用地不被转变为建设用地。

目前新加坡已形成了由规划法令、概念蓝图及发展指导蓝图组成的较为全面、完整的城市规划编制体系。新加坡城市建设的基本思路是通过密集的布局来实现城市经济和生活的高效、低成本的运作。新加坡政府十分重视城市规划,通过实施前瞻性规划把城市人口高度集中在城市中心区和几个新市镇,重点加强城市道路、污水处理等市政基础设施建设,完善公共交通网络规划布局,善用工业用地以发展经济。

三、新加坡建设用地变化特点及其影响因素

(一)新加坡建设用地变化的特点

1.居住用地所占比例最大,城市道路用地次之,教育用地位居第三

2016年,新加坡的各类用地中:居住用地所占的比例最大,达到54.4%,超过了城市建设用地总面积的一半;城市道路用地次之,占18.7%;教育用地位居第三,约占9.9%。三者合计占建设用地总面积

---

① 新加坡统计局网站(www.singstat.gov.sg)。

的比重达到 83%。①

2.工商业用地所占比例较小

在新加坡,商业用地与工业用地所占比例分别为 4.7% 和 6.6%,两者合计约占建设用地总面积的 11.3%。② 工商业用地所占比例虽然不大,却是经济产出的主要来源。

在工商业用地中,工厂用地所占比例最大,办公用地及仓库用地次之,商店用地比例最小。以 2016 年为例,工厂用地占工商业用地的63.2%,办公用地及仓库用地分别占 15.6% 与 14.4%,而商店用地只有 6.8%。③

3.开放空间用地比例大于公共机构用地比例

新加坡是一个美丽的"花园城市",随处可见绿色的参天大树,千娇百媚的花草装点着大街小巷,形成了独特的绿色风景,具有浓厚的艺术气息。新加坡的开放空间用地比例为 4.2%,远大于公共机构用地的比例,后者仅占 2.3%。体育设施用地较少,仅占 1.2%。④

(二)新加坡建设用地变化的原因分析

1.产业结构的变化是影响建设用地变化的重要原因

产业转型是一个国家或地区发展到一定阶段的必经之路。作为亚洲"四小龙"之一的新加坡,自 1909 年自治和 1965 年独立以来,从一个贫穷落后的殖民地发展成为新兴工业化国家,逐步走上工业化和建立多元经济结构的发展道路。1996 年,联合国将新加坡升格为发达国家。在新加坡经济迅速发展的历程中,政府起着主导和决定性作用,表现为适时的产业政策、对产业结构的持续合理的改革与转换的引导、合理的产业政策保障体系,以及对国际形势的准确把握。新加坡经历了五次产业结构调整(石忆邵等,2010):

(1)1959—1967 年,由单一转口贸易向进口替代工业转变。

---

① 新加坡统计局网站(www.singstat.gov.sg)。

② 同①。

③ 同①。

④ 同①。

(2)1968—1979 年,由进口替代工业向出口工业转变。

(3)1979—1985 年的产业结构重组阶段。新加坡政府于 1979 年提出了在经济领域进行"第二次工业革命",着力重组经济结构,大力引进高技术和资本、技术密集型产业,推动制造业朝着高附加值、高度资本、技术密集型的出口工业方向转变,逐步淘汰劳动密集型产业。

(4)1986—1996 年的经济发展新方向时期。这期间,新加坡政府正式确定将制造业和服务业作为经济的双引擎,即在发展资本技术密集型出口工业的同时,着重转向优先发展有增长潜力的服务业。

(5)1997 年至今的以知识经济为主的时期。由于世界经济大环境的影响,新加坡的经济增长率在 2000 年时为 9.9%,2001 年为-2.0%,2003 年为 1.1%(石忆邵等,2010)。为应付这种经济衰退,新加坡开始进行全面的结构性改变,以服务业、信息产业为重点,加速经济国际化、自由化、高科技化,积极创新,制定实施从传统经济向知识经济转变的战略规划,发展知识型产业,以应对不断变化的外部世界经济环境。

值得注意的是,新加坡在大力发展服务业的同时,仍然重视制造业的发展,因而其工业用地的比重高于纽约、伦敦、巴黎等国际大都市。

2.家庭规模小型化与住房政策的影响

家庭规模小型化对住宅用地的规模和结构变化具有一定的影响作用。新加坡前总理李光耀在 20 世纪 60 年代提出的"居者有其屋"计划,旨在"为所有新加坡人提供策划周详的组屋"。经过 50 多年的发展,新加坡的组屋政策取得了巨大成就,目前已形成以公共组屋为主,私人住宅为辅的独特住房体系,成功实现了"居者有其屋"。截至 2016 年年底,新加坡住房自有率高达 90.2%,82% 的居民居住在政府建造的组屋内。①

3.居民生活水平提升的影响

居民生活水平提升对用地结构的变化具有明显作用,如开放空间和休憩娱乐用地的规模和比例呈现不断上升的态势。

---

① 新加坡统计局网站(www.singstat.gov.sg)。

第二节　新加坡的土地管理制度特征及其启示

一、新加坡的土地管理制度特征

（一）新加坡的土地管理机构

新加坡的土地所有权分为国有和私有两种，其 87％国土为国有，13％国土为私有。新加坡的土地使用年限有 99 年、999 年和永久使用三类；土地利用类型有交通、住宅、工业、商业、公用事业、生态等。新加坡公共组屋、交通收费闸门（ERP）、垂直绿化、雨水集蓄等集约利用土地资源的做法成效显著，是世界上土地开发、利用和管理比较成功的国家之一（高国力，2015）。

新加坡的土地管理由隶属不同部门的多个法定机构共同执行，不同法定机构分别承担不同的土地管理职能。土地管理局（SLA）隶属新加坡律政部，代表国家管理所有土地，行使土地征用、地契办理、土地勘测、空置土地处理等职能，目前管理全国 31％的土地（全部为国有土地）；市区重建局（URA）承担土地规划、社区重建、商业区改造等职能；建屋发展局（HDB）负责公共组屋建设用地的出让、开发和利用；裕廊镇管理局（JTC）负责工业用地的出让、租赁和经营管理；陆路交通局（LTA）负责交通用地的出让、开发和利用；公用事业局（PUB）负责水电气供给、通信、污水垃圾处理等设施建设用地的出让、开发和利用。这些法定机构须从土地管理局购买土地专门用于特定用途，然后通过招标、拍卖、租赁等方式向国内外各类企业出让土地使用权，目前管理全国 56％的土地（全部为国有土地）。

新加坡的土地规划权集中在中央政府，土地规划每 5 年修改调整一次。中央政府在新加坡公共管理事务中起着主导作用，国家发展部主管形态发展和规划，具体的职能部门是城市重建局，地区政府不具有规划职能。新加坡的城市重建局有多重职能，负责住宅发展规划、征用土地、建造组屋、对外发包或承包工程、房屋出售和出租等。新加坡的土地管理局是政府土地的代理人，处理土地划分、地契、土地征用、租约与空地管理等事项。土地的拥有权仍属于国家。

新加坡的土地规划每5年会进行一次修改，届时将进行公示，专家和市民都可以提出自己的修改意见。在规划中，人口增长是必须考虑的，同时，新加坡政府部门特别关注每个小区域内人口密集与非密集地块之间的布局和平衡（石忆邵等，2010）。

（二）新加坡土地利用管理制度的特征

1.制定不同层次的土地规划并进行动态调整

新加坡的土地规划和城市、交通、住房、商业、公用设施等多个领域的规划融为一体，具有典型的"多规合一"的特点。隶属国家发展部（MND）的市区重建局（URA）主要负责土地利用规划的制定、评估和调整。新加坡的土地规划大致分为三个层次（高国力，2015）。

第一层次是概念总蓝图，对应城市的概念性规划，主要着眼于未来30～50年的长远发展，明确土地利用的方向、结构和重点，每10年根据经济社会发展变化情况修订一次，至今已经颁布实施1971年、1991年和2001年的三个版本。

第二层次是发展总蓝图，对应城市的总体规划，明确全国不同规划区土地的开发密度、容积率和建筑高度等具体指标要求，平均每5年根据土地利用状况调整一次，迄今已进行过多次修改。

第三层次是区划具体方案，对应城市的控制性详细规划，明确更为具体的土地开发要求、土地利用标准、建筑形式风格、城市风貌设计等专业技术指标，一般包括微型区划计划、行业土地使用计划、实体开发与建设计划等不同类型方案。

新加坡土地规划的编制需要多个政府部门的衔接和协商，并反复征求企业、社会组织、民众等不同社会群体的意见，综合考虑产业、人口、技术、生态等多方面因素，具有综合性规划的特征。

2.拥有配套完善的多层次土地管理相关法律体系

新加坡的土地管理具有坚强的法治保障。有关法律的制定、实施和监管得到有效执行,违法成本非常高,全社会已形成依法管理土地的理念和氛围。新加坡土地管理的有关法律主要分为三个层面(高国力,2015)。

第一层面是土地管理的有关专门法,如《土地征用法》、《土地权属法》、《土地改良法》、《土地税征收法》、《滩涂法》、《地契注册法》等,专门为土地征用、土地改良、土地出让、土地租赁等提供法律依据,具有较强的法律权威性和严肃性。

第二层面为土地管理法定机构的有关条例,如《土地管理局条例》、《市区重建局条例》、《建屋发展局条例》、《裕廊镇管理局条例》、《陆路交通局条例》等,明确有关法定机构的基本职能及土地管理方面的权责,为法定机构承担土地管理的特定职能或运作程序提供法律依据。

第三层面是土地管理有关部门颁布的规章,涵盖土地勘测、土地注册、土地估价、土地信息技术应用等。这些规章原则上要符合第一层面和第二层面的法律和条例,由政府有关部门制定和监管,往往为土地管理某项特定工作的程序、环节、流程、标准、操作等提供基本依据。

新加坡与土地管理有关的法律、条例和规章都随着经济社会的发展和土地用途、结构和效益的变化进行及时的修订和废弃,以有效发挥对土地管理的法治保障作用(曹端海,2012)。

3.采用"白地"规划理念,加大规划弹性,鼓励土地混合使用

"白地"是新加坡市区重建局于1995年提出并实施的新理念。"白地"概念的提出和实施,目的是增加土地利用的兼容性和规划变更的灵活性,促进产业结构转型升级,并为将来提供更多灵活的建设发展空间。

"白地"的内涵核心,一是土地预留。在区位条件优越、周边环境成熟、发展潜力巨大的区域内,因短期无法明确最优用途而划定的功能留白地块,待条件成熟后向高附加值用途转换。二是混合利用。土地用途分类规定了"白地"的主导用途、附属用途、允许混合的各类功能及其占总建筑面积的比例,体现"工作、生活、娱乐"一体的空间开发理念。三是用途转换。政府通过招标技术文件,将地段位置、用地面积、混合用途建议清单、许可的最大总建筑面积和总容积率上限、建筑高度上限、租赁期限共六项重要指标固化。开发商在"白地"租赁使用期间,可以在招标合

同规定范围内,视市场环境需要自由变更使用性质和功能比例,且无须缴纳土地溢价。

随着新加坡多轮概念规划的编制与修订,"白地"的定义和空间形态也不断地演变(范华,2015)。

第一,定义衍生化。从单一地块的用途留白向"商业白地、商业园白地"综合利用演变。1998年版概念规划土地利用分类中,"白地"可用于居住、商业、办公和酒店;2003年版概念规划将"白地"融入商业用地和商业园用地,形成"商业白地"和"商业园白地",并在用途功能中新增了清洁工业、教育机构、清洁设施、商业园、市政设施、体育和休闲设施,并按照对生态环境的影响程度划分了B1和B2两大类。

第二,空间立体化,即从地块用途预留向用途混合、建筑复合利用的"大综合"转变。早期的"白地"多以预留用地形式运作,前期作为预留用地,用以增加绿地率,改善区域环境,当城市发展能够明确地块用地性质时,再由政府启动开发土地。随后,政府为了给开发商更多的发展空间,鼓励其在规划可控的前期下实施混合开发和建筑复合利用。其中,"白地"各类功能用途及其规划比例是按其所占建筑总面积比例确定的,强调了立体空间的紧凑和多样化,为建筑物"白地"部分的功能灵活转换提供便利条件。

这一特色管理模式,一是实现了规划刚性控制和弹性调整并举,发挥了规划的引导、调控、规范和拉动作用;二是发挥了市场调节资源配置的决定性作用,保障土地使用功能最优化;三是鼓励了土地综合利用,促进节约集约用地。

4. 实行土地的"二次出让"模式,促进土地合理有序流转

新加坡土地管理局代表国家管理全部国土资源,重点对占国土面积85%以上的国有土地进行分类管理。"一次出让"是指土地管理局根据土地利用规划确定的不同用途土地,以象征性价格出让给不同法定机构。住宅用地出让给建屋发展局,产业用地出让给裕廊镇管理局,交通用地出让给陆路交通局,公用设施建设用地出让给公用事业局。出让期限根据不同的土地用途存在差异,一般不超过99年。对于少量纯公益

性项目建设用地,土地管理局会无偿划拨给国家有关部门进行分配、使用和监管。

"二次出让"是指获得土地使用权的法定机构,代表政府向企业、社团和私人出让土地,出让方式包括出售(10年以上)和租赁(10年以内),出让价格由财政部土地估价师根据市场价格确定,每6个月公布出让土地计划及价格变化。出让期限根据不同土地用途而不同,一般产业用地为30到50年,住宅用地、公用设施用地可以长达99年。出让期满后,法定机构根据土地利用的需要选择收回土地或继续出让。土地管理局同样也可以选择从法定机构收回土地或继续出让,确保国家对土地用途和土地利用效益的调控(高国力,2015)。

5.采用灵活多样方式,提高土地集约利用效益

第一,通过填海造地不断扩展土地。新加坡建国以来通过填海增加土地面积超过150千米^2,根据规划,未来还将填海造地超过50千米^2,为今后发展提供珍贵的土地资源。

第二,注重地上地下空间的多功能、立体化开发。逐步提高建设用地的容积率,开发建设更多的高密度、多功能公共组屋、商业地产和堆叠式厂房,特别是在综合公交转换站、商业中心区附近建设高密度服务场所、设施和住宅,方便居民出行和消费。深度开发地下空间,分层用于车辆停放、污水处理、物品仓储等用途。

第三,土地规划设立不限定土地用途的"白地"。在地铁站、滨海湾等黄金地段,不是将地块全部开发完,而是保留部分"白地",鼓励投资者根据市场需求确定土地用途和建设项目,扩大土地利用的弹性空间,也为未来应对突发用地需求预留土地空间。

第四,优化绿化用地、交通用地的结构和效益。新加坡人口在过去20年增长了70%以上,绿化用地从36%增加到47%。新加坡采用屋顶绿化、墙面绿化等立体绿化方式,巩固世界花园城市的优势地位;综合采用收取进入中心城区拥堵费、征收进口汽车高额关税、私家车拥车证每10年重新拍卖、实施新家庭办公计划等先进手段,限制机动车拥有和行驶数量,缓解交通拥堵,提高交通用地的效率和效益(高国力,2015)。

二、新加坡建设用地管理的启示

新加坡是世界上典型的自由港，同时也是世界上土地开发、利用和管理比较成功的国家或地区，其土地管理的成功经验，可为我们提供许多启示和借鉴。

1. 建立差别化税费征收体系，严格控制土地用途和开发强度

新加坡征收不同税率的房地产税，一般地产税率为市场估价的10%，居民住宅税率为市场估价的4%。另外，针对经书面许可改变土地用途或提高开发强度的土地专门征收开发费，即对土地增值部分征收70%的开发费，将土地增值的大部分收回归政府，限制企业随意改变土地用途或提高开发强度的行为（高国力，2015）。

我国目前设有耕地占用税、城镇土地使用税、土地增值税、新增建设用地有偿使用费等各类税费，总体上看，存在税率偏低、征管不严、使用不合理等问题，没有很好地发挥对土地开发利用的引导调控作用。可考虑借鉴新加坡土地差别化税费制度，特别是高额征收开发费的做法，加快建立完善我国差别化土地税费征管体系。政府部门应严格执行土地利用规划，土地征收后不得随意改变土地用途和开发强度。对于土地出让后经过严格程序同意改变土地用途或提高开发强度的土地征收高税率的"特殊土地增值税"。这一税率可以根据不同地区和不同时期进行灵活调整，限制土地出让后企业随意改变土地用途和提高开发强度。

2. 拓展增量和优化结构并重，提高土地集约利用水平

新加坡通过填海造地、提高建筑密度和容积率、开发多层地下空间等方式，不断拓展可利用土地增量来源，非常珍惜和重视增量土地的集约化利用。同时，在主要交通枢纽建设多功能高密度住宅区和服务区，大力推广楼顶绿化、墙壁绿化等，不断增加绿化面积，土地规划中设立"白地"以保持弹性供给和利用。这些优化土地利用结构的措施进一步提高了土地集约节约利用的水平（高国力，2015）。

我国国土面积虽然很大，但可利用土地资源短缺，18亿亩耕地红线不能突破。目前，一些地方土地利用方式比较粗放，建设用地供给紧张

将制约我国城镇化推进和城市发展。因此,可广泛借鉴新加坡提高土地集约利用水平的一系列做法,拓展土地增量资源和优化土地利用结构并重,特别要探索优化土地利用结构的先进模式,大幅度提高土地集约节约利用水平。加强城市地上地下空间挖潜,盘活闲置土地和低效利用土地,高标准高效益地规划、开发和建设新增土地资源。大力推广垂直绿化、城市重要交通枢纽建设多功能复合型综合体、土地规划中引入白色或灰色地块等举措,优化生产、生活和生态用地结构,有效提高土地集约化利用水平。

3. 探索土地混合使用和建筑复合利用的"综合用地"新模式

新加坡的"白地"实践经验保障了土地使用价值最大化。通过对"白地"多种功能用途的混合开发,提高了土地使用强度,丰富了土地使用类型,整合了各类土地的功能,在保障公共利益不受侵害、满足规划最基本需求的基础上,大大提高了区域的功能集聚水平,有利于提升产业融合发展和土地集约利用水平,实现了土地使用价值的最大化。新加坡对"白地"的开发建设,赋予市场更大的灵活性,使开发商在应对市场环境时,在规定的变动范围内改变土地用途不需再重新申请规划调整,亦无须补缴地价,极大程度上推动了市场开发主体对土地资源的高效、循环开发利用,发挥了市场自动修正和动态调节机制(范华,2015)。

我们可以借鉴新加坡的"白地"经验,推进建设用地的复合开发和综合利用。在管理上,首先应处理好政府职能和市场的关系,以管住底线为基础,发挥市场主体在土地综合开发利用方面的决定性作用。在规划引导上,刚柔并济:一方面,加强控详规划在混合用途(正面引导及负面清单)、容积率、建筑密度、建筑形态等底线管控指标上的刚性约束;另一方面,允许用地企业在满足规划条件和相邻关系的前提下,混合开发与主导用途相适宜的多功能用途,鼓励建筑的复合利用以及多立面的生态化、景观化改造利用。在出让管理上,求同存异:一方面,坚持"招拍挂"出让方式,鼓励"先租后让";另一方面,在出让年限、出让价格上体现差别化,进一步落实"带方案"出让制度。在用地标准上,明确用途混合比例、建筑兼容要求,并考虑用途变更后周边交通、公共服务设施与市政设施承载力的平衡。

4.建立土地信息公开和动态调整体系,促进已开发土地产业升级和布局优化

新加坡土地管理的一个显著特点是,保持信息公开和动态调整,土地用途、开发强度、售地计划、租赁金额、开发费等基本信息全部对外公开发布,国内外投资者可方便地查询获取相关资料,且除了土地利用规划保持相对稳定每5年进行调整外,售地计划、土地价格、土地租金、开发费等信息每6个月进行调整,及时反映国内外经济形势和土地供求变化趋势。特别是20世纪七八十年代出让的土地相继到期,新加坡土地管理局、市区重建局、建屋发展局、裕廊镇管理局等法定机构各自调整新一轮土地出让的用途、强度和价格标准,引导城市空间优化和产业转移升级(高国力,2015)。

我国土地管理在信息公开和动态调整领域取得一定进展,但在信息化水平、精细化水平和规范化水平等方面与新加坡存在明显差距。应进一步丰富完善土地相关基础信息,拓宽公开发布的范围和方式,提高公开发布的频率和效率,更加方便国内外投资者查询。同时,规范土地相关信息动态调整的依据、程序和周期,及时根据宏观经济形势和土地供需趋势调整土地价格、出让期限和用途,引导已开发土地中落后产业搬迁转移以及不适合的功能转型升级,实现已开发土地空间布局的调整优化和升级改造。

第三章
舟山群岛新区耕地占补平衡面临的困境与改进研究

第一节 舟山群岛新区耕地资源现状与占补平衡面临的困境

一、舟山群岛新区耕地与基本农田现状

(一)耕地现状

1.耕地数量与结构

根据土地利用现状变更调查,2015年舟山市共有耕地23370.10公顷,占全市土地总面积的17%。水田面积10051.70公顷,占耕地面积的43%,其中,定海区6761.20公顷,普陀区1181.46公顷,岱山县2064.68公顷,嵊泗县44.36公顷;旱地面积13318.40公顷,占耕地面积的57%,其中,定海区5560.50公顷,普陀区5622.23公顷,岱山县1943.60公顷,嵊泗县192.07公顷(表3.1)。

表 3.1　舟山市及其各县(区)耕地数量与结构情况

区域	耕地		水田		旱地	
	面积/公顷	占全市比例/%	面积/公顷	占全市比例/%	面积/公顷	占全市比例/%
定海区	12321.70	52.73	6761.20	67.27	5560.50	41.75
普陀区	6803.69	29.11	1181.46	11.75	5622.23	42.21
岱山县	4008.28	17.15	2064.68	20.54	1943.60	14.60
嵊泗县	236.43	1.01	44.36	0.44	192.07	1.44
全市	23370.10	100.00	10051.70	100.00	13318.40	100.00

2.耕地质量与分布

舟山市耕地相对集中分布在每个大岛屿的第一线海塘以内至低丘坡地的区域内。从外畈灌溉水田到中畈灌溉水田、里畈灌溉水田和低丘灌溉水田,土壤肥力水平具有较大差异,土壤中钾素、硼素营养及 pH 值外高里低,有机质、速效磷、碱解氮里高外低,土壤质地外黏里砂。全市分布最广的耕地类型是低丘旱地,容易发生水土流失。

等别较高的耕地主要集中在定海区的马岙镇、小沙镇、岑港镇、北蝉乡,普陀区的勾山街道、六横镇、展茅镇、桃花镇、朱家尖街道、登步乡,岱山县的高亭镇、衢山镇、岱东镇、岱西镇、东沙镇(表 3.2)。优质耕地的田面坡度平坦,由于多位于沿海区域,受滨海地区气候、地势影响,容易发生如风暴、洪水、内涝、山体滑坡、泥石流等各类灾害,沿海耕地易受到较大损失。

表 3.2　舟山市各县(区)集中连片优质耕地分布

单位:公顷

区域	优质耕地面积	区域	优质耕地面积
岱山县长涂镇	33	岱山县东沙镇	139
岱山县岱东镇	300	岱山县高亭镇	426
岱山县岱西镇	195	岱山县衢山镇	358
岱山县岛斗镇	27	岱山县秀山乡	19

区域	优质耕地面积	区域	优质耕地面积
定海区白泉镇	32	定海区盐仓乡	15
定海区北蝉乡	362	普陀区登步乡	110
定海区岑港镇	439	普陀区勾山街道	609
定海区长白乡	58	普陀区蛟头镇期	14
定海区干览镇	66	普陀区六横镇	504
定海区金塘镇	306	普陀区台门镇	72
定海区马岙镇	653	普陀区桃花镇	191
定海区盘峙乡	10	普陀区虾峙镇	26
定海区双桥镇	27	普陀区展茅镇	467
定海区小沙镇	569	普陀区朱家尖街道	144

数据来源：《舟山市土地利用总体规划（2006—2020 年）》（2013 年修改版）。

（二）基本农田现状

舟山市现有基本农田保护任务 23147 公顷,实际基本农田保护面积为 23916 公顷,占耕地面积的 95%。[1] 从基本农田的构成来看:具有一定面积规模、坡度较小、旱涝保收、排灌设施完善的高产稳产耕地有 5135 公顷,占基本农田总面积的 22%;坡度在 15°以上的耕地有 3400 公顷,占基本农田总面积的 15%;已划入基本农田,但经过农业结构调整,已确定是园地和林地的耕地有 4447 公顷,占基本农田总面积的 20%;零散分布于舟山本岛、金塘、六横、岱山、衢山等大岛的山地丘陵间的低平沿海地区,易受灾毁、盐碱地的基本农田,占总面积的 43%(表 3.3)。

----

① 《舟山市土地利用总体规划（2006—2020 年）》（2013 年修改版）。

表 3.3　舟山市各县(区)基本农田保护情况①

单位:公顷

区域	基本农田	耕地			其他农用地(不含耕地、含可调整地类)
		水田	旱地	小计	
定海区	11917	5948	4975	10924	994
普陀区	7312	1021	4531	5552	1760
岱山县	4466	1789	1624	3412	1054
嵊泗县	221	36	177	213	8
全市	23916	8794	11306	20100	3815

二、舟山群岛新区耕地占补平衡面临的困境

(一)我国耕地占补平衡制度的演变

耕地占补平衡是指耕地总量动态平衡中耕地的特定去向与特定来源之间的平衡,即合法建设项目占用耕地与补充耕地项目增加耕地的平衡。耕地占补平衡是我国最严格耕地保护制度的重要内容,也是我国一项特有的土地用途管制制度,在 1998 年修订的《土地管理法》中又称为占用耕地补偿制度。

耕地占补平衡制度于 1997 年《中共中央、国务院关于进一步加强土地管理,切实保护耕地的通知》中被首次提出。该文件指出:"各省、自治区、直辖市必须严格按照耕地总量动态平衡的要求,做到本地耕地总量只能增加,不能减少,并努力提高耕地质量……非农业建设确需占用耕地的,必须开发、复垦不少于所占面积且符合质量标准的耕地。"

1998 年修订的《土地管理法》规定,国家实行占用耕地补偿制度,明确要求"非农业建设经批准占用耕地的,按照占多少、垦多少的原则,由占用耕地的单位负责开垦与所占耕地数量和质量相当的耕地",正式将"耕地占补平衡"这一概念写入法律。这也是耕地占补平衡的制度渊源。

2002 年,《国土资源部关于农民建房占补平衡有关问题的复函》规

---

①　《舟山市土地利用总体规划(2006—2020 年)》(2013 年修改版)。

定:耕地占补平衡不仅针对城镇非农业建设占用耕地的情况,同时也对村镇非农业建设占用耕地有着同样的占补平衡要求。

耕地占补平衡工作初期多着重于耕地总体数量平衡,为解决耕地占补平衡工作中存在的"占多补少"、"占优补劣"问题,2004年《国务院关于深化改革严格土地管理的决定》提出了补充耕地按质量等级折算政策,耕地总量平衡政策转变为耕地数量质量平衡政策。

2014年国土资源部发布《关于强化管控落实最严格耕地保护制度的通知》,提出建立耕地保护长效机制。2015年,国家主席习近平指出,耕地占补平衡政策是对工业化、城镇化建设占用耕地不断扩大的补救措施,要坚决防止耕地占补平衡中出现的补充数量不到位、补充质量不到位问题,坚决杜绝占多补少、占优补劣、占水田补旱地的现象,对耕地占补平衡以及耕地保护中出现的新情况、新问题,要加强调查研究,提出有效的应对之策,像保护大熊猫一样保护耕地。

由此可见,根据几次重大改革和调整,我国耕地占补平衡制度大概经历了三个时期:数量平衡政策期、"数量-质量"平衡政策期和"数量-质量-生态"平衡政策期(孙蕊等,2014)。近年来,国家采取渐进决策的模式,对耕地占补平衡政策进行了补充与调整,与此同时,一些地方政府也陆续出台了相关的地方性政策,耕地占补平衡政策体系逐步建立和完善。当前的耕地占补平衡政策体系主要包括五个政策要点(孙计川,2016)。

第一,占一补一。占用耕地面积与补充耕地面积相等,是耕地占补平衡政策的第一原则,是自该项政策制定至今考察政策执行情况的首要指标,该政策要点旨在实现数量上的耕地占补平衡。

第二,占优补优。占用耕地质量与补充耕地质量相当,这也是耕地占补平衡政策的题中之意,旨在实现质量上的耕地占补平衡。2012年以来,全国完成了耕地质量等级补充完善工作,建立了耕地质量等级日常评价、年度更新等技术规程,为实现质量平衡提供了条件。将耕地质量等级评价中的国家利用等作为指标,规定补充耕地等级应等于(或高于)占用耕地等级,同时还规定占用水田必须补充水田。

第三,先补后占。从时间顺序上,先行完成补充耕地,通过验收、纳入补充耕地指标库,然后才能批准建设占用耕地。该政策要点旨在保障政策执行效率,杜绝了以往由于"先占后补"、"边占边补"而存在的补充耕地落实进度滞缓的现象。代表性文件是《国土资源部关于全面实行耕地先补后占有关问题的通知》(国土资发〔2009〕31 号)。

第四,项目管理。实行项目管理是指补充耕地项目必须具备立项、规划设计和预算、工程招投标、工程监理、验收、决算等基本手续。该政策要点旨在保证补充耕地质量,杜绝早期存在的"图上画画,账上改改"等虚假补充耕地、重复补充耕地现象。目前在管理中根据土地类型不同,将补充耕地项目分为针对未利用地的土地开发项目、针对农用地的土地整理项目、针对建设用地的土地复垦项目三种类型。

第五,省内平衡。《土地管理法》规定,"个别省、直辖市确因土地后备资源匮乏,新增建设用地后,新开垦耕地的数量不足以补偿所占用耕地的数量的,必须报经国务院批准减免本行政区域内开垦耕地的数量,进行易地开垦"。跨省域易地补充耕地虽然发生过,但是 2008 年中共十七届三中全会通过了《中共中央关于推进农村改革发展若干重大问题的决定》,规定"不得跨省区市进行占补平衡",进一步明确了当前时期耕地占补平衡只能在省级行政区内落实。

(二)国家层面耕地占补平衡制度面临的困境

耕地占补平衡制度实施以来,虽然在保护耕地、保障国家粮食安全等方面,发挥了重要的、不可替代的作用,但是随着我国经济社会的不断发展以及城镇化步伐的加快,这项制度也面临着很多新的问题和困难(孟展、傅介平,2015)。归纳起来,其面临的困境主要有以下几个方面。

1."占多补少"和"占优补劣"现象严重

按照《土地管理法》的规定,占补平衡即要求按照"占多少,垦多少"的原则,由占用耕地的单位负责开垦与所占用耕地的数量和质量相当的耕地。而一些地方国土资源行政主管部门,尤其是县级国土资源行政主管部门,在每年的土地变更调查中,为了完成本地耕地占补平衡任务,一般根据本地实际批准建设占用耕地的数量上报新增耕地数量,而未经批准的违法用地数量未统计在内,致使耕地不断减少,实际的占补平衡效果受到影响(王梅农等,2010)。从被占用耕地的空间分布来看,不论大城市还是小城镇一般都建在地势平坦、土壤肥沃的河谷平原地带,建设占用的耕地也主要在城镇周边,其质量往往较好。尽管近年来,国土资源部重视建设占用耕地耕作层土壤的剥离和利用工作,一些地方开展了这方面的实际工作,但是,不可能从根本上解决"占优补劣",因此实事求是而言,耕地占补平衡主要是基本保证了耕地占补的数量,而质量的保证效果大打折扣(熊敏光、刘子仁,2013)。我国耕地占补平衡一直以"约束性"和"建设性"为主,对"激励性"重视不足,耕地占补平衡政策的实施主要由地方政府负责,补充耕地的质量监管主要来自国家层面。由于农业效益比较低,地方和农民缺少动力去开展耕地占补平衡工作,国家又缺少有效的监管手段,以致"占多补少"、"占优补劣"的情况比较严重(岳永兵、刘向敏,2013)。

2. 生态代价过大,造成生态风险

1996—2000 年,全国曾有 190.99 万公顷草地和 111.35 万公顷林地被开垦为耕地,平均每年分别为 38.20 万公顷和 22.27 万公顷,这些新开垦的耕地主要分布在东北、华北和西北地区(谭永忠等,2005),1990 年以来,中国的耕地分布重心持续由南向北移动(刘彦随等,2009)。中国北方水资源量只占全国总量的 19%,而耕地面积占全国的 65.3%,耕地平均水资源占有量为 0.83 万米^3/公顷,仅为南方的八分之一(谭永忠等,2005)。耕地分布重心的持续北移,加剧了水土资源的不协调性,从而影响耕地的质量,并危及生态环境(谭永忠等,2005)。许丽丽等(2015)的研究发现,2000—2010 年新疆耕地新增面积超出建设占用耕地面积 190.00 万公顷,其耕地面积已严重超过其水资源能够承受的理论面积,在超过水资源承载能力的情况下对沙漠边缘固定半固定沙丘上的灌丛与草原进行开垦,必将造成区域荒漠化加剧,严重威胁绿洲区的生态安全,最终结果很可能是耕地弃耕。在一些耕地后备资源贫乏的地方,因实行了退耕还林政策,几乎没有土地可供开发成耕地,但地方政府受政绩效应的驱使,盲目追求数量平衡,开发坡耕地,使良好的生态环境成为耕地占补平衡的牺牲品,生态环境遭到极大破坏(唐菊华、吕昌河,2008)。出于生态保护的目的,我国近年来对生态环境的保护力度日益加大,实行退耕还林、还草,封山育林等措施,但这又使补充耕地的压力增加,耕地占补平衡面临困境(孟展、傅介平,2015)。

3.过分倚重土地开发,后备资源严重不足

《中国国土资源年鉴》的 2001—2008 年土地利用现状变更结果统计,在此期间,全国新增耕地面积 338.20 万公顷,其中:耕地开发面积为140.20 万公顷,占 41.40%;农业产业结构调整耕地增加 116.30 万公顷,占 34.40%;通过土地整理增加耕地面积 47.60 万公顷,占 14.10%;土地复垦只有 34.20 万公顷,占 10.10%,可以看出,中国耕地增加的来源主要以土地开发为主(许丽丽等,2015)。开垦耕地对环境影响较大,地方热衷于土地开发的主要诱因是相对较低的成本(岳永兵、刘向敏,2013)。但是我国人多地少的矛盾存在时间较长,耕地开垦比较充分,能生产粮食的土地绝大部分变成了耕地,可供开垦的耕地后备资源无论在数量上还是质量上都十分有限。现在真正意义上的大面积的荒草地要么是缺乏水源,要么是土地瘠薄,土壤肥力低下,这些土地即使开发了也无法得到很好的利用,土地生产能力也不高。一方面耕地后备资源不断减少,另一方面占用耕地的面积不可避免地不断增加,因此占补平衡从理论上讲难以实现(熊敏光、刘子仁,2013)。

4.补充耕地"非粮化"现象突出

由于种粮经济效益比较低,机会成本较高,开发复垦新增耕地的难度和成本很高,单纯的粮食生产,无法满足经济上的平衡的需要,加上这些新增耕地质量一般不高,农田水利等基础设施配套往往欠完善,导致开发复垦后的耕地多用来种植蔬菜、花木等效益较高的非粮食作物,有些地方还以发展生态农业和观光农业等为名,建设各类现代农业生态园。短期来看,新增耕地的"非粮化"虽然能够获得较高的土地经济效益,增加当地政府的税收,促进区域经济发展,但这种现象的普遍存在,长期来看可能会对耕地质量造成重大影响,从而给国家粮食安全埋下了隐患(王跃先、崔童,2012;刘润秋,2010)。

综上所述,我国的耕地占补平衡制度虽然取得了一定成效,但也面临着一定的制度困境,带来了巨大的生态代价,有必要重新考量耕地占补平衡制度的缺陷与适用范围,并探索改进的路径。

（三）舟山群岛新区耕地占补平衡制度面临的困境

1. 耕地和基本农田保护成本高于内陆

舟山海岛属山地丘陵地貌,大部分耕地靠近沿海地带,耕地亩均占有河川径流量仅为全省亩均水平的 51%,农业生产水资源尤为紧缺,用水成本高昂。据水稻成本、收购价、每亩产量和用水量等计算,水稻亩均成本高达 1268 元[①],在舟山种植水稻的成本是内陆地区水稻平均种植成本的两倍,由于海岛种粮成本较高,粮价偏低,农民的种粮积极性不高,缺乏基本的保护农田的积极性。

2. 大岛沿海区域的基本农田保护难度较大

舟山市耕地集中分布在六个大岛的沿海区域,这些区域正是新区未来建设大宗商品储运中转加工交易基地,发展临港工业、现代服务业等海洋产业经济所需要的用地空间,耕地与港口物流、临港工业、交通基础设施建设用地存在明显的空间冲突,导致保护和保障的矛盾比较尖锐。同时受区位条件、土地级差收益和城市经济辐射的影响,城市建设占用耕地及农业内部产业结构调整,是城乡交错地带耕地流失的主要原因。因而舟山本岛各街道的城郊、双桥镇与定海城区接连区域、衢山岛的衢山镇区附近等大岛沿海区域的基本农田保护与规划工作日益重要、紧迫与复杂。

3. 耕地后备资源短缺

舟山岛屿地面坡度大于 15°的面积占土地总面积的 44%,大部分为海岛生态防护林,不宜开发利用。地面坡度小于 15°的土地中,建设用地占 34%,耕地占 25%,其他农用地和未利用土地面积占 41%[②],其中未利用地主要为岛屿岸线潮间带,可利用土地资源非常有限。多年来,舟

---

① 《舟山市土地利用总体规划(2006—2020 年)》(2013 年修改版)。
② 同①。

山市通过未利用地开发和围涂造地,努力实现了耕地占补平衡,但也使得本已匮乏的耕地后备资源和滩涂资源日益减少。目前,除海涂围垦以外,市域内剩余耕地后备资源仅为667公顷,可开发利用的宜耕土地后备资源已接近枯竭。此外,基于生态保护、经济效益角度考虑,大规模实施海涂围垦补充耕地已难以为继。

4. 耕地保有量缺口较大

首先,2010年耕地保有量已存在缺口。根据《舟山市土地利用总体规划(2006—2020年)》(2013年修改版),2020年耕地保有量应不少于24833公顷。而据2010年土地利用变更调查数据,全市实有耕地面积24238公顷,比2020年规划的耕地保有量指标已少了595公顷,按照资源条件,要完成2020年的耕地保有量任务甚为艰巨。

再者,2020年耕地保有量缺口更大。2011—2020年,基于舟山群岛新区发展需要,需建设滨海新城、临港工业、海洋产业园区、港口物流园等重大项目和园区,对土地的需求主要集中在沿海平缓地,而这些区域内分布着大量的耕地。据预计,未来新区建设需占用耕地10667公顷左右,将致使未来耕地保有量的缺口增大。2010年全市基本农田实际面积为23916公顷(含预留指标),在新区跨越式发展和诸多重大建设项目建设的背景下,预计未来新区建设将占用基本农田10667公顷左右。按照2020年基本农田23147公顷的目标[1],完成规划的基本农田保护任务十分艰难。

---

① 《舟山市土地利用总体规划(2006—2020年)》(2013年修改版)。

第二节　舟山群岛新区基于渔耕平衡的耕地占补平衡制度改进

一、"渔耕平衡"理念的提出及内涵

(一)"渔耕平衡"理念的提出

"渔耕平衡"始见于 2011 年 3 月 1 日国务院批复的《浙江海洋经济发展示范区规划》所提出的"开展渔耕平衡研究,优化用地结构"。

这一理念是基于浙江沿海及舟山独特的海岛经济、海岛农业和海岛文化背景,为拓宽农民增收渠道,推动失海渔民转产转业,因地制宜发展特色高效农业,保障人民生活水平并减轻国家重大专项建设项目的土地压力所提出的,也为政府农业政策创新提供了一个新的研究领域。浙江省人民政府于 2011 年 5 月 14 日下达的《浙江省体制改革"十二五"规划》第三部分内容:"改革的主要任务"的"创新海洋经济发展示范区建设体制"中提到:创新海岛开发保护体制和海洋开放体制;积极构建"三位一体"港航物流服务体系,深化宁波-舟山港一体化体制改革,健全海港与"内陆港"合作机制,完善保税港区监管服务体制,加快口岸"大通关"体制改革;推进海域资源市场化配置改革,完善海域使用权招拍挂制度,探索舟山海洋综合开发试验区渔耕平衡改革试点。至此,"渔耕平衡"与舟山真正连在了一起。

舟山群岛新区作为我国第一个海洋综合开发利用试点新区,承担着走出具有我国特色的海洋开发和发展道路的历史重任。有效开发海洋资源,建立海洋产业,并逐步成为国际重要海上贸易中心,成为舟山战略发展规划的首要任务。在这一任务的指导下,舟山海岛海洋产业建设规划应运而生。由于舟山海岛受到本身土地资源所限,其后备土地资源条件差,多数不具有可开发性,所以维持耕地保有量和保护基本农田的任务很重,在海洋产业建设规划中难以达到国家统一要求。渔业作为大农业中的一员,是舟山的主要农业经济支柱,而水产品也是保障当地食品供应安全的重要组成部分,因此提出"渔耕平衡"试点,以期在确实不能保证现有国家土地管理政策条件下农业用地(耕地)"占补平衡"时,将部分水产品折比成相似营养指标的农产品后,换算为出产同等产量农产品的农业用地(耕地),对农业用地指标进行补偿,并划定现代渔业园区、生态农业发展区域和基本农田保护区域。

(二)"渔耕平衡"理念的内涵

"渔耕平衡"理念对于舟山未来几十年的发展有着重要的研究价值和指导意义。它不仅包括舟山海岛食物安全和土地资源利用问题,还涉及我国海洋资源的开发与战略部署,以及我国海产品生产加工供应、进出口贸易及整个长三角和舟山地区的经济建设、生态发展、居民生活质量等问题,是一项系统性工程,所以有必要对这一理念进行深入的研究和探讨。

本书着眼于"渔耕平衡"中涉及的当地食物安全供应和营养膳食平衡方面的问题,从以下五个方面展开调查和分析,并最终得出"渔耕平衡"在农业和营养学层面上的内涵。

第一,从舟山海岛群的土壤结构和肥力及相关自然资源入手,调查现有的粮食作物的产量、质量以及成本。

第二,从舟山现有水产品产量和结构入手,调查舟山水产品对当地经济发展、食品供应保障等方面做出的贡献。

第三,根据现有农产品分析舟山农副食品供应和农副产品所能提供的营养。

第四,根据第六次人口普查数据分析舟山市现有人口结构,以分析其膳食结构和农业人口收入分布。

第五,根据文献和调查数据并结合人口结构分析舟山现在的膳食结构和营养需求。

"渔耕平衡"的理论内涵可以理解为:是充分发展海洋生物可持续生产力,藏粮于海,保障沿海地区食物供给能力,保证营养供给不减少,通过以质补量、以养殖区折抵农用地,将耕地数量占补平衡转换为食品营养供给生产能力平衡,解决沿海发达地区耕地占补平衡困难问题的一种可操作转换模式。

二、舟山群岛新区开展"渔耕平衡"试点的现实条件与潜在需求

(一)舟山群岛新区开展"渔耕平衡"试点的现实条件

1. 耕地资源利用的自然条件

舟山群岛新区海洋气候明显,季风影响显著,年温适中,干旱较为严重,易受台风侵袭。舟山市位于中纬度地区,西面是亚欧大陆,东面是辽阔的太平洋,属于北亚热带南缘季风海洋气候区。气候的主要特点是:季风显著,四季分明;冬暖夏凉,年温适中;热量较优,蒸发量大;春季多海雾,夏季多大风,还常有干旱发生。年平均温度为 15.4～16.7℃,最高平均气温为 26.3～28.1℃,最低平均气温为 4.3～6.1℃,气温地域差异明显。从北往南平均降水量为 850～1367 毫米,平均蒸发量为 1199～1634 毫米,其年际变幅较大,存在地域间不平衡。年平均相对湿度为 77%～80%,平均风速为 3.3～7.8 米/秒,每年影响舟山市的台风约有 4.3 次。

舟山群岛新区土地资源紧缺,地势复杂,耕地零散,后备耕地资源短缺,林园丰富。2015 年,舟山市土地总面积为 145577.94 公顷,其中农用地面积为 84629.77 公顷,占土地总面积的 58.1%。耕地面积 23370.10 公顷,多零散分布于舟山本岛、金塘、六横等大岛的山地丘陵间的低平沿海地区,占土地总面积的 16.0%;林地、园地面积共 53120.78 公顷,占土地总面积的 36.5%;其他农用地面积 8138.89 公顷,占土地总面积的 5.6%。①

舟山群岛新区土壤干旱,海水侵蚀严重,土壤盐度、酸度均偏高,肥力低下。舟山地区长期受海岛气候的影响,蒸发量大于降水量,同时,陆海比值小,陆域分布破碎,空气中盐分含量较高,使得土壤中 pH 值较高,并引发"复盐基"过程。滨海平原土壤长期经海水泡渍,土体盐基饱和度和碳酸钙含量均较高,土色带栗。

---

① 舟山市 2015 年土地利用现状变更调查。

总之,舟山群岛新区相对于大陆地区,其海岛气候起伏较大,对农作物有威胁的极端天气较多;农用土壤资源有限且土壤盐度、酸度、碳酸钙含量较高,肥力较低,不适合农作物生长;淡水资源紧缺,农业灌溉主要靠降水蓄积,但蒸发量常年大于降水量,使得农业灌溉更加困难。

2.农业生产

舟山群岛新区由渔业主导农业,种植业种类单一且效率低下。2015年,舟山市农业生产总值219.27亿元,其中渔业产值为202.98亿元,占全年农业总产值的92.6%,种植业产值为11.30亿元,林业产值为0.23亿元,牧业产值为4.77亿元(图3.1)。[①]

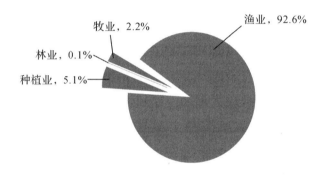

图 3.1 舟山市农业产值结构(2015 年)

从上述数据可以看出,渔业是舟山群岛新区农业中最重要的组成部分,也是当地农业人口最为主要的经济来源。相对而言,种植业在舟山市发展较差,存在效率低、成本高的缺陷,几种主要的粮油作物亩产量均较低。晚稻、玉米、番薯、油菜籽每公顷产量分别与国家平均水平相差840千克、151千克、5355千克和720千克。蔬菜的平均单产为18103千克/公顷,仅为浙江省蔬菜平均单产的60%,其中叶菜类和瓜菜类的单产相对更低,仅为浙江全省平均的50%左右(表3.4、表3.5)。

---

① 2016 舟山统计年鉴。

表 3.4　舟山市主要农作物种植情况（2015 年）

作物	种植面积/公顷	总产量/吨	单位面积产量/ （千克/公顷）
大麦	14	55	3929
晚稻	2168	15423	7114
玉米	952	4165	4375
番薯	885	5735	6480
油菜籽	1177	2583	2195
棉花	119	93	782
蔬菜	7142	129290	18103
果用瓜	1721	28943	16818

数据来源：2016 舟山统计年鉴。

表 3.5　舟山市蔬菜种植情况（2015 年）

作物	种植面积/公顷	总产量/吨	单位面积产量/ （千克/公顷）
叶菜类	1504	25598	17020
瓜菜类	709	16184	22827
根茎类	774	14523	18764
茄果类	574	11856	20655
葱蒜类	628	10037	15982
菜用豆类	531	7712	14524
水生菜类	123	2484	20195
其他蔬菜	2299	40896	17789

数据来源：2016 舟山统计年鉴。

3. 水产品生产

近年来国内外水产品需求量和贸易量持续增长，舟山市海产品贡献较大。2015 年我国海产品总量为 3409.61 万吨，舟山市为 175.67 万吨，占全国总产量的 5.15%；全国渔业总产值 10880.62 亿元，舟山市为 151.62 亿元，占全国渔业总产值的 1.39%。

首先，在水产捕捞与养殖方面，近年舟山群岛新区海产品产出量逐年增加。以捕捞为主，以养殖为辅，水产养殖规模不断扩大，品种日渐丰富，利润率持续升高。

2015 年,舟山市海水养殖总面积为 5779 公顷,产量达 14.17 万吨,总产值 12.37 亿元,平均产量 24.52 吨/公顷,平均产值 21.4 万元/公顷。舟山群岛新区海水养殖主要方式有浅海养殖、海上滩涂养殖和陆基围塘养殖,其中,浅海养殖面积 2205 公顷,占 28%;海上滩涂养殖面积 1497 公顷,占 19%;陆基围塘养殖 4129 公顷,占 53%。[1] 在陆基围塘养殖中,约有 2950 公顷是精作鱼塘。以"旭旺"大棚养殖南美白对虾为例,每公顷产量 57.83 吨,每公顷产值 237.6 万元,每公顷利润 1240 万元(见表 3.6、表 3.7)。

表 3.6   舟山市水产品产出结构

产出项目	2015 年产量/万吨	2010—2015 年年均增长率/%	占比/%
海洋捕捞	161.50	6.74	91.52
海水养殖	14.17	2.36	8.03
淡水养殖	0.79	−1.96	0.45
水产品总量	176.46	6.13	100.00

数据来源:作者计算整理。

表 3.7   舟山市水产品产出结构(2015 年)

产出项目	种类	主要品系	产量/万吨	占比/%
海洋捕捞	鱼类	带鱼、梅童鱼、鲐鱼、小黄鱼等	109.84	68.01
	蟹类	梭子蟹	18.39	11.39
	虾类	毛虾和鹰爪虾	25.04	15.50
	贝类		0.25	0.16
	头足类	乌贼、章鱼、鱿鱼	7.98	4.94
海水养殖	鱼类	美国红鱼、鲈鱼、鲷鱼、鲥鱼	0.48	3.39
	蟹类	梭子蟹	0.82	5.79
	虾类	南美白对虾、日本对虾	0.48	3.39
	贝类	贻贝、蚶等	12.25	86.44
	藻类	海带	0.14	0.99

----

[1]   2016 舟山统计年鉴。

产出项目	种类	主要品系	产量/万吨	占比/%
淡水养殖	鱼类	鲢鱼、青鱼、鳙鱼	0.71	89.87
	虾类	青虾	0.08	10.13

数据来源:2016 舟山统计年鉴。

其次,在水产品加工方面,加工总量较大,以冷鲜储售为主,缺乏科技投入,深加工技术水平有待提高。

2015 年,舟山市海产品加工总量为 105.17 万吨,占水产品总量的59.60%。其中海产品冷冻加工为 84.66 万吨,占加工总量的 80.50%,鱼糜及干腌制品为 12.63 万吨,鱼粉为 5.36 万吨,其余为罐头制品等。[①]

最后,在水产品进出口贸易方面,进出口贸易总量上升,顺差明显,内需小而外销量大。

2015 年,舟山市水产品出口量为 22.46 万吨,占水产品总量的12.73%,贸易额为 85394 万美元;进口量为 53.50 万吨,贸易额为 37310万美元。按舟山市本地每年消费水产品约 3.7 万吨统计,约有 203 万吨的水产品通过鲜活或加工等方式供给国内市场。[②]

综上所述,舟山渔业在我国渔业中有着举足轻重的地位,无论在规模上还是质量上,其海产品的生产和加工均具有巨大潜力,海洋资源开发处于我国领先位置。自然资源优势以及国家多年来在舟山海洋资源开发利用上的投入,使得舟山群岛新区成长为我国海洋资源重镇,今后可更加有效地发展其优势渔业。

4. 粮食供需

舟山群岛新区粮食需求增长快但结构简单,粮食作物产量逐年减少,粮食自给率连年下降,主要以异地购粮模式进行粮食供应,粮食安全保障工作重心在于储运。

2015 年,舟山市粮食总需求 33.27 万吨。其中用于口粮消费的有

---

① 2016 舟山统计年鉴。

② 同①。

20.69 万吨,饲料用粮为 8.59 万吨,工业用粮为 3.93 万吨,种子用粮为
0.06 万吨。[①] 其中,城镇人口消费口粮为 8.07 万吨(53.81 万人,人均
150 千克),农村人口消费 7.84 万吨(43.55 万人,人均 180 千克),外来
人口消费 4.78 万吨(28.12 万人,其中外来常住人口 17.84 万人,短期
净流入人口 10.28 万人,人均 170 千克)。

舟山群岛新区口粮消费以晚粳米为主,占 70% 以上,辅以面粉和晚
籼米。舟山市口粮自给率逐年下降,2006 年自给率为 16%,到 2010 年
自给率降为 9%,2015 年降为 7%,全市稻谷产量 1.54 万吨,口粮缺口
19.15 万吨。大米主要从江苏、安徽和东北等地调入;面粉主要从江苏、
河南、河北等地调入。

农业部门提供的数据显示,水稻种植平均每公顷产量约为 7500 千
克,成本为 9375 元,7500 千克水稻的收购价格为 13950 元。种植水稻
每公顷耗水量为 10230 米^3,而舟山当地淡水资源缺乏,农业用水主要以
雨水蓄积灌溉为主,远达不到这一水平,再加上山地丘陵较多与土壤肥
力不足等自然条件,农业生产受到很大限制。这使得舟山群岛新区生产
的水稻质量较低,成本较高。

从总体上来看,舟山地区的主要粮食——晚稻的产量从 2010 年的
2.75 万吨下降至 2015 年的 1.54 万吨,粮食总产量从 5.24 万吨下降为
3.20 万吨,粮食缺口不断加大。随着舟山经济的发展,出生人口与外来
人口均急剧增长,粮食自给率逐年降低,因此舟山粮食安全保障所面临
的粮食仓储运输吞吐能力、转运能力等问题,要比舟山粮食种植的面积
和产量等问题更为重要。

5. 人口与劳动力

舟山群岛新区人口基数较大,农村人口较多,渔、农劳动力逐年下
降,人员流动加速,人口老龄化日趋明显(表 3.8)。

---

① 2016 舟山统计年鉴。

表 3.8　舟山市人口数量及结构(2015 年)

人口类型	人数/人	比例
本地人口数	973632	84∶16
外来常住人口数	178400	
城镇居民数	538056	55∶45
农村居民数	435576	
男性人口数	481217	49∶51
女性人口数	492415	
总常住人口数	1152032	—
十年人口增长数	119800	11.95%
18 岁以下人口数	112725	11.58%
18—35 岁人口数	197602	20.30%
36—60 岁人口数	429291	44.04%
60 岁以上人口数	234014	24.04%

数据来源:2016 舟山统计年鉴。

　　按照联合国传统标准,60 岁以上人口比例达到 10% 即为进入"老龄化社会",超过 14% 的为"老龄社会";另据国际上划分老龄化社会的标准,65 岁以上人口比例达 7% 以上即为老龄化社会。从舟山市 60 岁以上人口所占比例为 24.04% 的统计结果来看,其人口老龄化进程在进一步加快。全市 60 岁以上人口所占比重比全国、全省分别高出 7.94、3.67 个百分点。但进入"十三五"时期后,将会有大量外来技术人员、务工人员进入舟山群岛新区,所以此后 5 年舟山市人口结构可能会呈现"老龄化"速度表面下降但实则加快的现象。此现象需要在计算和分析舟山饮食结构现有模式和变化趋势预测中进行考量。

　　2015 年,舟山市农村人口总数为 66.02 万人,其中渔业人口 17.56 万,农业人口 40.99 万,盐业和其他人口共 7.47 万。农村劳动力共有 39.30 万[①],近 3 年也呈缓慢上升趋势,其中以外出劳动力和工业劳动力

———————

① 　2016 舟山统计年鉴。

最多，共有 18.62 万人。此外，还有渔业劳动力 5.73 万，农业劳动力 4.72 万，但这两类劳动力已经连续 10 年流失，现有劳动力人数不到 2000 年时的一半。农业人口流失主要原因为舟山市农业用地短缺且农业效益低下。渔业劳动力逐年下滑则和国际渔业协定和捕捞区域的划分有关，近几年内约有半数渔民成为失海渔民，被迫投向其他行业。

（二）舟山群岛新区开展"渔耕平衡"试点的潜在需求

2011 年 3 月 14 日，舟山群岛新区作为我国首个群岛新区，写入我国《国民经济和社会发展第十二个五年规划纲要》。从此，浙江海洋经济发展试点及舟山群岛新区的建设和发展正式上升为国家战略。

"十二五"期间，舟山群岛新区承担着众多重大专项任务。这就要求舟山群岛新区在发展各产业的同时，保证居民的物质、精神生活的稳步发展，同时，让农业人口生活平稳过渡，收入稳中有升，处理好农业用地被占用和农业人口就业难的矛盾。如何解决好这些问题，保证经济社会又好又快发展，是政府面临的重要问题。而"渔耕平衡"理论的提出，正好可以缓解上述矛盾中的一部分。舟山群岛新区对于实施"渔耕平衡"的现实需求主要包括以下几个方面。

1. 土地资源需求分析

舟山群岛新区土地资源匮乏，建设用地需求旺盛，农业用地保护指标过高，耕地质量参差不齐，后备用地缺乏且很难开发，滩涂围垦地域难于规划，养殖用地保护不足。

舟山市共有岛屿 1390 个，但可供利用的岛屿仅占全市岛屿总数的 31%。土地地面坡度大于 15°的面积占全市土地总面积的 44.3%，其中大部分为海岛生态防护林，不宜开发利用；地面坡度小于 15°的土地中，建设用地占 33.7%，耕地占 25.5%[①]，未利用土地面积主要为潮间带，可利用土地资源非常有限。

面对新的国家战略发展机遇，舟山群岛新区"十三五"期间的建设用地需求将大大增加。根据对各类建设项目情况和用地的需求分析，需要

---

① 《舟山市土地利用总体规划（2006—2020 年）》（2013 年修改版）。

新增建设用地规模约为 2.2 万公顷,新增建设使用海域部分约为 0.5 万公顷。按照新一轮舟山市土地利用总体规划新增用地控制指标和"十二五"期间规划执行情况数据统计,到 2010 年,新增建设用地指标仅剩余 0.2 万公顷,需要再增加 1.9 万公顷左右新增用地,才能满足未来 10 年舟山群岛新区发展的用地需求。

根据我国对基本农田保护面积和耕地保有量实施的刚性政策,《舟山市土地利用总体规划(2006—2020 年)》(2013 年修改版)确定全市的农用地规划控制指标为:①耕地保有量:至 2020 年,全市耕地保有量不少于 2.48 万公顷(37.25 万亩);②基本农田:至 2020 年,全市基本农田面积不少于 2.31 万公顷(34.72 万亩),标准农田面积不少于 0.80 万公顷(12.00 万亩)。

至 2010 年,舟山市完成基本农田保护任务 2.31 万公顷(34.72 万亩),符合规划约束性指标要求。但由于未利用土地大多属于不具开发潜力的土地,后备耕地资源十分缺乏,加之在省内的耕地占补平衡指标也已用尽,如果按照原有的规划,可供城镇建设、基础设施建设占用的农业用地数量很少,而且难以实现耕地占补平衡。

鉴于舟山市的耕地产出低下,在粮食安全保障方面的作用极为有限,因此可以考虑适当将农业用地转变为建设用地,将部分土地转换带来的收益投入粮食仓储、物流方面以更好地保证当地的粮食安全。

"十二五"期间,舟山市规划围垦项目 74 处,围垦面积 1.48 万公顷。现有的围垦区大多处于滩涂状态,不能进行耕作和建设,而对海涂进行围垦开发耕地经济效益不高。在国家日益加强生态保护的前提下,如何科学合理利用滩涂资源,也是舟山市面临的一大难题。

2.食品需求分析

食品是家庭和社会安定的基础,食品问题是一个政府要解决的首要问题。一个地区食品供应状况不仅反映了这个地区的物质文化基础和居民的身体健康素质,更反映了当地政府的战略决策水平和执政能力。

首先,在粮食供求方面,舟山市粮食产出下降但供求差距并未拉大,对外省粮食依赖性持续上升。现阶段,舟山市口粮缺口巨大,而且随着舟山群岛新区的规划建设和快速发展,还将有大量外来人口流入舟山市,预计到 2020 年,舟山市人口约为 117.97 万。而近 5 年晚稻产量平均下降率为 3.1%,照此速度,到 2020 年舟山晚稻产量约为 1.3 万吨,粮食自给率将下降至 6.5% 左右,即使能够保持现有粮食生产量,其粮食自给率仍然达不到 8%。因此舟山地区的粮食安全问题仅依靠本身种植粮食作物根本无法满足自身需求,自身耕地的粮食保障功能已经极度弱化。

其次,在水产品供求方面,水产品供求稳定,舟山市水产品供远大于求。根据舟山统计年鉴"城镇/农村人均购买主要商品数量",计算得出舟山市年水产品内需量约为 3.7 万吨。在城市中,人均每年购买鲜菜 87.82 公斤,粮食 52.99 公斤,水产品 32.19 公斤,水产品已是舟山市居民日常饮食中的第三大消费品。城镇人口平均每人每年在购买水产品上支出 1649 元,占到食品支出总量的 21.91%。虽然海产品消费量较高,但总体上还是供远远大于求,内销部分只占年供应量的 2.11%,其余海产品的销售,面向浙江全省、长三角地区乃至全国。

最后,在其他食品方面,主要副食可以自给但种类有限,本地居民对科学健康、多样化的饮食需求日益提高,自给的农产品已不能满足人们的需要。

根据人均日常消费数据来推算,现有的农副产品除蔬菜类、猪肉、鲜果制品可以基本满足全市需求外,其他产品的缺口均较大,需要通过购买解决(表 3.9)。现在舟山群岛已通过跨海大桥与宁波相连,今后也将会直接以跨海大桥的方式与上海相通,并兼有便利的海运航线,在非特殊情况下,各种物资可以快捷、廉价地运往舟山地区以保证人民日常生活的需要。

表 3.9　舟山市农副产品需求与供给情况(2015 年)

种类	需求量/万吨	自给量/万吨	自给率/%
鲜菜	10.12	12.93	100.00
食用植物油	0.95	——	——
猪肉	1.40	1.70	100.00

续表

种类	需求量/万吨	自给量/万吨	自给率/%
牛羊肉	0.14	0.03	21.43
家禽及制品	0.55	0.25	45.45
鲜蛋及制品	0.93	0.49	52.69
鲜果	5.04	7.34	100.00
鲜奶	2.16	0.00	0.00

数据来源:作者计算整理。

3. 渔民收入增长需求分析

舟山群岛新区渔业劳动力收入约是种植业劳动力的 5 倍,种植业农民收入亟待增加,养殖业的土地利用率和回报率最高。2015 年,舟山群岛新区农业总产值 2192735 万元,其中种植业产值 112995 万元,占 5.15%,渔业产值 2029764 万元,占 92.57%。[①]

舟山市农业总人口数为 66.02 万人,从事纯农业种植劳动力数为 4.72 万人,平均产值约为 1.71 万元/劳动力,每公顷产值约为 6.40 万元。渔业相关人口数为 19.84 万人,其中渔业劳动力为 9.86 万人,平均产值约为 15.38 万元/劳动力。其中,2015 年从事水产品养殖的人口数为 3498 人,产值为 40512 万元,平均产值约 11.58 万元/劳动力,每公顷产值约为 7.01 万元。[②]

上述几组数据表明,渔业相对于传统种植业有更高的回报率,其中又以水产品养殖的回报率最高,是传统种植业的 5 倍左右,相应的土地利用效率也是最高的。

近年来,由于国际禁渔海域的划定,大批渔民失去工作,成为社会闲散人员,造成许多渔民家庭生活水平下滑、渔业技术人员流失等问题。而海水养殖和滩涂养殖的兴起,又激发了人们对渔业发展的热情,让部分失海渔民重新找到工作和生活中的定位,提高了他们的收入和生活水平。

---

① 2016 舟山统计年鉴。

② 同①。

4.国家水产品供应需求和国际海产品贸易分析

首先,在国家水产品供应需求方面,近年来,随着生活水平和收入水平的不断提高,我国居民食品消费结构和质量得到很大改善。以低脂肪、高蛋白为主要特征的水产品消费规模不断扩大,逐渐在居民食品消费中占据重要位置。目前,我国已经成为世界上主要的水产品消费国。

2015年我国水产品消费总量达到1568.10万吨,同比增长4.88%,人均占有量达48.74公斤,人均消费量为11.41公斤(表3.10)。我国水产品产量连续23年保持世界首位,人均占有量也远高于世界平均水平,但消费水平与世界平均水平仍存在一定差距,与同处东亚的韩国和日本差距更大。根据农业部农村经济研究中心的预测数据,未来10年我国水产品产量将以0.16%的速度增长,水产品消费将以0.39%的速度增长。

表 3.10　我国水产品消费总量及人均消费量

年份	全国人均占有量/公斤	全国人均消费量/公斤	水产品消费总量/万吨	增长量/万吨	增长率/%
1995	20.90	4.84	586.23	—	—
2005	33.90	8.21	1073.51	—	—
2006	34.96	9.24	1214.58	141.07	13.14
2007	36.02	9.32	1231.44	16.86	1.39
2008	37.00	9.63	1279.04	47.60	3.87
2009	38.35	10.05	1341.71	62.67	4.90
2010	40.07	10.17	1364.38	22.67	1.69
2011	41.59	10.11	1361.85	−2.52	−0.18
2012	43.63	10.53	1425.48	63.63	4.67
2013	45.36	10.58	1439.10	13.61	0.95
2014	47.34	10.96	1495.20	56.11	3.90
2015	48.74	11.41	1568.10	72.89	4.88

我国水产品消费具有以下特点:城乡居民水产品消费水平差异较大,2015年城乡居民人均消费水产品数量分别为14.7千克和7.2千克;水产品消费具有明显的地域特征,水产品生产主要集中在山东、广东、福建、浙

江、江苏、辽宁、湖北、广西、江西、湖南、安徽及海南等省区,2015年以上12省区水产品产量占全国总产量的88.58%;水产品消费以鱼类为主,从消费品种看,鱼类占86.88%,甲壳类和贝壳类占13.12%。

综上所述,我国水产品消费潜力巨大,消费总量将持续增长,舟山渔业作为我国渔业资源的重要一环,应当牢牢把握机遇,大力发展水产养殖业,为渔民和农民提供更多的就业机会和更丰厚的回报。

其次,在国际海产品贸易方面,国际海产品需求量不断扩大,出口势头强劲,渔业国际化水平提高,但我国相对加工技术水平较低,生产附加值不高,食品加工的科研和技术水平有待进一步提高。

我国水产品对外贸易快速发展,形成了以国内自产水产品出口为主、进口来料加工相结合的水产品国际贸易格局,水产品自2000年起已连续16年位居大宗农产品出口首位,出口额占农产品出口总额的33.7%。2002—2008年,我国水产品出口贸易连续7年位居世界第一,约占世界水产品贸易总额的10.0%。2015年,我国水产品进出口贸易总额为293.1亿美元,其中出口额为203.3亿美元,同比下降6.3%,这是由于受到了全球经济复苏缓慢、水产品消费萎缩等因素的影响。尽管如此,我国依然是全球第一大水产品出口国。2015年,舟山水产品出口20.3万吨[1],贸易额占全国出口总额的3.8%,达7.8亿美元,具有重要地位。

三、舟山群岛新区开展"渔耕平衡"试点的可行性与必要性

(一)粮食安全框架下"渔耕平衡"实施的理论可行性

"渔耕平衡"是一个与时俱进的新理念,也是一个极具挑战性的新观念。在粮食安全的框架下,从宏观的角度来分析舟山地区渔耕平衡的可行性,具体可从以下三个方面进行。

1. 从粮食安全的角度分析渔耕平衡的可行性

民以食为天,粮食是人类生存和发展的必需品。然而长期以来由于

---

① 2016舟山统计年鉴。

各种原因,粮食供给与人口增长的矛盾日益突出,与食物保障密切相关的粮食安全问题也已成为各国政府和国际社会高度关注的重大战略问题。对于我国这样一个人口最多、粮食消耗量巨大的国家而言,粮食问题不仅仅是一个经济问题,更是一个政治问题,党和政府历来把保障粮食安全摆在非常重要的位置。

"粮食安全"这个概念是世界粮食及农业组织于1974年11月在第一次世界粮食首脑会议上首次提出的,其定义为:保证任何人在任何时候都能得到生存和健康所需要的足够食物,即保证任何人在任何时候都能买得起他所需要的食品,其包涵了国家粮食安全、家庭粮食安全和粮食营养安全等多重含义。

食物的来源可以是植物、动物或者其他生物。而禾本科作物以其广泛的适应性、廉价、易获得等优势成了粮食的代名词。但基于不同地区自身的实际情况,禾本科作物并不适合在全国所有地方种植,因此能够让某一地区的人民获得生存和健康所需要的足够营养和能量的食物,就是该地区粮食安全的基石。

舟山群岛这一区域,有其特殊的粮食安全保障模式。第一,粮食作物常年不足,依赖外省,有固定的粮食供应渠道和市场,粮食安全预警体系相对健全,粮食物流机制相对成熟,供销比较平衡;第二,海产品极易获得,在短时间内可以获得大量海产,足以应付由于天灾或其他原因造成的粮食危机;第三,交通便利,海运发达,具有大量吞吐粮食的能力,能够减缓粮食危机的冲击和危害。在此特殊的模式下,自给的粮食生产并不十分重要。

从历史的角度来看,舟山市在新中国成立之后,一直没有出现过大面积的饥荒。在三年困难时期,舟山市人口一直没有出现明显减少(表3.11)。

表 3.11 舟山市人口数据(1955—1962 年)

年份	人口总数/人	增长率/%	出生率/%	死亡率/%
1955	529830	2.53	37.2	10.9
1956	563499	6.35	32.2	7.4

年份	人口总数/人	增长率/%	出生率/%	死亡率/%
1957	584546	3.74	40.0	3.6
1958	600836	2.79	27.1	6.1
1959	618803	2.99	30.9	12.6
1960	638165	3.13	32.7	8.3
1961	651233	2.05	17.5	6.8
1962	666021	2.27	31.6	7.2

数据来源:2016舟山统计年鉴。

从1958年的数据来看,人口增长了16290人,但粮食的产量并没有明显增长,而水产品总产量增加了3万余吨(表3.12)。可以推测,由于人口增长,粮食短缺,食物供应出现缺口,渔业产出大面积转化为内销,使人口增长势头保持不变。1961年,粮食总产量大幅下滑,但人口增长率仍然保持在2%左右,此时统计中的水产品产量也大幅下滑,但依然没有出现人口减少的现象,可见水产品对保障食品供应安全有着相当大的贡献。

表 3.12 舟山市粮食产量和渔业产量(1955—1962 年)

年份	粮食总产量/万吨	水产品总产量/万吨
1955	9.30	13.41
1956	10.39	18.20
1957	10.50	17.32
1958	10.51	20.41
1959	11.69	20.25
1960	9.81	22.81
1961	7.59	13.99
1962	11.06	18.50

数据来源:2016舟山统计年鉴。

水产品可以也应当成为舟山保障粮食安全中的一道防线。渔业是从水中获得食物,种植业是从土地获得食物,两者在食品安全中同样重要。脱离了地区的特异性,而将两者割裂开来,单方面强调从食物中偷换出来的狭小粮食概念本身就是不科学的。基于"食物＝粮食＝谷物"的传统概念,我国形成了畸形的食物结构。畸形的食物结构又导致畸形的农业结构,两者互为因果,酿成我国农业所面临的艰难处境。

2.从粮食安全线的角度分析渔耕平衡的实施可行性

中国工程院院士任继周分析改革开放以来我国粮食动态后得出:粮食安全线不应该是固定不变的,而应该随着社会经济发展以及人口的增长而变化(任继周等,2005)。城市人口对动物性产品需求日益增加,而对粮食性作物的需求逐渐减少。以舟山市为例,城市人口对粮食性作物的人均需求量从1990年的114.8千克下降到53.0千克。根据相关统计,农村的人均粮食需求量也因为食物构成的改变而缓慢下降。

由于季风的影响,我国每年的谷物收成起伏不定,存粮意识较重。这就使得我国大力进行宜垦荒地勘察,且不允许动用粮田并将其用于其他农业用途。过高的粮食产量战略目标造成了一系列消极后果:一是库存粮食过多,浪费较大,尽管每年以新粮代替旧粮,还是存在大量积压、霉变的现象;二是粮价仍然相对偏低,农民收入难以提高,农民购买力不足,影响国家的消费水平提高,限制GDP的增长;三是存粮过多,造成较大的财政负担。据专家测算,全国用于贮粮的负担在3000亿～5000亿元之间。

舟山属于我国经济发达地区,人口增加导致的粮食需求的增量部分已经从粮食人均需求量下降中得到平衡。随着城市化的进一步推进,粮食节约量还将会渐进上升。所以,粮食安全线不应该固定不变,而应随着社会经济的发展、居民膳食结构的变化,做出相应的调整。科学合理、动态变化的粮食安全线是保证耕地面积的现实需要,这个安全线的弹性变化,又可以给"渔耕平衡"的实施提供一个合理的前提。

3.从单位土地的粮食产出效率分析"渔耕平衡"的替代可行性

粮食产量和耕地面积之间的正相关性,是为了保证粮食安全这一目标制定耕地占补平衡政策的初衷。但也应该看到,粮食总产量和土地面积、粮食单产、复播面积、土地质量都紧密相关,只有部分地区的产量和面积之间能实现良好的线性关系。因此耕地数量只是其中的一个因子，不能简单地通过"量的限制"来忽略"质的根本"。随着现代农业的迅猛发展，以面积制胜的粗放式思维已经不能再为粮食安全提供可靠的保障。

舟山市的自然条件决定了其耕地质量差，灌溉水源奇缺，从而导致种植业的产出率低，耕地的种植效益低下。在这样的前提下，如果不因地制宜，发展特色渔农业经济，就很难保障粮食安全。

粮食总量的稳定和增加，必须依靠农业由粗放型向集约型转变，切实提高科技水平，精耕细作，通过主攻单产和立体农业来增加总产。应该建立海洋农业整合模式，把滩涂、近海、远海整合入农业系统。通过扩大海洋农业在沿海农业系统中的比例，提高有限的土地利用率，提高单位面积的生物量以及农业总生物量，提高耕地的单产和总产，才能真正确保粮食安全。

近年来有部分地区用围海造田的方法进行滩涂开垦和利用，种植粮食和其他农作物，并用围垦新增的土地折抵基本农田，以满足国家下达的耕地要求。但是这种利用方式有着很多弊端，首先，海涂围垦的投入巨大——成本约为 300 万～600 万元/公顷。其次，由于海涂土壤长期受到海水浸泡，土壤肥力较低，盐碱度、碳酸钙含量、pH 值均不符合种植要求，需要经过长期的灌溉、排水、降盐、降碱、土层培肥等农田基本建设，需要 8～10 年才能达到可种植条件，且产出效率一般低于普通耕地。因此海涂围垦开发耕地的投入与产出之间严重不成比例。而向海要地还面临着诸多的生态破坏问题，如大量的围垦势必对近海鱼类的生长环境造成极大的破坏，可能会影响到舟山渔业的发展。在某些极端条件下，围垦之后的农田仍然容易受到海潮的侵袭，使得农田建设受到的阻力大大加剧。

现在世界上对于海涂的有效利用主要分为两种：一是在围海完成后，不加任何人为干预，使其自然发展，以形成天然生态保护区，例如荷兰的滩涂生态湿地；二是选取适当的潮间带等地段进行水产养殖，韩国、日本、挪威、冰岛等渔业大国均划有海涂水产养殖区，此种方法既有效地利用了滩涂资源,又降低了生态压力,创造出更多的社会财富,可以解决部分渔民的失业问题。舟山市可学习国外的海涂利用模式,形成具有自身特点的滩涂"渔耕平衡"利用模式。

(二)国家海洋综合开发试验区背景下"渔耕平衡"实施的可行性与必要性

舟山市成为国家海洋综合开发试验区预示着它将承载国家对合理开发海洋、科学利用海洋、探索重塑海洋经济强国道路的历史重任,也预示着它将成为我国海洋经济蓬勃发展的起点与中心。作为试点新区,机遇伴随着风险,改革伴随着责任。在探索发展海洋经济的过程中,舟山应当在保证居民食品供应安全的条件下,探索新的发展模式,全力发展自身优势,扬长避短,打造新一代世界海洋名城。

我国的多数重要城市对于基本农田保护和农业用地政策多有一定的倾斜,因地制宜,这有利于其快速发展。北京市耕地面积占总面积的16.3%,粮食自给率为1.8%;上海市耕地面积占总面积约为29.1%,粮食自给率为1.7%;天津市耕地面积占总面积约为38.4%,粮食自给率为3.7%;深圳市耕地面积占总面积的1.9%;舟山市耕地面积占总面积的16.7%,粮食自给率为9.0%。可见,不少城市出于发展的需要,都是以省外购粮为主要渠道,而与舟山市具有相似海洋资源的上海市和深圳市,粮食自给率均在2%以下。

出于国际物流岛(港)的定位,舟山市作为物流中心枢纽的地位在"十二五"期间逐步确立,而对粮食以及其他大型战略物资的储存和运输能力也大大提升。现舟山国际粮油产业园区已经初具规模,具备接卸国际上10万~15万吨级超大型散粮船的能力,年接卸中转减载能力达600万吨以上,其吞吐能力是现在舟山粮食总需求的20倍以上。2014年,园区共完成粮油吞吐量近1000万吨,而舟山自身交易平台的粮油交易能力将在40万吨以上,足以保证当地的粮食供应安全,所以舟山存在粮食安全隐患的风险较小,可以大力开发其他与海洋相关的产业。

结合舟山现在的发展机遇和发展势头,有必要对现有的农业结构进行一定的调整,充分发挥比较优势,使其在保证食品供应的前提下能够更好地发展海洋经济,为我国的海洋事业做出应有的贡献。

（三）独特的饮食模式和营养条件下"渔耕平衡"实施的可行性与必要性

舟山市居民受海岛生活的影响，有着独特的饮食模式，和国内大多数地区不同，水产品在舟山市居民的饮食中占有相当大的比例，是仅次于蔬菜和粮食的第三大消费品，其总量占到日常食品消费总量的21.91%，远大于3.88%的一般居民平均水平。

舟山市居民的饮食结构具有以下特点：蔬果类、水产品消费量大，肉蛋奶类、植物油类消费偏少，摄入不饱和脂肪量较多等。与国际公认的健康饮食结构——地中海饮食结构有一定的相似之处，但又有其自身特点（表3.13）。

表3.13　舟山饮食结构与地中海饮食结构对比

种类	地中海饮食结构		舟山饮食结构	
	消费量/(克/天)	比率/%	消费量/(克/天)	比率/%
蔬菜	191	13.68	240.60	31.64
水果	463	33.17	140.85	18.52
谷物	453	32.45	145.18	19.09
肉类	35	2.51	49.54	6.51
水产类	39	2.79	88.19	11.60
蛋类	15	1.07	22.00	2.89
其他	200	14.33	74.11	9.75
总量	1396	100.00	760.47	100.00

舟山市居民独特的营养膳食结构决定了其对蔬菜、水果类副食有着巨大的需求，而对粮食作物的需求量却相对较小。此外，由于蔬菜和水果在长途运输和贮存过程中的损耗远远大于粮食作物，所以在种植业用地的安排上，应首先保证蔬菜、水果的种植面积，以确保果蔬自给率的稳定。种植粮食作物的土地可以适当减少，在条件允许的地方发展水产养殖等高附加值农业，以提高土地利用率，增加农民收入。

（四）部分国家的经验借鉴

他山之石，可以攻玉。世界上有许多国家和地区有着与舟山市相似的地域特点,而这些国家和地区的渔业发展与渔农业关系,对舟山市今后农业的发展与"渔耕平衡"试点的展开都具有一定的参考价值和指导意义。

韩国是一个半岛国家,同样存在渔业资源丰富和土地资源匮乏等特点,在过去的 20 多年中,韩国在种植业方面实行选择性进出口国家垄断、选择性高补贴,并放弃部分传统粮食作物的大面积种植,转而进行集约化高附加值农产品的生产等。韩国渔业发展的一个重要特点是"以养为主"。近年来,韩国渔业总量上呈现一个缓慢下降的趋势,而水产品养殖的量却大大增加。通过增加渔业资源、保护和改善海水养殖环境、建设海水养殖基地三个渔业政策,韩国渔业期望实现海产品养殖产出的品质和产量。从韩国的渔农业发展来看,对于一个土地资源匮乏、海洋资源发达的地区,应该引入外来粮食作物,大力发展经济作物,保护海洋生态,科学利用滩涂、近海资源进行水产品养殖,兴建海洋牧场,调整养殖结构,保障当地食品供应。

挪威是一个农业小国,但却是渔业大国。挪威有 50% 以上的食品消费来自进口,是农产品价格最高的国家,挪威的绝大多数谷类用于动物饲料,而水产品和动物产品构成了挪威人食物中的主要部分。为了弥补农业产品的不足,挪威不遗余力地加大对渔业科研和资金投入,为挪威渔业生产和水产养殖打下了坚实的基础。挪威对水产品的养殖、加工等各个环节有着严格的质量监督控制,行业准入门槛高,并且有着完善的法律保障体系和详细的标准化体系,这些措施保证了挪威水产品产出的质量,而这些也是值得舟山群岛新区在今后发展水产养殖业中学习、借鉴的。

四、舟山群岛新区"渔耕平衡"实施的方案和建议

(一)居民营养摄入量分析

根据 2016 舟山统计年鉴"城市/农村人均购买主要商品数量"的数据,结合舟山市人口结构,可以大致估算出舟山市居民近年来的饮食结构(表 3.14)。

表 3.14 舟山市居民平均每天每人食物摄入量

品种	人均摄入量/(克/天)	所占比率/%
粮食	131.79	19.31
鲜菜	227.40	51.91
鲜果	77.53	
鲜瓜	49.32	
猪肉	32.33	13.37
牛羊肉	1.92	
家禽及制品	9.86	
鲜蛋及制品	18.63	
鲜奶	28.49	
水产品	84.93	12.44
植物油	20.27	2.97
总量	682.47	100.00

舟山市居民主食以大米为主,粮食的营养价值用大米的营养价值替代;鲜菜的营养价值用舟山人经常食用的蔬菜种类的营养价值加以代替;利用舟山统计年鉴中的相关数据,水产品消费的组成确定为按捕捞水产品占水产品总量的 30%,养殖水产品占 70% 来折算;根据蔬菜权重(表 3.15)和水产品权重(表 3.16),可以得出舟山市居民平均每人每天摄入的食物成分(表 3.17)。

表 3.15 部分蔬菜权重

鲜菜	代表品种	权重
叶菜类	白菜	0.300
	青菜	0.320
瓜菜类	冬瓜	0.051
根茎类	胡萝卜	0.150
茄果类	西红柿	0.094
葱蒜类	大葱	0.042
菜用豆类	四季豆	0.024

鲜菜	代表品种	权重
水生菜类	茭白	0.027
鲜果	柑橘	0.710
	杨梅	0.180
	葡萄	0.110

表 3.16　部分水产品权重

水产品	代表品种	权重
捕捞水产品（鱼类）	梅童鱼	0.066
	带鱼	0.072
	小黄鱼	0.025
	鲐鱼	0.041
养殖鱼类	鲈鱼	0.025
蟹类	梭子蟹	0.062
虾类	对虾	0.089
贝类	贻贝	0.529
	蛤	0.069
	螺	0.005
头足类	章鱼	0.002
	鱿鱼	0.009
	乌贼	0.000
藻类	海带	0.073

表 3.17　舟山市居民平均每人每天摄入食物成分

成分	含量	成分	含量	成分	含量
可食部位	600.76 克	a-E	2.37 毫克	苏氨酸	1441.34 毫克
能量	4879.02 千焦	(β-γ)-E	23.97 毫克	精氨酸	2437.98 毫克
碳水化合物	128.53 克	δ-E	14.99 毫克	天冬氨酸	3174.18 毫克
水分	424.14 克	钙	272.27 毫克	脯氨酸	1502.32 毫克
蛋白质	32.70 克	钠	1930.8 毫克	亮氨酸	2709.76 毫克
膳食纤维	5.82 克	锌	85.94 毫克	蛋氨酸	723.36 毫克
脂肪	96.14 克	锰	37.96 毫克	苯丙氨酸	1524.54 毫克
胆固醇	322.81 毫克	磷	436.61 毫克	色氨酸	418.04 毫克
灰分	5.21 克	镁	132.69 毫克	组氨酸	903.83 毫克
视黄醇	139.19 毫克	硒	25.3 微克	谷氨酸	5421.64 毫克
烟酸	14.52 毫克	碘	130.67 毫克	丝氨酸	1529.62 毫克
维生素 A	540.56 毫克	钾	848.87 毫克	赖氨酸	2350.33 毫克
硫胺素	39.59 微克	铁	10.00 毫克	胱氨酸	678.62 毫克
维生素 C	81.44 毫克	铜	0.76 毫克	酪氨酸	1327.04 毫克
胡萝卜素	2845.72 毫克	异亮氨酸	1540.26 毫克	缬氨酸	1849.35 毫克
核黄素	276.04 毫克	含硫氨基酸	1401.97 毫克	丙氨酸	1886.77 毫克
维生素 E(T)	42.57 毫克	芳香族氨基酸	2851.58 毫克	甘氨酸	1654.84 毫克

　　值得一提的是,水产品可提供高质量的蛋白质和微量元素(如硒、铜、铁、钙、锌、碘),其饱和脂肪含量远低于肉类食品。有些海鲜食品含有较高的维生素(A、D、E)和长链 Omega-3 脂肪酸。水产品所含的营养对人体健康很有好处,特别是 Omega-3 脂肪酸对大脑和眼睛的发育及心脏的健康起到很大作用。鱼类含有对心血管系统有益的长链 Omega-3 脂肪酸,可预防心律不齐,减少血小板堆积,降低血液中的甘油三酯,增加高密度脂蛋白胆固醇,减少动脉粥样硬化,调节内皮层功能及减少前列腺炎症,适量降低血压并有助于减缓老年人的脑力衰竭。但海产品的微量元素中钠的含量较高,如果再超量使用食盐,会对身体造成一定的伤害。海产品的蛋白质属于优质蛋白,氨基酸配比合理,必需氨基酸含量充分,完全可以满足人体对不同氨基酸的需求。鲜菜、鲜果和鲜瓜

对维生素进行了补充,鲜菜提供了丰富的维生素和膳食纤维,以保证身体健康和肠道的通畅。

从表3.17可以看出,舟山市居民的饮食结构合理,类似于地中海膳食结构。碳水化合物、蛋白质、脂肪、膳食纤维搭配均属于正常水平,脂肪中的脂肪酸和胆固醇含量虽高,但大多来于海产品,属于不饱和脂肪酸和高密度胆固醇,对健康很有益处。

(二)粮食与水产品营养折比分析

我国规定的基本农田规划和保护的目的在于建立起旱涝保收、高产高效的粮食生产区,保证该地区在特殊情况下,可以在一定程度上保证粮食自给供应,以确保当地的粮食安全。基于这个目的的基本农田面积划定存在着"一刀切"的性质,这是一个地区粮食安全问题的底线,不能被突破。但在现代农业的前提下,粮食安全的重点并不仅仅在于粮食作物的数量、质量安全,也在于食品供应数量、质量的稳定。

舟山市是一个海岛城市,海洋资源丰富。在这里,粮食作物的地位发生了重大的变化。舟山市最易获得、最高效的食物是海产品,具有产量大、周期短、营养好的优点,数百年来一直是舟山市居民的支柱食品。从舟山市居民的膳食结构可以看出,水产品在其饮食中所占比例远远超过我国其他地区,与粮食作物所占比例仅相差不到8个百分点,与肉蛋奶总量相差6个百分点,且舟山市自身水产品的消费仅占出产总量的2.1%。

1. 营养素水平折比

由于水产品所含的碳水化合物较少,因此水产品在能量供应方面较粮食作物差;蛋白质含量较多,而且蛋白质质量远超过粮食作物;相对于粮食作物而言,其镁含量稍低而其他微量元素含量均超出较多;脂肪和蛋白质含量超出水稻较多,并且可以用于能量消耗(表3.18)。除了能量和碳水化合物之外,正常饮食中的各种维生素含量要远远高于水产品(表3.19),这意味着在水产品从营养上折抵种植作物时,必须保有一定量的蔬菜种植地。

表 3.18　每百克水稻和水产品所含的营养物（从膳食营养上来分析）

成分	水稻	水产品	成分	水稻	水产品	成分	水稻	水产品
能量	1443.00 千焦	405.02 千焦	(β-γ)-E	0.16 毫克	1.02 毫克	精氨酸	633.00 毫克	1093.72 毫克
碳水化合物	77.30 克	3.31 克	δ-E	0.00 毫克	0.03 毫克	天冬氨酸	691.00 毫克	1480.05 毫克
水分	13.50 克	77.07 克	钙	9.00 毫克	97.68 毫克	脯氨酸	391.00 毫克	581.63 毫克
蛋白质	7.90 克	15.78 克	钠	1.50 毫克	208.95 毫克	亮氨酸	637.00 毫克	1153.01 毫克
膳食纤维	0.50 克	0.01 克	锌	1.52 毫克	1.75 毫克	蛋氨酸	178.00 毫克	234.66 毫克
脂肪	0.70 克	2.26 克	锰	1.11 毫克	0.70 毫克	苯丙氨酸	422.00 毫克	587.54 毫克
胆固醇	0.00 毫克	92.49 毫克	磷	140.00 毫克	164.71 毫克	色氨酸	123.00 毫克	180.92 毫克
灰分	0.60 克	1.58 克	镁	53.00 毫克	50.16 毫克	组氨酸	173.00 毫克	330.09 毫克
视黄醇	0.00 毫克	15.92 毫克	硒	2.83 微克	44.98 微克	谷氨酸	1402.00 毫克	2365.97 毫克
烟酸	1.70 毫克	2.39 毫克	碘	0.00 毫克	18.18 毫克	丝氨酸	348.00 毫克	576.65 毫克
维生素 A	0.00 毫克	16.05 毫克	钾	112.00 毫克	222.43 毫克	赖氨酸	282.00 毫克	1222.66 毫克
硫胺素	0.17 微克	0.03 微克	铁	1.20 毫克	3.81 毫克	胱氨酸	223.00 毫克	184.29 毫克
维生素 C	0.00 毫克	0.00 毫克	铜	0.16 毫克	0.41 毫克	酪氨酸	339.00 毫克	521.29 毫克
胡萝卜素	0.00 毫克	0.81 毫克	异亮氨酸	332.00 毫克	665.82 毫克	缬氨酸	457.00 毫克	878.68 毫克
核黄素	0.05 毫克	0.09 毫克	含硫氨基酸(T)	40.00 毫克	418.95 毫克	丙氨酸	430.00 毫克	907.44 毫克
维生素 E(T)	0.22 毫克	2.14 毫克	芳香族氨基酸	761.00 毫克	1108.83 毫克	甘氨酸	328.00 毫克	989.38 毫克
a-E	0.06 毫克	1.10 毫克	苏氨酸	262.00 毫克	641.38 毫克			

表 3.19　每百克食品所含的营养物（从膳食结构上来分析）

成分	正常饮食	水产品	成分	正常饮食	水产品	成分	正常饮食	水产品
能量	714.91 千焦	405.0 千焦	烟酸	2.13 毫克	2.39 毫克	δ-E	2.20 毫克	0.03 毫克
碳水化合物	18.83 克	3.31 克	维生素 A	79.21 毫克	16.05 毫克	钙	39.89 毫克	97.68 毫克
水分	62.15 克	77.07 克	硫胺素	5.80 微克	0.03 微克	钠	282.91 毫克	208.95 毫克
蛋白质	4.79 克	15.78 克	维生素 C	11.93 毫克	0.00 毫克	锌	12.59 毫克	1.75 毫克
膳食纤维	0.85 克	0.01 克	胡萝卜素	416.97 毫克	0.81 毫克	锰	5.56 毫克	0.70 毫克
脂肪	14.09 克	2.26 克	核黄素	40.45 毫克	0.09 毫克	磷	63.97 毫克	164.71 毫克
胆固醇	47.30 毫克	92.49 毫克	维生素 E	6.24 毫克	2.14 毫克	镁	19.44 毫克	50.16 毫克
灰分	0.76 克	1.58 克	a-E	0.35 毫克	1.10 毫克	硒	3.71 微克	44.98 微克
视黄醇	20.39 毫克	15.92 毫克	(β-γ)-E	3.51 毫克	1.02 毫克	碘	19.15 毫克	18.18 毫克

续表

成分	正常饮食	水产品	成分	正常饮食	水产品	成分	正常饮食	水产品
钾	124.38 毫克	222.43 毫克	天冬氨酸	465.10 毫克	1480.05 毫克	丝氨酸	224.13 毫克	576.65 毫克
铁	1.47 毫克	3.81 毫克	脯氨酸	220.13 毫克	581.63 毫克	赖氨酸	344.39 毫克	1222.66 毫克
铜	0.11 毫克	0.41 毫克	亮氨酸	397.05 毫克	1153.01 毫克	胱氨酸	99.44 毫克	184.29 毫克
异亮氨酸	225.69 毫克	665.82 毫克	蛋氨酸	105.99 毫克	234.66 毫克	酪氨酸	194.45 毫克	521.29 毫克
含硫氨基酸	205.43 毫克	418.95 毫克	苯丙氨酸	223.39 毫克	587.54 毫克	缬氨酸	270.98 毫克	878.68 毫克
芳香族氨基酸	417.83 毫克	1108.83 毫克	色氨酸	70.49 毫克	180.92 毫克	丙氨酸	276.46 毫克	907.44 毫克
苏氨酸	211.19 毫克	641.38 毫克	组氨酸	132.44 毫克	330.09 毫克	甘氨酸	242.48 毫克	989.38 毫克
精氨酸	357.23 毫克	1093.72 毫克	谷氨酸	794.41 毫克	2365.97 毫克			

由以上分析可知：从能量和蛋白质及脂肪综合的角度来看，100 克水产品可折抵 100 克水稻；而从综合营养的角度讲，100 克水产品的营养要超过 100 克水稻，并且可以提供几乎所有人类正常生活所需的营养物质；水产品在特殊情况下可以单独用作食品维持人的生命；从营养学角度来看，两者是可以折抵的。

2. 营养值折抵

本书选取碳水化合物、蛋白质及其配比、脂肪及其配比、维生素、微量元素作为折比指标，各指标权重由其在舟山市居民每百克日常饮食中所占比例而得，水产品的氨基酸和脂肪酸组成比水稻优越，因此在折比中给予一定的考虑（在比值后单独乘以 1.2），由于舟山市水产品的可食部位平均比率为 61.85%，因此需在最后乘以 0.62 以求得最后的折比值，即

$$折比值 = \sum \left(\frac{指标_{水产}}{指标_{水稻}} \times \frac{指标_{日常}}{100 - 62.15} \right) \times 0.62 = 1.28$$

上述几个参数中：1.2 是由"水产品中必需氨基酸含量/总氨基酸"除以"水稻中必需氨基酸含量/总氨基酸含量"得到；62.15 是 100 克舟山日常饮食中所含的水分克数，"100－62.15"得出的就是 100 克饮食中各项营养物质的总和；采用日常指标除以上述数值，表示这个指标在饮食中营养物中所占的权重，也就是这个营养物质在日常饮食中的重要性；水

产此项营养指标/水稻此项营养指标的比值,乘以此项营养指标的重要性(就是两者在饮食营养中的比值);由于在日常饮食中可食部位所占比重为62%,所以公式中要乘以62%的系数。计算结果为1.28,表示舟山1千克水产品营养值相当于1.28千克水稻的营养值。

(三)水产养殖水面与耕地面积的换算分析

从舟山市居民的膳食结构出发,为保证居民身体健康和饮食多样化,在产出一定量的水产品时,必须辅以一定量的蔬菜和水果以保证维生素的有效供应,根据现有蔬果和水产品的比例,100克水产品辅以300克蔬果较为合适。

现阶段舟山市水稻亩产约474千克,水产养殖亩产约1635千克。水产养殖亩产是水稻亩产的3.45倍,再乘以营养值折算比1.28,那么1亩水产养殖水面的食物保障能力相当于4.42亩耕地的食物保障能力。同时1亩养殖区所产水产品需3345千克果蔬供应,由于蔬果亩产约1303千克/亩,因此所需蔬果用地约2.39亩。

舟山市现有水产养殖区面积4113.33公顷(6.17万亩),其中2366.67公顷(3.55万亩)有待建设为高标准养殖塘。全市规划新增围塘养殖区6686.67公顷(10.03万亩),计划全部建设为高标准养殖塘。新增加的高标准养殖塘有9053.33公顷(13.58万亩),理论上可以折抵耕地约29060.00公顷(43.59万亩)。同时,舟山市需要17186.67公顷(25.78万亩)蔬果种植地[现舟山市有10940.00公顷(16.41万亩)蔬果用地]。由于目前舟山市水产品消费只有约3.7万吨,无需将所有蔬果种植地都规划在舟山市境内,而只需保证现有蔬果用地不被侵占即可。

(四)"渔耕平衡"实施建议

舟山市内部农业结构的合理性和科学性对保障整个舟山市经济稳步发展和人民生活水平有着重要作用。本书从"渔耕平衡"角度提出以下几点建议。

1. 共同推进近海渔场和滩涂围垦养殖区的布局

作为国内最大的近海渔场,面对目前萎缩的态势,必须大力加强人工增殖放流,限制捕捞强度,稳步提高大黄鱼、小黄鱼、带鱼和墨鱼的产量是重中之重。在恢复和涵养近海渔场捕捞量的同时,要大力发展远洋渔场,加快远洋渔业专业化、集约化、规模化、现代化,全面提高远洋渔业的综合竞争力,提升远洋渔业质量效益。舟山群岛新区土地资源紧缺,但滩涂资源丰富,因地制宜地发展滩涂围垦养殖区,既能有效地保护滨海湿地资源和生态环境,又能弥补海洋渔场的萎缩,增强舟山市的海产品供给能力。

2.开展多食物来源的综合供应保障制度研究,将"渔耕平衡"研究和试点工作继续开展下去

渔业对舟山市食物供应安全有着举足轻重的作用,而我国单一食物来源的供应保障制度并不适合舟山市的食品供应现状。在舟山市开展多食物来源的综合供应保障制度研究,对舟山市农业政策减负、用地政策协调都有帮助,为"渔耕平衡"研究的开展提供了重要的依据。本章主要针对"渔耕平衡"理念在营养价值上的可行性做出了相关评测,并得出了一定条件下的折算公式和折算比例。今后在社会层面、经济层面和生态层面等重要环节应继续分析研究,本书建议政府将"渔耕平衡"研究和试点工作继续开展下去。

3.划定适当的围垦滩涂养殖区,大量给予政策保障和税收优惠政策,保证养殖用地长期不被占用

根据调查,舟山市部分养殖区得不到保障,养殖区在投产3~5年后,即被政府规划的重大建设项目征占用,因而投资者不敢对养殖区进行大规模投资、精深建设和维护。在进行土地利用总体规划修编时,应当为养殖业发展划定适当数量的围垦滩涂水面作为长期养殖区,规划10年以上,并出台各项鼓励养殖政策,保证实力雄厚的投资者有意愿对养殖区进行长期投资。

4.提取部分渔业收入用于高标准基本农田建设

种植业在舟山市处于较为弱势的地位,需要通过政府的统一调配,将部分渔业税收投入基本农田的建设,促进农业转型升级。农田集约化、立体化的生产模式,可以使其在较少的土地上提供较多的农产品。

第三节　基于农田当量的舟山群岛新区耕地占补平衡制度设计

一、基于农田当量的耕地占补平衡制度改进研究背景

耕地是土地之精华、粮食生产之根本。保有一定数量的耕地，是"中国人的饭碗要始终牢牢端在自己手上，而且饭碗里面主要装中国粮"的基础和保障。出于维护粮食安全的考虑，我国政府高度重视耕地保护，宣称采取了世界上最严格的耕地保护政策，"像保护大熊猫一样保护耕地"，并且于 1998 年修订的《土地管理法》中明确了国家实行占用耕地补偿制度，要求"非农业建设经批准占用耕地的，按照占多少，垦多少的原则，由占用耕地的单位负责开垦与所占耕地数量和质量相当的耕地"。

耕地占补平衡政策的实施，对我国耕地的减少趋势起到了一定的抑制作用。1997—2011 年通过土地整理复垦开发共增加耕地 442.73 万公顷，实现了全国每年补充耕地面积大于建设占用量（孙蕊等，2014）。但是，片面追求耕地占补的数量平衡，以牺牲生态环境为代价，盲目对草地、山区林地、滩涂湿地进行土地开发，严重破坏了生态系统的结构，有的甚至还造成水土流失、土壤沙化、洪涝灾害等自然灾害，新开发耕地本身也饱受自然灾害威胁（谭永忠等，2005；孙蕊等，2014）。

Food security 在我国被普遍译为粮食安全，根据联合国粮农组织（FAO）的定义，food security（食物安全）是指所有人在任何时候都可以获取充足、安全和有营养的食物。我国传统的粮食概念，狭义的是指谷物类，广义的指农田系统所产的谷物类、豆类、薯类的集合，已有的研究往往只考虑农田生态系统的广义粮食供给能力。实际上，人类的食物来源远不止粮食，还包括能提供人类生存所需营养成分的其他食物，如油料、糖料、肉类、奶类、禽蛋、水产品等，因此，畜牧业和水产业都是食物总供给的重要来源（王情等，2010）。

随着人们生活水平普遍提高，收入的迅速增长改变了居民的消费结

构,膳食营养日益改善,以粮食为主的食物结构发生改变,耕地以外的生态系统的食物供给能力得到重视,单纯以粮食产量为标志的耕地资源利用与保护已不能适应当前的实际(任继周等,2005)。以粮食生产水平为唯一的衡量土地生产力的标准,把不适宜粮食生产的土地强行开垦为耕地,用来生产粮食,并以此为评价土地资源利用与保护的标准,导致粮食生产保障与土地资源保护两败俱伤(任继周、林慧龙,2006)。

不同来源的食物给人类提供的营养成分差异很大,不同地区居民由于生活水平和生活方式不同,其营养需求和摄入都存在很大的差异,而传统的粮食供给能力是对粮食产量笼统的评估,很少区分不同的粮食类型,未考虑不同食物营养结构的差异,也未考虑不同生活水平的居民的营养需求的差异和营养的均衡。因此,单纯以"粮食"相关指标作为食物安全的唯一评判标准已不能满足决策需求,"食物营养安全"是"食物安全"概念中的重要内容,因此从营养供给角度评估我国食物安全进而改进相应的耕地保护政策势在必行。

浙江舟山群岛新区是我国第一个以海洋经济为主题的国家级新区。根据《浙江舟山群岛新区发展规划》,未来 10 到 20 年,舟山群岛新区将建设成为我国大宗商品储运中转加工交易中心、重要的现代海洋产业基地,我国海洋海岛综合保护开发示范区和陆海统筹发展先行区。显然,未来舟山市耕地的大规模建设占用将难以避免。然而,舟山市可供开发利用的土地资源极为稀缺。为缓解土地资源不足的矛盾,努力实现耕地占补平衡,多年来舟山市努力开发土地后备资源,实施滩涂围垦造地,目前后备资源和滩涂资源日渐稀少,舟山群岛新区适宜开垦为耕地的后备资源不足 0.07 万公顷(1 万亩),不及 2012 年需求的一半。此外,由于舟山群岛无过境河流,地表径流全靠大气降水补给,岛屿蓄水条件较差,汛期地表水多数直接入海,淡水资源匮乏,人均水资源拥有量仅为浙江全省平均水平的四分之一,岛上耕地的农业耕作严重受制于水资源,种植成本高昂,效益低下,甚至出现成本收益严重倒挂的情况,2015 年粮食作物播种面积仅为 0.61 万公顷。因此,未来舟山市在本区域内实现耕地占补平衡,既不可能,也不现实。

　　舟山市虽然缺乏耕地资源,但是却拥有得天独厚的海洋空间资源。海洋与内陆水域面积总计 2.08 万千米²,滩涂面积达到 183.19 千米²,约为耕地面积的 80%,舟山市拥有大面积的海塘养殖基地。舟山市第一产业以渔业为主,2015 年舟山市农林牧渔业生产总值为 219.27 亿元,其中农业产值为 11.30 亿元,仅占 5.1%,但渔业生产总值却占 92.6%[①],并且呈现逐年上升的态势。就当地的膳食结构而言,食物安全不仅仅局限于谷物,还包括各种海洋水产,从长远来看,作为舟山市这样一个海洋水产特色生产基地,规范化、标准化的养殖塘(基地)与基本农田对区域食物安全具有同等作用。如果为了在本区域内实现耕地占补平衡,将滩涂围垦为耕地:一方面,滩涂周边缺乏淡水资源,水利设施配套不完善,很难直接用于农业种植,且效益差,净收入约为 9000 元/公顷,如果作为海水养殖,每公顷收入可达到 15 万元(邱宜伦,2011);另一方面,大规模的滩涂围垦使滩涂上各类动植物的原生境不复存在,使滩涂湿地生物资源加速退化(杨升等,2012)。因此,从保障区域食物安全的角度出发,探索改进耕地占补平衡政策,具有重要意义。

　　本章试图从耕地占补平衡政策的初衷——保障食物安全的角度入手,引入农田当量与食物当量概念,在对耕地占补平衡制度的改进进行理论探讨的基础上,对舟山群岛新区农田当量的供需能力进行实证分析,进而对舟山群岛新区耕地占补平衡制度的改进提出相应的政策建议。

二、基于农田当量的耕地占补平衡制度改进理论分析

(一)食物安全与耕地占补平衡

　　食物安全关系到一个国家的安定和发展,是国家安全的重要部分,由于一些危及食物安全的因素长期存在,食物安全问题为各国政府和国际社会所广泛关注(王情等,2010)。就界定的主体而言,食物安全内涵可以分为两种形式:一种是由联合国粮农组织(FAO)及各国政府等给出的官方定义,另一种则是源于不同学者对食物安全的理解。

---

① 2016 舟山统计年鉴。

FAO官方历史上对食物安全一共进行过四次定义:第一次是在1974年的世界粮食大会上,FAO首次将食物安全定义为"保证所有人在无论什么时候都能及时得到为了生存和健康所需要的足够食物";第二次是在1983年,FAO由爱德华•萨乌马对食物安全进行了重新定义,即"食物安全的终极目标为确保任何人在无论什么时候不但能买得到而且能买得起他们所需要的基本食物";第三次是1996年的《粮食安全罗马宣言》,FAO对食物安全重新进行了表述,"只有当任何人在无论什么时候都能够通过经济、实际的方式取得安全、足够、富有营养的食物来满足其健康积极的膳食需要及食物喜好时,才达成了食物安全的目标";第四次是在2001年,FAO进一步对食物安全概念进行了完善,将食物安全定义扩展为"所有的人任何时候,都能在物质、社会和经济上获得足够的、安全的和富有营养的食物,来满足其积极和健康生活的膳食需要及其食物喜好",从而将社会价值纳入食物安全范畴。

在此基础上,国外学者对FAO提出的食物安全概念进行了细化和深入的阐释,指出FAO的粮食安全内涵主要包括可用性、可获得性和有效性三个方面,并且这三个方面是有内在联系的(Fogel,2004)。其中:可用性包括生产、分配和消费三个部分;可获得性包括支付能力、配置以及偏好三个部分;有效性包括营养价值、社会价值以及食品安全三个部分(Ingram,et al.,2005)。Andersen则进一步用国家食物主权安全作为衡量一个国家提供给人们所需要的粮食的能力的指标,当一个国家拥有食物主权安全就意味着该国食物安全的可用性较高(Pinstrup-Andersen,2009)。

我国传统的食物安全概念与国际理念相去甚远。由于我国自古以来的食物结构过于简单,以至于把粮食等同于食物,从而我国食物安全的研究范围十分狭窄。然而,随着我国居民膳食结构的不断转型,食物消费日益多样化,有学者开始意识到我国的粮食概念应该包括谷物、薯类和非蔬菜类的豆类(主要是大豆),而食物的范围远大于粮食,包括一切人类所需热量、脂肪、蛋白质的粮食与非粮食类食物,而不仅仅局限于粮食(何秀荣等,2004),因此综合食物安全除了包括粮食安全,还应包括其他非粮食类食物的安全。

卢良恕(2003)院士提出"食物安全"包括三个方面：在数量上，要求人们能买得到且买得起需要的基本食品；在质量上，要求食物的营养全面、结构合理、卫生健康；在发展上，要求食物的获取注重生态环境的保护和资源利用的可持续性。概略地说，食物安全是一个由食物数量安全、食物质量安全与食物可持续性供给安全组成的综合体。丁声俊(2008)也提出，我国应该创新国家食物安全战略，适时把"单一化粮食安全"观念拓展为"以粮食为重点的综合化食物安全"新战略。许世卫(2003)更加强调抗风险能力，认为一个国家排除食物生产、流通及国内外贸易中可能出现的不测事件的能力，以及以一定的发展水平为条件的食物保障能力即为食物安全。迟凤玲(2006)认为对食物安全的研究需要强调食物的可持续性发展安全。

就居民对食物的需求而言，食物的构成包含矿物性食物、植物性食物和动物性食物三大类，领域十分广阔。其中有植物产品，如谷类、蔬菜、藻类、果品等，也有动物产品，如肉类、奶类、蛋类、水产类、昆虫类及其制品，也包含矿物，如食盐和人类需要的某些矿物元素(图3.2)，因此不应该将食物只局限于可以作为"粮食"的谷物。我国单一植物性农业

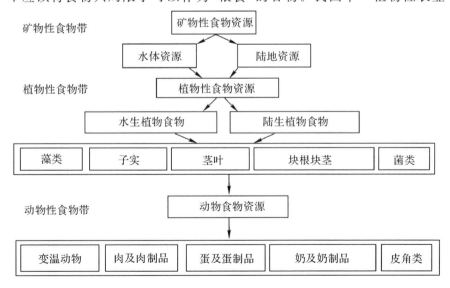

图 3.2　人类食物构成

系统把粮食混同于谷物,又把谷物混同于食物,认为"食物＝谷物＝粮食",导致食物的含义在我国越来越窄(任继周等,2005)。因此,需要转变食物安全的观念,重视耕地以外的生态系统的食物供给能力,改变当前过分强调通过耕地的占补平衡来保证国家食物安全的局面。

(二)膳食结构与耕地占补平衡

膳食结构是指人们日常饮食中各类食物消费的数量以及占总消耗量的比重。合理的膳食结构可为人体提供充足且平衡的营养元素,这是维持人体生命和健康的重要物质基础。中华民族传统膳食结构是世界三大膳食结构之一,以谷物、豆类为主,辅以足量蔬菜,以动物类食物为补充,兼有水果。我国实行改革开放政策后,国民经济发展迅速,居民收入不断提高,居民生活得到了极大改善,居民膳食结构也发生了巨大的变化。1990年以后,我国进入营养转变后期阶段,开始进入农产品剩余时期,谷物和蔬菜的消费量不断下降,特别是20世纪80年代以来,城市居民粮食和蔬菜的消费量下降更为明显,分别下降了44.5%和27.8%,平均下降了34.6%,而农村则分别下降了33.3%和27.9%,平均下降了30.6%(吴海鹏,2014)。

自20世纪90年代初美国学者布朗提出谁来养活中国人的质疑以来,我国的食物安全问题受到国内外的广泛关注。但国内囿于食物安全概念的狭义化,导致对食物安全的关注主要集中在谷物、豆类、薯类等传统粮食作物上,而较少关注其他食物的安全供给(任继周、林慧龙,2006),这反映在实际工作中就是过度关注耕地数量和质量的变化,而对牧草地、经济林地、水产养殖用地等缺少应有的重视(杜红亮、陈百明,2010)。事实上,随着居民收入的增加,近年来我国粮食的直接消费呈下降态势,与此同时,蔬菜、瓜果、肉、蛋、奶、水产品等的消费则出现快速增长(辛良杰等,2015)。因此,在现阶段关注我国粮食安全的土地保障,仅把注意力集中于耕地有失偏颇,更应关注包括耕地在内的其他所有的食物生产用地(land requirements for food)(赵姚阳等,2014)。

膳食结构的改变除了对食物安全产生重要影响外,也会导致土地利用政策的重大转变(Gerben,et al.,2002;Walford,2002)。海外学者已对全球不同尺度范围内的居民膳食结构与食物生产用地需求关系进行了研究,如:Penning 等(1995)指出地球上的全部农地可以产出满足全球人口基本生存所需的农产品,但不足以支持全球人口以肉食为主的膳食模式。Bouma 等(1998)研究指出如果居民的饮食从素食为主转变为肉食为主,将导致食物生产用地需求增加三倍以上。Gerbens-Leenes 等(2002)研究证实普通家庭对禽肉、植物油、酒类的消费变化,强烈地影响着荷兰全国对食物生产用地的需求,而在某些低收入国家,居民膳食结构变化对食物生产用地需求的影响,超过作物产量因素与人口因素的影响。Ferng(2009)也指出自 20 世纪 70 年代以来,我国台湾地区稻米消费的减少与面粉、肉类消费的增加,对当地的水田利用产生了显著的影响。

随着人们膳食结构的改变,对蛋白质需求的增加,渔业和水产养殖业开始成为国际食物安全研究关注的一个焦点。FAO 发布的《世界渔业和水产养殖状况》报告中称,2012 年全球渔业和水产养殖产量总计为 1.58 亿吨,比 2010 年提高约 100 万吨。2012 年全球水产养殖产量创下 9000 多万吨的历史新高,在渔业产量中,用于人类消费的比例由 20 世纪 80 年代的 70% 提高到 2012 年的 85% 以上(1.36 亿吨)。渔业和水产养殖为满足全球因人口不断增长而导致的对食物需求的日益增长做出了重要贡献。Christophe 等(2015)在现有文献和数据的基础上,分析了渔业发展和食物安全以及营养安全的关系,认为鱼类能十分高效地转换成相关产品并为人类提供大量的蛋白质,间接保证了全球 10% 的人口的食物安全,因此希望引起世界对渔业在未来食物安全中地位的关注。Mahfuzuddin 等(2002)以扩大水产养殖业增加收入为例,研究了水产养殖与食物安全之间的关系,他们发现,水产养殖业对家庭的收入和消费都有积极的影响,尤其对贫困家庭而言,增加收入可以提高食物的可获得性,对保障食物安全至关重要。Nathanael 等(2006)也认为,除了季节性和地区性因素,食物安全有两个很重要的因素:途径和可获得性,并提出一个图解模型表明水产养殖特别是私营水产养殖能够促进非洲的食物安全。类似地,Bondad-Reantaso 等(2012)在全球食物安全问题的基础上,通过对不同国家的捕虾业和养虾业的分析发现,甲壳类水产品是水产品中营养最丰富的,捕虾和养虾业的发展对发展中国家以及出口虾类的国家的经济提升以及食物和营养安全问题有很大帮助。

(三)农田当量与耕地占补平衡

随着我国居民膳食结构的调整,需要跳出"以粮为纲"的食物安全观,重视耕地以外的生态系统的食物供给能力,形成"大粮食、大农业"观念,进而逐渐改变当前的土地利用与管理方式。为了更好地解决我国食物安全的可持续性保障问题,突出不同土地利用模式下的食物产品的产出共性,约定食物"产出"属性,任继周院士等提出了食物当量和农田当量的概念。

热量是食物,尤其是我国国民食物构成的主要成分,而蛋白质含量不足是我国国民口粮普遍存在的问题。因此,食物当量(food equivalent unit,FEU)以热量与蛋白质含量为基础综合而成(图 3.3),是用以衡量食物的食用价值的向量(任继周、侯扶江,1999):

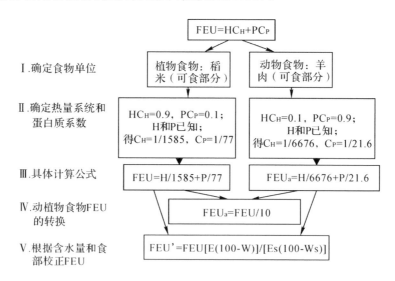

图 3.3 食物当量的计算过程(任继周、侯扶江,1999)

受食物当量的启发,曹志宏(2013)提出了谷物当量:用标准化形态统一衡量居民食物在生产过程中的直接和间接食物生产的耗粮量,具体计算公式为

$$P = \sum_{i=1}^{n} P_i = \sum_{i=1}^{n} X_i A_i. \tag{3.1}$$

其中:P 为食物消费对农业资源需求的谷物当量总值;P_i 为食物(农产品)i 的谷物当量值;A_i 为食物(农产品)i 的谷物当量系数;X_i 为食物(农产品)i 种类的重量。

为了以土地食物生产的综合指标来反映土地的食物生产潜力,任继周和林慧龙(2006)提出了农田当量(arable land equivalent unit,ALEU)这一量纲:农田当量是把单位面积一年一熟种植水稻的食物产出作为标尺,来衡量一切农业用地单元,包括传统农田、非传统农田(包括草地、其他饲用植物用地以及养殖水面等)的相对食物生产潜势的计量单位,其表达式为

$$\mathrm{ALUE} = F\left(T, m, \sum_i f_i\right)\Big/ F_0(T_0, m_0, f_0). \tag{3.2}$$

其中:T 为核算尺度,m 为运营模式,f_i 为品种 i 的产量,F 为最终食物产出;T_0 表示核算尺度为一年,m_0 为现阶段标准水稻管理模式,f_0 为一年一熟的标准水稻单产,F_0 为单位面积一年一熟种植水稻的食物产出。

食物当量和农田当量概念的提出,适应了我国现阶段食物安全需求与居民膳食结构的改变,有利于突破"以粮为纲"的食物安全研究范畴。李蕊超等(2014)以食物当量和农田当量作为量纲,具体计算了我国六大传统牧区的草地农业系统和现行农业系统的食物生产能力并将其进行对比,发现草地农业可以有效解决现行农业系统面临的食物安全问题,并提出了发展草地农业的必要性和政策建议。唐羽彤和林慧龙(2015)认为在"以粮为纲"的观念影响下,我国传统农业太过突出谷物和耗粮型家畜的生产,单一的农作方式影响到非谷物食物资源尤其是动物食物资源的获取,这种农业系统生态多样性的缺失和偏激的生产结构的背后隐藏着极大的食物安全隐患,而草地农业就是食物系统新的调整方向,以草畜平衡系统保障草地畜牧业可持续发展,是保障我国食物安全的最佳路径选择。王情等(2010)综合考虑了我国各类型生态系统(农田、草地、水域),计算出全国实际的食物供给能力,并将其折算成人类生存所需要的三大营养成分的产量,认为为了维持我国充实的食物供给,需要优化

种植结构,合理配置植物性食物向动物性食物转化并均衡营养消费结构。

关于渔业和水产养殖业对我国食物安全的重要性研究,刘长民(2014)提出在全球重视营养安全以及我国饲料用量供给不足的大背景下,充分利用我国的宜渔土地发展水产品养殖业,能有效促进我国大粮食、大农业观念的梳理,提高我国居民膳食营养,保障我国食物安全。张铭羽等(2004)也提出,渔业生产具有节地、节水、节能、节粮和自然增殖等特点,在我国大农业战略中具有重要地位,利用我国辽阔海洋和内陆水域发展水产品生产,对改善食物构成、合理利用土地、保障食物安全都具有重要意义。本章在渔耕平衡基础上开展的基于农田当量的浙江省舟山群岛新区耕地占补平衡研究,即将以此作为主要的理论基础。

三、舟山群岛新区耕地占补平衡制度改进研究

(一)数据来源和研究方法

1.数据来源

舟山市耕地面积数据来源于国土资源部第二次全国土地利用调查汇总数据以及 2010—2015 年舟山市土地利用现状变更调查数据。水稻、番薯等粮食作物播种面积及产量,各类海水产品养殖面积及产量来自 2010—2016 年舟山统计年鉴。各类食物的营养成分来源于《中国食物成分表(2015 年)》。

2.研究方法

(1)农田当量和食物当量

农田当量(ALEU)的实质是土地食物生产的"面积"表述,可以用来衡量农业用地单元的相对食物生产潜势(任继周、林慧龙,2006)。为了确定合适的标尺并简化核算,还需要结合食物当量(FEU)的概念,以一定的食物成分含量为基准统一食物的产出属性。

食物当量和农田当量以热量和蛋白质含量为基础进行计算,至于维生素和其他微量营养元素等,本章暂不予以考虑。传统的食物当量分为植物性食物当量和动物性食物当量,在热量和蛋白质构成设定上互为倒

数(植物性食物当量热量和蛋白质构成比为9∶1,而动物性食物当量则相反),并依据简单的食物链关系设定系数(10单位植物性食物当量相当于1单位动物性当量)进行相互转换(任继周、侯扶江,1999;李蕊超等,2014)。食物当量的计算式为

$$FEU = HE/1585 + PE/77. \tag{3.3}$$

其中,H和P分别为单位重量(单位为千克)食物中的热量(单位为千卡)和蛋白质含量(单位为克),E为该种食物的可食部分(任继周、林慧龙,2006)。

　　例如,根据式(3.3)可得到单位重量水稻的食物当量为2.04,单位重量贻贝的食物当量为0.88。其他粮食作物和海水养殖产品的食物当量的计算方法类似,再根据某一区域各种粮食作物和海水养殖产品的总产量,就可以得到该区域总的食物当量。本章选取舟山群岛新区近5年水稻平均单产7004千克/公顷作为参照,按照一年二熟的理论复种指数作为标尺,则1公顷农田当量可生产28576单位食物当量,或者说,产出10000单位的食物当量,需要0.35公顷农田当量。这样,根据某一区域总的食物当量,就可以换算出该区域总的农田当量。

　　(2)不同生活水准下舟山群岛新区人均农田当量需求

　　人均农田当量需求可以按照不同的生活水准进行划分。20世纪90年代,我国中长期食物发展研究组根据我国的实际情况,提出了中国在温饱、宽裕、小康、富裕四个阶段居民膳食营养与主要食物消费需求目标(卢良恕、刘志澄,1993)。此外,一些学者也从不同的角度对中国的生活标准进行了不同的划分,并设定了营养参考值(封志明、陈百明,1992;Cao,et al.,1995;陈百明等,2001)。参照以上划分标准,并结合中国2020年全面建成小康社会的要求,本章将我国居民生活标准分为三级,从低到高分别为温饱型、小康型、富裕型。按照不同的生活水准,本章将人均农田当量需求分为三个不同层次,即温饱、小康和富裕。考虑热量转化效率等因素,各个阶段人均每日具体的热量和蛋白质需求以及基于食物当量核算的农田当量需求如表3.20所示。

表 3.20　人均每年食物营养需求与农田当量需求

阶段	热量/千焦	蛋白质/克	农田当量/公顷
温饱	835485	28105	0.031
小康	837675	29565	0.032
富裕	856655	31390	0.033

(二)近年舟山群岛新区农田当量供给状况

1. 来自耕地的农田当量供给

耕地是人类食物的最主要来源,也是舟山群岛新区人们的主要食物来源之一,特别是在"谷物基本自给,口粮绝对安全"的粮食安全指导思想背景下,耕地的食物供给能力尤为重要。2015年,舟山市耕地总面积为2.34万公顷,其中水田1.01万公顷,旱地1.33万公顷。根据舟山群岛新区的实际,本章选取了水稻、番薯、大麦、玉米等四种主要的耕地种植作物,根据《中国食物成分表(2015年)》,计算出这些作物的总食物当量(表3.21)。

表 3.21　舟山群岛新区来自耕地的主要作物的总食物当量(2009—2015 年)

年份	大麦	水稻	玉米	番薯	合计
2009	24.12	4910.28	2197.69	697.38	7829.48
2010	42.71	3844.79	2127.71	703.66	6718.86
2011	33.90	3649.56	2141.64	712.98	6538.08
2012	12.71	3816.64	2218.43	672.54	6720.32
2013	153.87	3693.62	2221.02	616.72	6685.24
2014	34.56	3024.50	1973.16	528.06	5560.28
2015	17.93	3146.29	1349.46	395.72	4909.40
2009—2015 年平均	45.69	3726.53	2032.73	618.15	6423.09

从表3.21可知,2009—2015年,舟山群岛新区来自耕地的总食物当量呈现下降趋势,且下降幅度较大,下降幅度与舟山群岛新区粮食播种面积基本上呈正相关。2009年舟山群岛新区粮食作物播种面积为1.26万公顷,2014年减少至0.61万公顷。粮食作物播种面积减少的原

因较多,但主要是耕地面积减少和耕地抛荒比例较高。水稻是总食物当量的最主要来源,约占 60%,其次是玉米,约占三分之一,这与舟山群岛新区旱地比重较高的耕地利用结构密切相关。

2. 来自养殖水面的农田当量供给

舟山群岛新区拥有世界四大渔场之一的舟山渔场,素有"东海鱼仓"和"中国渔都"之美称,水产资源丰富。舟山群岛新区各类水域面积达 2.16 万公顷,约占土地总面积的 15%,几乎与耕地面积相当。各类水域中,大约 70% 为沿海滩涂,海水养殖面积为 0.60 万公顷,约占沿海滩涂面积的 40%。舟山群岛新区海水养殖产品主要是蛏子、贻贝、蛤、螺、对虾、海带和紫菜,尤其是贻贝,故舟山群岛新区被誉为"贻贝之乡"。利用式(3.3),根据《中国食物成分表(2015 年)》,可以计算出这些海产品的食物当量总量(表 3.22)。

表 3.22　舟山群岛新区来自养殖水面的主要食物当量总量(2009—2015 年)

单位:万

年份	蛏子	贻贝	蛤	螺	对虾	海带	紫菜	合计
2009	812.46	6717.04	603.81	180.48	711.32	23.92	41.02	9090.05
2010	864.28	7145.69	619.74	187.77	783.06	22.62	33.87	9657.01
2011	825.79	4417.69	527.99	151.11	664.66	22.10	41.50	6650.83
2012	721.14	6364.51	493.59	113.74	833.02	25.56	41.98	8593.54
2013	776.42	6880.98	435.13	90.71	811.97	34.35	40.55	9070.11
2014	784.65	7410.83	417.66	109.98	836.13	29.90	22.90	9612.05
2015	731.27	8591.35	370.11	92.36	897.98	48.10	20.51	10751.68
平均	788.00	6789.73	495.43	132.31	791.00	29.51	34.62	9060.75

从表 3.22 可知,2009—2015 年,舟山群岛新区来自养殖水面的食物当量总量在总体上呈现上升趋势(2011 年总量低是由于受台风影响导致养殖设施毁坏,养殖产品逃脱),这并不是因为养殖水面面积扩大了,相反,养殖水面面积不断缩减。来自养殖水面的食物当量总量增加,与舟山群岛新区近年通过标准养殖塘的建设,改善了养殖塘生产条件,同时养殖技术进步,养殖品种改进等关系密切。

　　根据上文中食物当量与农田当量的换算关系,可以将来自养殖水面的七种主要海产品的食物当量总量折算成相对应的总农田当量。从表3.23可知,舟山群岛新区各县(区)来自养殖水面的农田当量供给存在明显差异。从供给总量来看,嵊泗县所占比重最高,超过70%,普陀区其次,定海区最低。从变化趋势看,定海区出现大幅度下降,其他县(区)下降幅度较小甚至大幅上升,2009—2015年定海区养殖水面减少了62%。

表3.23　舟山群岛新区及其各县(区)来自养殖水面的农田当量供给(2009—2015年)

单位:公顷

年份	定海区	普陀区	岱山县	嵊泗县	全域
2009	215.96	515.63	167.82	2282.11	3181.52
2010	231.20	552.68	164.38	2431.69	3379.95
2011	161.12	534.57	166.58	1465.52	2327.79
2012	151.07	514.22	195.77	2146.68	3007.74
2013	126.69	525.26	197.61	2324.98	3174.54
2014	138.63	515.76	185.24	2524.60	3364.22
2015	135.54	541.16	156.41	2929.97	3763.08
2009—2015(平均)	165.74	528.47	176.26	2300.79	3171.26

　　3. 农田当量供给总量和结构分析

　　2015年,舟山群岛新区的农田当量供给总量为5481.37公顷,其中嵊泗县所占比重最高,超过一半,次为定海区,最低的是岱山县。2009—2015年,舟山群岛新区的农田当量供给总量呈现下降态势,下降了7.44%,除嵊泗县上升以外,其他县(区)均下降,下降的时间拐点出现在《浙江舟山群岛新区发展规划》开始实施后(表3.24)。

表3.24　舟山群岛新区及其各县(区)农田当量供给总量(2009—2015年)

单位:公顷

年份	定海区	普陀区	岱山县	嵊泗县	全域
2009	1847.80	1147.14	640.95	2285.95	5921.84
2010	1595.90	1074.68	623.95	2437.02	5731.56

续表

年份	定海区	普陀区	岱山县	嵊泗县	全域
2011	1494.08	1063.96	587.12	1470.95	4616.12
2012	1539.01	1047.17	621.50	2152.16	5359.85
2013	1476.41	1085.97	621.61	2330.37	5514.37
2014	1299.35	950.87	529.58	2530.51	5310.31
2015	1223.88	885.28	437.34	2934.88	5481.37
2009—2015（平均）	1496.63	1036.44	580.29	2305.98	5419.35

2015 年,舟山群岛新区常住人口为 115.20 万人,按温饱、小康和富裕三个不同的生活水平计算,均存在严重的农田当量供给缺口,缺口比在 85％左右,表明舟山群岛新区本地耕地和养殖水面提供的食物与营养,不能满足舟山群岛新区常住人口的需求(表 3.25)。

表 3.25　舟山群岛新区不同生活水平下的农田当量需求和供给(2015 年)

生活水平	人均农田当量 需求/公顷	总农田当量 需求/公顷	缺口/公顷	缺口比/％
温饱	0.031	35712	30231	84.65
小康	0.032	36864	31383	85.13
富裕	0.033	38016	32535	85.58

耕地农田当量和养殖水面农田当量供给,两者相差较大,且前者在舟山群岛新区总农田当量中所占比重呈现出不断下降的趋势,2015 年比 2009 年下降了 14.93％(表 3.26)。普陀区和岱山县出现下降,其他两个县(区)基本不变。普陀区和岱山县的耕地农田当量下降幅度大,养殖水面农田当量下降幅度较小,而定海区出现两者同步下降。

表 3.26　舟山群岛新区及其各县(区)来自耕地的农田当量供给所占比重(2009—2015 年)

单位:％

年份	定海区	普陀区	岱山县	嵊泗县	全域
2009	88.31	55.05	73.82	0.17	46.27
2010	85.51	48.57	73.66	0.22	41.03

续表

年份	定海区	普陀区	岱山县	嵊泗县	全域
2011	89.22	49.76	71.63	0.37	49.57
2012	90.18	50.89	68.50	0.25	43.88
2013	91.42	51.63	68.21	0.23	42.43
2014	89.33	45.76	65.02	0.23	36.65
2015	88.93	38.87	64.24	0.17	31.35
2009—2015（平均）	88.93	49.01	69.63	0.22	41.48

（三）未来舟山群岛新区农田当量供需分析

1.未来农田当量供给潜力分析

本章计算的舟山群岛新区未来农田当量供给能力包括两个部分,分别来自耕地和养殖水面。利用耕地面积和粮食单产水平,可以估算来自耕地的农田当量供给潜力。从《舟山市土地利用总体规划(2006—2020年)》(2013年修改版),可以得到 2020 年舟山群岛新区和各县(区)的水田和旱地面积。设定水田种植水稻,旱地采取玉米和番薯套种,嵊泗县实际没有水稻和玉米产出,可以取地理环境等各方面条件较为接近的岱山县的单产水平。根据近 5 年单产平均值,水田复种指数设定为 2,可以得到来自耕地的总食物当量和农田当量供给潜力(表 3.27)。

表 3.27　舟山群岛新区及其各县(区)来自耕地的总食物当量和农田当量供给潜力(2020 年)

区域	水田/公顷	旱地/公顷	总食物当量/万	总农田当量/公顷
定海区	5333.61	4273.39	24817.77	7716.64
普陀区	1059.22	4990.78	13472.26	3582.94
岱山县	1721.80	1628.21	8524.60	2614.19
嵊泗县	31.05	138.95	379.76	101.39
全域	8145.68	11031.33	47194.39	14015.16

2020 年,舟山群岛新区来自耕地的农田当量供给潜力预计可以达到 14015.16 公顷,其中一半以上来自定海区,约占 55.06%,普陀区其次,约占 25.56%,嵊泗县最少,仅占 0.72%。相比 2015 年的耕地实际

农田当量供给情况,舟山群岛新区耕地具有较高的农田当量供给潜力。但是定海区占全市耕地的比重大(55.06%),水田比重更高(65.48%),同时也是新区产业规划布局的重点区域,建设用地需求量大,耕地保护任务艰巨。

近年来,舟山群岛新区养殖水面面积不断缩减,2015年比2009年减少了约四分之一(2199公顷),但养殖产量增加了14299吨,增长11%,单位养殖面积的总食物当量增加了63%,年均增长10%(表3.28)。随着标准养殖塘的建设和海水养殖技术的改进,海水养殖单产水平上升潜力较大,如果按近年的单产水平增长速度,养殖面积保持在2015年的状况,那么2020年养殖水面面积可提供16446万吨的总食物当量,折算为农田当量为5756公顷。这样,2020年舟山群岛新区耕地和养殖水面可提供的农田当量合计为19771公顷。

表 3.28　舟山群岛新区单位养殖水面面积总食物当量(2009—2015 年)

年份	养殖水面面积/公顷	单位面积总食物当量/万
2009	7978	1.14
2010	7813	1.24
2011	6980	0.95
2012	6262	1.37
2013	6002	1.51
2014	5864	1.64
2015	5779	1.86

2.未来农田当量供需平衡分析

依据《舟山市土地利用总体规划(2006—2020 年)》(2013 年修改版)和《浙江舟山群岛新区(城市)总体规划(2012—2030)》(纲要方案),2020年舟山市常住人口为 123.33 万人。由表 3.29 可知,2020 年舟山群岛新区在不同的营养水平下,存在较为严重的农田当量供给缺口,缺口比为50%左右,表明舟山群岛新区本地耕地和养殖水面提供的食物与营养潜力不能满足舟山群岛新区常住人口的需求,但比 2015 年的缺口比下降了30%多。当然,舟山群岛新区还拥有辽阔的海域,2015 年其海洋捕捞产量大约是海水养殖产品产量的 11.4 倍,可以提供的农田当量相当于 2020 年耕地和养殖水面可提供的农田当量之和的 3.2 倍。

表 3.29　舟山群岛新区不同生活水平下农田当量需求供给(2020 年)

生活水平	人均农田当量需求/公顷	总农田当量需求/公顷	缺口/公顷	缺口比/%
温饱	0.031	38232	18461	48.29
小康	0.032	39466	19694	49.90
富裕	0.033	40699	20928	51.42

四、结论与政策启示

(一)结论

本章以浙江省舟山市为研究对象,以农田当量与食物当量作为研究的理论出发点,统一了粮食产量和海水养殖产量,以及耕地资源规模和海水养殖面积之间的量纲,分析了舟山群岛新区渔耕资源的农田当量的现实供给状况与未来供需能力及供需平衡状况,得到以下主要结论。

根据舟山群岛新区膳食结构中水产品比例较高的特点,本章参照任继周提出的计算方法,以热量和蛋白质这两种最主要的食物成分的含量为基础计算食物当量,较好地统一了粮食产量和养殖水产品产量的食物当量量纲,进而统一了耕地与养殖水面这两种舟山群岛新区最为主要的土地利用类型的农田当量供给能力。

2009—2015 年舟山群岛新区来自耕地的总农田当量下降了37.3%,来自养殖水面的总农田当量上升了 18.3%。来自耕地的总农田当量所占比重由 2009 年的 46.3%,下降至 2015 年的 31.4%,说明由于耕地面积减少等造成的粮食产量下降日益显著,而且这一趋势在2013 年后更加明显,说明舟山群岛新区的设立及其相关规划布局对舟山群岛新区耕地保护提出了严峻的挑战,特别是在新区产业规划布局的重点区域定海区,其"双保"(保经济发展,保耕地红线)的任务更为艰巨。与此同时,尽管舟山群岛新区养殖水面面积也在不断缩减,但标准养殖塘的建设,改善了养殖塘生产条件,加上受养殖技术进步、养殖品种改进等因素的影响,来自养殖水面的总农田当量不断增加。

在温饱、小康和富裕三个不同生活水准下,无论是现实能力,还是未来潜力,舟山群岛新区本地耕地和养殖水面提供的农田当量都存在约50%的缺口,难以满足常住人口的需求(如果将捕捞水产品计入,则大有盈余)。但是,通过改善农田基础设施、提高耕地复种指数、建设高标准养殖塘、提高养殖水面单产等措施,可以提高耕地和养殖水面的农田当量至19771公顷,进而降低约35%的农田当量缺口。

(二)政策启示

通过以上研究,本章得到以下主要政策启示。

第一,转变食物安全观念,重视耕地以外的其他用地类型的食物供给能力。养殖水面是保障舟山群岛新区食物供给的主要来源。在食物来源与需求日益多元的背景下,农田当量与食物当量的引入,统一了粮食产量和养殖水产品产量的食物当量,以及耕地利用面积和养殖水面面积的农田当量供给能力的量纲,可为维护食物安全而实施的耕地占补平衡政策的改进,提供一个新的视角。今后需要在继续改善既有耕地质量,提高既有耕地产出能力的同时,转变食物安全观念,重视耕地以外的其他用地类型的食物供给能力,逐步实现以耕地产能平衡和食物供给能力平衡,促耕地占补平衡的改进。

第二,推进高标准农田和高标准养殖塘建设,提高耕地和养殖塘的农田当量供给能力。一方面,针对舟山群岛新区自然灾害发生频率高、土壤盐碱化严重、田块平整规整、灌溉设施完善、高产稳产的优质耕地比重小、耕地抛荒现象较为普遍的现状,进一步推进高标准农田建设,提升单位面积耕地的农田当量供给能力,以耕地产能平衡促耕地占补平衡;另一方面,实施高标准养殖塘享有与高标准基本农田同样地位的政策,大力建设高标准养殖塘,提高养殖塘抵御自然灾害风险的能力,从而提高单位面积养殖水面的农田当量供给能力。

第三,统筹渔耕资源的食物生产能力,探索耕地占补平衡的多样化实现形式。一方面,通过建立和完善耕地保护补偿机制,制定相关的配套政策,加大现有耕地保护力度;另一方面,针对舟山市过去的围垦造地都是先建盐地或养殖塘,随着土壤的改良慢慢演变为耕地,近期通过集中围垦造地开发出来的滩涂,一般只能用于养殖的特点(邱宜伦,2011),建议将通过围垦造地开发出来的滩涂而产生新增养殖水面预认定为新增耕地,按耕地的要求进行管理,同时加强质量管理,以保证其具备较高水平的单位面积食物生产能力。这样既能保证舟山群岛新区的食物生产能力,又有利于维护区域生态安全。

第四,在全国层面重新考量耕地占补平衡政策的缺陷与适用范围,并探索改进的路径。耕地占补平衡政策的实施,使我国的耕地保护取得了较好的效果(孙蕊等,2014;许丽丽等,2015),但是,片面追求耕地占补的数量平衡,以牺牲生态环境为代价(岳永兵、刘向敏,2013;王静等,2013),盲目对草地、山区林地、滩涂湿地进行开发,生态代价过大(谭永忠等,2005;封志明等,2016;谭永忠等,2017)。因此,建议改进耕地占补平衡管理方式,实行占补平衡差别化管理,并根据各地资源环境承载状况、耕地后备资源条件、土地整治新增耕地潜力等,分类实施补充耕地国家统筹等政策,并积极探索耕地占补产能平衡政策的构建。

第四章
促进海上花园城市建设的舟山城乡建设用地节约集约研究

第一节 建设用地节约、集约利用的基本理论

一、建设用地节约、集约利用的内涵

(一)建设用地节约利用的内涵

从狭义上讲,城乡土地节约利用是指城乡开发建设过程中,以科学、理性的发展观为指导,以不影响城乡社会经济发展为前提,以土地资源减量化投入为主要实现途径的土地利用过程。从广义上讲,城乡土地节约利用是指在城乡土地开发利用过程中,以科学发展观为指导,以理性确定城乡扩展范围为前提,以减少增量土地、挖潜存量土地等措施为实现途径,提高城乡土地利用效率,以较少土地资源消耗,创造尽可能多经济社会效益的土地利用行为。可以看出,广义上的土地节约利用既包括减少新增城乡土地的内容,也包括城乡存量土地挖潜方面的内容。从狭义到广义是一个由表及里的发展过程,是一个由对城乡土地"量"的控制到提"质"减"量"并举的发展过程(黄继辉等,2006)。

更具体地说,土地节约利用,指土地开发利用的过程中做到科学、合

理,尽量少占或者不占耕地,不闲置浪费,是一个微观概念,对某一项目而言,需要在建设项目实施过程中遵循相关规范和技术指标(伯大华,2015)。实际上,土地资源的"节约"不只是针对"浪费"和"粗放"而言,更重要的是要达到土地资源分配的代内与代际公平。这是因为,虽然土地资源供需矛盾尖锐确实是我国基本国情,但一些地方的土地资源是否必须即时开发,耕地资源是否必须即时消耗值得商榷。当前我国土地领域存在的突出问题是一些地方政府热衷卖地,大肆圈占土地尤其是耕地资源,形成"发展靠土地,吃饭靠财政"的局面,已经严重影响了区域可持续发展。因此,土地节约首先是要节制当前没有必要的土地资源消耗尤其是耕地资源消耗,或者更多地应以存量资源消耗来代替。从经济意义来说,土地节约的机制是节制眼前的土地消费,以换取将来可以带来的"利息",并且将来的"利息"的效用一定不小于节制带来的心理损失(负效用)的绝对量(帅文波、杜新波,2013)。

总之,国内学者对建设用地节约的内涵认识比较一致,即通过政策、措施或技术手段,减少社会经济发展对土地造成的不可逆的消耗。换言之,在不降低用地效率的前提下,各项建设均要本着节省的原则,尽量不占或少占耕地,这主要是针对"增量"用地而言的,体现减量化的原则(林坚等,2009)。值得注意的是,建设用地节约的意义不仅在于少利用土地资源,更重要的在于发展和增效,提高要素生产率(宋娟等,2015)。

具体来说,建设用地的节约利用包含以下几方面的含义:

第一,建设用地节约利用体现在对新增土地量的控制上,这是土地节约利用的第一层次,其实现主要依赖于用地单位节地意识的增强和有关管理部门控制政策指令的实施。鉴于耕地资源的珍贵和稀缺,节约用地不仅包括尽可能地减少土地占用量,也包括尽量少占或不占耕地(尤其是优质耕地)(戴必蓉、杨子生,2010)。

第二,建设用地节约利用体现在存量土地挖潜上,这是其内涵的第二层次。也就是说,建设用地节约利用除了对增量土地加以控制以达到"节约"的目的外,还要从内部存量建设用地入手,针对区域闲置土地、工矿废弃地、低效利用的土地加以再开发和重新利用,充分利用城乡内部存量土地资源,提高土地利用率。

第三,建设用地节约利用应该是一个动态变化的过程,这是其内涵的第三层次。在不同的城市化发展阶段,建设用地节约利用应该对不同层次的内涵有所侧重(黄继辉等,2006)。

综上所述,建设用地节约利用可以从区域尺度和地块尺度两方面入手。在区域尺度上,可采取如下措施推进:①合理控制城乡规模,促使城乡土地粗放利用向精明增长转变;②从城乡布局角度考虑,着眼于协调各功能分区之间的依存关系,实现城乡土地资源的优化配置;③制定城乡土地开发规划,引导投资结构和产业结构趋向合理,避免低水平重复建设和土地闲置(黄继辉等,2006)。在地块尺度上,要立足于土地利用规划及相关用地定额标准确定的容积率、投资强度等指标,提高宗地集约利用水平来促进建设用地的节约利用。

从实践来看,我国节约用地的表现形式主要体现在以下七个方面:①凡是国家规定不得占用的土地不占用;②产业用地凡是有国家规定的用地标准的,严格执行国家规定的标准;③在符合规划和用途管制要求的前提下,土地利用率和集约化水平高的用途优先;④凡是能利用原有土地、存量土地和废弃、闲置土地的,不再新增加用地;⑤凡是能少用地的,不多用地;⑥凡是能用劣地或次地的,不用好地或优质地;⑦凡是能不占或少占耕地的,就不占或者少占耕地(孙文盛,2006)。

节约用地要求部门、单位或个人在使用或管理土地的过程中依据"十分珍惜、合理利用土地和切实保护耕地"的基本国策要求,认真执行和遵守国家的有关规定,时时处处精打细算,尽量不占或者少占土地,不得有"宽打窄用、占而不用、少批多用、低效利用、优地劣用"等浪费土地的行为(孙文盛,2006)。

(二)建设用地集约利用的内涵

"集约利用"这个词来源于经济生产活动,后来又应用在农业土地利用上,继而又运用到城市土地利用上。与农业土地集约利用的内涵相比,建设用地集约利用的内涵更为丰富和复杂。"土地集约"词义的拓展造成早期研究在建设用地集约利用相关概念理解上的分歧,主要表现为：一部分学者严格恪守经济学中的"集约"概念内涵来对相关概念进行解释，另一部分学者则结合现实情况，从集约型经济增长方式的理念出发来理解建设用地的集约利用，将提高土地利用效率视为建设用地集约利用的重点。而国家有关部门发布的政策文件中，对建设用地集约利用的理解倾向于后一种观点。受到相关政策传播的影响，目前学术界对建设用地集约利用内涵的认识虽然还存在一定分歧，但已取得较多共识（樊保军，2015）。

对建设用地集约利用概念内涵的理解，可以通过对得到普遍认同的观点的归纳来形成。因此，本章综合目前得到普遍认同的观点，对当前建设用地集约利用的内涵特征总结如下。

第一，建设用地集约利用不仅表现为较高的土地利用强度，还包括合理、高效的土地利用结构与布局。合理的土地利用布局必须根据具体区域的社会经济发展水平、自然特征和人口规模等因素，为土地资源利用提供一个较优的配置效益，以利于土地资源的合理利用，使其经济、社会、生态等综合效益最大化，避免盲目占用耕地和闲置土地。土地利用结构与布局越合理，土地利用率、建筑密度、基础设施水平、经济产值以及绿化水平也就相应地越高，这意味着土地集约度提高。土地集约度高是土地利用结构与布局合理的一种表现形式（张旭斌，2006）。

第二，建设用地集约利用的最主要目的是提高土地利用效率，从而减少土地占用，保护耕地资源。通过整合置换和储备，合理安排土地投放的数量和节奏，改善建设用地结构、布局，挖掘用地潜力，提高土地配置和利用效率。

第三，建设用地集约利用的直接实现方式包括增加土地的可变要素投入、调整土地功能和布局等，这些方式的运用一方面有赖于市场力量的推动，另一方面则需要通过政府的控制和引导来实现（樊保军，2015）。

通过上面的分析，可知建设用地集约利用的内涵具有如下特点：

第一，建设用地集约利用与粗放利用相对。它以提高土地的容积率为基本途径，通过用地结构的合理配置、要素（资本、技术、人力）投入的增加，来达到提高土地的利用效率、增加经济效益的目的，属于经济学范畴,是一种土地开发经营和利用管理模式。

第二,建设用地集约利用是一个动态发展的概念和过程。这种动态性表现为建设用地集约利用的水平会随着社会经济发展而不断变化。不同经济发展阶段、不同技术发展条件下其土地集约利用水平均不相同。一般说来,在建设用地的初次开发中,人口产业聚集的水平较低,对于土地的需求较低,集约利用的动力也较低。随着建设用地上的产业和人口聚集水平越来越高,土地资源的稀缺性日益增强,使用土地的成本增加。为了获得利益的平衡,在建筑技术不断突破的前提下,容积率不断提升,建设用地向资本技术集约型转变。因此,土地集约利用应是不断追求的一个长远的目标。同时建设用地的外部性特点,也会造成建设用地的集约利用水平随着周围社会经济的发展和技术进步而改变。当交通、市政等城市基础发生变化时,以前属于过度利用的城市或区域有可能成为适度利用或低度利用的城市或区域。因此,建设用地利用最佳集约度不是一个僵化的和固定数量的概念。由于不同城市在发展目标、经济结构、经济发展水平等方面的差异性以及外部约束条件的不同,其建设用地集约利用状态的差别性也是十分明显的(宋娟等,2015)。所以为促进土地集约利用而制定各项政策措施时,要具有前瞻性,充分认识未来土地的需求,做好信息的反馈,根据需要不时改进政策措施,做到与时俱进(汪波、王伟华,2005)。

第三,土地集约利用的区位性,一方面表现在城市地域空间结构上集约利用水平的差异,如城市城区与边缘区集约度的不同。随着与城市中心距离的加大,集约度呈下降趋势。另一方面,不同土地用于不同的发展用途、不同的经济发展结构也会使得集约度形成差异。每个城市都有自己的定位及发展目标,有些是工业发展城市,而有些则更侧重于旅游生态,区域与区域之间的经济发展水平也不一致。土地的利用方式不同与经济发展水平的差距,使集约利用土地的措施和方法不同,不应该简单地用同样的指标、同样的合理值来衡量土地是否达到了集约利用。研究土地集约利用,必须关注区位的研究,应因地制宜。

第四,建设用地集约利用水平理想值的确定取决于人们的价值观。

当一个区域以经济发展为中心或者说追求经济产出的最大化时,土地集约利用的目标为土地集约利用水平的最大化。而当区域或城市发展目标做了相应调整时,如时下不少城市把"山水城市"、"园林城市"、"生态城市"等作为城市发展的目标定位时,则区域或城市对土地集约利用的评价方法乃至评价标准则应是环境效益和社会效益约束下的土地集约效益最大化。我国建设用地的集约利用应以合理的用地结构与布局、符合相关规划及法规为前提,是社会、经济和生态效益的统一。城市是人口聚集的地区,人们需要一个舒适、美好的生活和工作环境,更应该追求社会、经济和环境的统一,以集约来促进社会的发展(汪波、王伟华,2005)。

第五,建设用地集约利用具有整体性。与农用地不同,由于经济活动运行的系统性,也由于城市活动的高度聚集效应,个别地块、区域的建设活动与其他地块、区域的建设活动是密切关联的。因此,建设用地集约利用达到的水平及其潜力,往往不能单纯地根据一宗地、一个街坊甚至是一个小区域来评价,而应该从区域发展的整体角度来进行认识和评价。有时,一定区域的高强度开发或者说"过度利用"是以其他区域的低强度开发或者说低度利用为条件和前提的。这一点,在进行建设用地集约利用的中观和微观层次的评价时要给予适当的关注。

第六,建设用地集约利用中集约要素投入的双重性。由于建设用地外部性的特点,建设用地的集约性不仅可以来自集约要素的直接投入,也可以得益于集约要素的间接投入。所谓集约要素的直接投入,是指在建设用地利用过程中,直接投入劳动、资本以及技术等要素,以提高土地产出效益,具体可以分为:劳动力型集约要素、资本型集约要素以及技术型集约要素。所谓集约要素的间接投入,是指建设用地利用过程中,对某一土地的投入可间接增加其他土地的产出效益,从而达到与其他土地的直接投入等同的效果。所以,建设用地的空间布局、结构优化是增加建设用地利用集约要素的间接投入的一种土地利用措施,能够达到增加土地产出效益的目的,属于建设用地集约利用的范畴(谢敏等,2006)。这就要求人们在建设用地的利用过程中不仅要注重直接要素的投入,也要关注建设用地的布局和比例,使其正外部性得到充分发挥。

(三)建设用地节约、集约利用的内涵

建设用地集约利用与节约利用之间存在既相互联系又互相独立的关系。建设用地节约利用与集约利用两个概念的出发点、推进措施、发展与变化等方面存在共性:首先,两个概念都是基于土地利用中出现的某些问题而提出的,如建设用地的粗放利用、土地资源闲置等;其次,两者在实施过程中采取的手段和措施相近,如调整土地利用结构与布局、科学合理地编制用地规划、明晰土地空间权利等;最后,两者都是动态发展的,在区域发展的不同阶段,各自对应不同的内涵层次。同时,两者的发展均依赖于一定的经济发展水平和科学技术水平(黄继辉等,2006)。

根据前文对建设用地节约利用和集约利用的分析,建设用地节约利用与集约利用之间的区别在于以下几方面:

第一,建设用地节约利用与集约利用两者的追求目标存在差异,这也是其本质的差异。节约是针对浪费而言,集约是针对粗放而言。因此,在建设用地利用过程中,节约利用的目标体现在以减量化的土地资源投入产出尽可能多的经济、社会效益,获得土地资源利用的高效率;集约利用的目标体现为集中资本、劳动力等生产要素,使单位面积土地的产出达到最大(黄继辉等,2006)。

第二,建设用地节约利用与集约利用两个概念所属的层次存在差异。建设用地节约利用是针对节省土地的"用地量"而言的,是对土地利用在数量上的要求,强调数量上的节省,它更多地表现为一个微观概念(许坚、邵捷传,2005),针对具体项目,通过一些具体的规范、技术指标来保证实现,主要是从保护土地资源的角度出发的,强调的是用地效果;集约利用是对土地投入资本、劳动力、科技等生产要素的强度的要求,强调单位面积土地上投入的强度,指通过增加生产要素的投入、提高土地利用率和优化土地利用结构等措施,使土地利用效率达到一个合理水平的行为,强调的是用地方式。

第三,建设用地节约利用与集约利用两者的实施前提存在差异。节约利用以理性确定建设用地范围为前提,集约利用以建设用地结构和布局合理化为前提(刘婷,2010)。

第四,建设用地节约利用与集约利用两者的表现形式不一致。建设用地节约利用重在对增量土地的控制和利用,关注的是降低土地资源消耗,尤其是新增建设用地消耗,主要反映在以较少的土地消耗创造尽可能多的效益上,集约利用重在提高存量用地的利用效率(宋娟等,2015)。

第五,建设用地节约利用与集约利用两者的侧重点存在差异。建设用地节约利用主要是从保护土地的角度来说的,是指通过一些政策、措施或技术手段,减少社会经济发展对具有自然价值的土地造成的不可逆的消耗;建设用地集约利用主要是针对人类主动的社会经济活动而言的,是指通过增加生产要素的投入、提高土地利用率或优化土地利用结构等措施,从而使土地利用效率达到一个合理水平的行为(周爽,2012)。

第六,建设用地节约利用与集约利用两者的相互关系有差异。一般而言,集约利用必然要求节约用地;而集约利用是节约利用的主要手段。集约用地不是节约用地的唯一手段(王静、邵晓梅,2008),节约利用也不仅仅寄望于集约利用,节约利用还有其他更为广泛的措施选择,例如减少重复建设等。

建设用地集约利用与节约利用两者的联系在于,两者都是充分、合理地利用土地的有效措施,是一个事物的两个方面。集约用地是节约用地的基础,在土地资源利用实践中,虽然集约利用不是节约利用的唯一手段,但土地资源利用集约化必然会因为提高土地利用效率而减少了用地需求。事实上,由于城市化发展阶段的不同,两者的相互关系也不尽相同(宋娟等,2015)。

在城市化初级阶段,城市的发展主要依靠工业企业扩大再生产来吸引资本、劳动力的集聚,工业企业对土地的需求直接导致了城市规模的扩张。在这个阶段,由于城市的集聚效应以及土地区位因素的差异,在中心区的土地利用中人们已经开始了集约利用的尝试,但是受资金、技术的制约,集约利用并没有得到充分发展。同时,该阶段基本上不存在资源、环境的压力,人们节约利用的意识较为淡薄。因此可以说,城市建设用地节约利用和集约利用都是经济水平与科学技术发展到一定阶段的产物。

在城市化中级阶段,经济和科技的发展使得资本密集型、劳动密集型工业扮演主要角色,同时生产社会化水平的不断提高,促使第三产业迅速发展,吸引劳动力到此领域就业,服务业的选址一般位于较为繁华的地段。因此,城市在外延扩张的同时,开始了内涵的进展。此时,也是节约利用和集约利用共存的一个时期。但是两者有着各自的侧重点,集约利用侧重于城市内涵挖潜,节约利用则重点体现在控制城市扩张上,从潜在的层次来理解,集约利用仍然是反映了节约利用的一个方面。

在城市化高级阶段,由于城市的职能更加复杂多样,第三产业发挥主要作用,并且城镇体系的形成也使得城市发展主要在于对内涵的挖掘。此时,对于城市土地来讲,节约利用和集约利用实际已经统一起来了,两者的主要内容都是从城市内部土地优化配置入手,追求城市土地利用的高效率和高产出水平。因此,土地利用的形式可表现为各种土地利用类型的层叠,即多功能的土地利用(黄继辉等,2006)。

从政府管理层面来看,建设用地节约、集约利用主要包括三层含义:一是节约利用,各项建设都要尽量节省用地,千方百计不占或少占耕地;二是集约利用,每宗建设用地必须加大投入产出的强度,提高土地利用的集约化水平;三是通过整合置换和储备,合理安排土地投放的数量和节奏,改善建设用地结构、布局,挖掘用地潜力,提高土地配置和利用效率(曹林等,2015)。大力推进建设用地节约、集约利用,是保障发展用地需求的根本途径,是缓解我国土地供需矛盾的必然选择。

总之,建设用地节约、集约利用的内涵包含"节约"与"集约"两层范畴,根据前面的分析可知,"节约"是前提,"集约"乃是深化。"节约"不仅是经济问题,还涉及伦理道德问题;"集约"则更多强调经济内涵,是相对"粗放"而言,目标是以效益(社会效益、经济效益和生态效益)为根本对经营诸要素重组,实现以最小的成本获得最大的投资回报。"节约"主要体现"公平","集约"更重"效率"(帅文波等,2013)。总的来说,建设用地的节约、集约利用指的是通过减少建设用地的消耗,增加对土地的投入和应用,提升土地利用效率,可以从城市发展的角度入手,选择符合法律法规要求的规划形式,不断提升城市土地利用率。集约利用的前提是符合规划要求,是对城市土地利用率和经济效益的一种相对的开发经营管理模式,考虑到城市土地承载力的特殊要求,要体现出经济效益、社会效益和环境效益三大效益的有序结合(徐再彬,2017)。

二、城乡建设用地作为生产要素的集约利用原理

报酬递减律在农业生产中表现比较突出,由于农业生产的基本资料是土地,其他生产要素的投入也是以土地为载体,报酬递减律在农业领域中又被称作土地报酬递减律,但这绝不意味着报酬递减规律仅在农业领域中起作用。事实上,在工业生产领域中既有规模报酬递增的阶段,也有规模报酬递减的区间。土地报酬递减规律要求在土地利用过程中,必须恰当地选择各种生产要素的配合比例,争取以更少的投入获得更多的产出。

土地资源实际上是一种最终服务于消费的生产要素。人口的增长和日益增加的经济活动导致了区域资源的稀缺。市民个人财富的不断增长和提高,是建立在损耗土地这一生产要素的基础之上的。因此,必须按照土地生产要素的作用机理和土地收益的变动规律,合理配置土地资源。

Metzemakers(2005)对土地集约利用的经济学机理进行了深入的研究。他认为,福利理论是一种针对总体或者社会层面上有冲突的各种偏好的经济分析。经济活动服务于消费,包括消费土地。然而,在消费和空间中,存在一种平衡模式。其中,生产可能性曲线(PPC)包括所有可能的空间与消费的组合。社会无差异曲线(SIC_1,SIC_2,SIC_3)描述了优先选择的空间与消费束,对两者而言,社会经济即为效用(图4.1)。社会所能消费的越多,那么它的效用或者福利水平就越高,故$SIC_3 > SIC_2 > SIC_1$。可达到的最高的福利水平是消费束在无差异曲线(SIC_2)与生产可能性边界在点W_2相切时的福利水平。在这点上,消费是C_2,空间为S_2,表示服务于消费的土地数量是$S_{max} - S_2$。

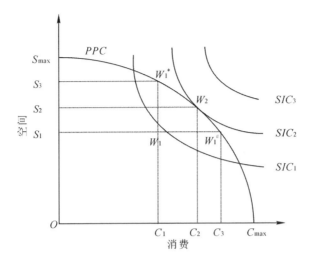

图 4.1　土地集约利用的经济学机理 1(Metzemakers，2005)

有可能社会生产一些物品,它不是最佳的。在图 4.1 的 W_1 点上,空间 S_1 与消费 C_1 在生产边界的下方。这个生产结果是没有效率的,因为同样的经济活动,社会可能会享受更多的空间(S_3),或者相同的空间有更多的消费(C_3)。换句话说,在 C_1 点上的经济活动使用了太多的空间($S_{max}-S_2$),而它可以通过使用更少的空间($S_{max}-S_3$)来替代。因此,W_1^* 与 $W_1^{\#}$ 称为技术上有效的生产结果,因为它们处于生产边界上。同时,这些点可以产出更多的福利,由于它们在更高的无差异曲线上。但是,这些在经济上并不有效,这是因为它们未能产出最高的可能福利。实际上,正如前所述,最大的福利在 W_2 点上可以达到,这正是技术上和经济上都有效的生产结果。

这个分析说明:如果社会通过有效的土地利用来组织其经济活动,那么经济发展与土地保护都是可能实现的。在现实中,达到生产可能性边界(W_2)可能不是一件易事。这种转变需要趋向于土地集约利用的再组织生产过程。此外,先前用于经济活动的土地数量不得不转移到绿地(S_2-S_1)。这两个过程都需要耗费大量的投资和时间。这些投资提高了社会福利,但从投资者的角度来看,并不一定是赢利的,故而这些投资也许不能实现。因此,政府的规章制度、干涉或者动机在激励土地集约利用的投资上是必要的。

如果科学技术的进步能够促进土地的集约利用,那么经济增长和高福利水平是可能同时达到的,不过前提是社会的运行要处于生产可能性曲线上的最佳点。如图 4.2 所示,SIC_1 和 PPC_1 的切点(W_1)是经济的初始状态。在这一点,社会分享了消费 C_1 和空间 $S_{1,2}$。生产可能性曲线向外的移动(从 PPC_1 到 PPC_2)代表技术的进步,那么在 SIC_2 和 PPC_2 的相切点 W_2 处,可以达到更高的福利水平。更进一步,当可获得的空间保持一致的话($S_{1,2}$),W_2 点的社会经济产量也由 C_1 变到了 C_2。与此同时,在经济活动中土地的使用量也将保持一致(为 $S_{max} - S_{1,2}$),这便清楚地表明了土地利用的更集约和更持续。

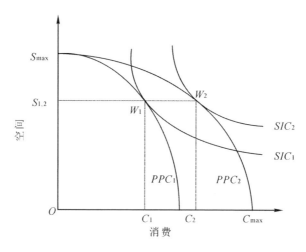

图 4.2　土地集约利用的经济学机理 2(Metzemakers,2005)

上面列出的福利分析表明保护景观和促进土地集约利用也许能增加社会福利。不幸的是,关于空间和消费,人们并不知道无差异曲线和产量的社会可能性边界。因此,不知道生产可能性曲线上的哪一点在经济上是有效的。然而,人们确实知道,环境组织不断增加的数据和市民反对在农村修建工厂的经验表明,人们都偏好未被破坏的自然景观。这种反抗可能源于"不是我家后院"的心理,从享乐主义学说角度来分析房价,居民重视靠近而不是远离自家房子的环境舒适度(Lattice,2000)。然而,这些公众关注环境问题的例子为土地集约利用提供了充分理由,只要它不过多地阻碍经济发展。

　　如果一个人要从经济学的角度来研究土地的集约利用,他不可能避开一个观点,就是土地对于经济活动来说是一个不可或缺的生产性要素。照此分析,人们更会关注地块的大小以及在整个经济活动中被利用土地的面积,而不是注重地块的自然质量,更不在乎区位的舒适性。因此,用于生产的土地其质量的关键就在于其提供给经济发展的空间。综上所述,问题在于多少土地供给才适合经济活动。从经济学的角度来看,通常人们偏好经济人自行选择适合其经济发展的土地。然而,这种划分并不能够排除一个事实,就是一些规划政策可能影响到企业或个人的土地利用决策。例如,在严格的规划政策下,建设用地选址的潜在供应可能会从两个方面来影响企业或个人的决策:可获得的土地数量或者更高的土地价格。掌握影响企业或个人决策的因素可能是研究者的最终目标。但是,在研究者有能力实现这个目标之前,有必要谨慎地对经济学文献进行认真的梳理和回顾,以真正领会土地作为生产性要素的含义。

　　竞争地租是在土地区位经济中使用的专门性概念。它是指,在对某一区位的土地取得实际使用权的竞争中,该区位的土地可能或必然取得的最高地租额。换言之,这种地租是在竞争之中体现出来的,在市场经济中是不以人们的意志为转移的,只有在竞争中出价最高者才能够取得该地的使用权。在 19 世纪杜能的位置级差地租基础上,20 世纪 20 年代的柏林克曼,30 年代的胡佛以及战后的艾萨德、阿朗索、博芬特等都对地租问题进行了进一步的研究和发展。胡佛给竞争地租下的定义是:"为在所考察的活动能赚取正常利润的条件下,它为离市场中心一定距离处每英亩土地可能付出的最高租金。"阿朗索进一步完善了竞争地租理论,他在 1964 年的《区位和土地利用》著作中对城市居住区位的选择进行了研究。他的理论是建立在这样的原则之上的,即从城市中心向外,由于经营成本(特别是交通成本)上升而使得收益下降,地租也随之下降作为一种补偿。这就出现了所谓的地租梯度,它是由一系列的竞争地租组成的,而竞争地租准确地反映了对收益下降或成本上升的补偿。不同用途的土地有着不同的地租梯度,具有最高倾斜度的用途在竞争中占有优势。可以认为,从中心向外随距离的增加,土地供给弹性增大而经济地租比重减小,这样地租就可以从简单的数学公式中导出。

令 π 为经济利润,P、Q 分别为土地产品的价格和数量,C 为非土地生产成本,t 和 u 为距市场的距离和单位运费,R 为地租,则根据剩余法则:

$$\pi = PQ - C - tQu - R. \tag{4.1}$$

在完全竞争条件下,$\pi = 0$,则

$$R = PQ - C - tQu. \tag{4.2}$$

假定 P、Q、C、u 为常数,则地租 R 是距离 t 的线性函数;式(4.2)实际上就是伊利所说的土地收益,其资本化后成为土地价格(或价值)。如果考虑到各要素之间的相对价格及其替代关系,则可以证明土地的竞租函数是一种凸形函数,也就是说随着土地价格(或租金)的上涨,土地的使用者将以非土地的投入(如资本、劳力等)来代替土地。

从式(4.2)中可以看出,无论是 P 或 C 的变化,都有可能导致地租 R 的变化,其中 P 的变化来自市场的需求,而 C 的变化则与技术进步等因素有关,因而式(4.2)会有很多的变式。当 P 增加时,需求曲线向右位移,反之亦然;而当 C 增加时,供给曲线向左移,反之亦然,这里当然要假定其他因素不变,否则供求因素会正相抵消。

黄征学(2005)研究认为,阿朗索城市竞争地租模型只考虑到与城市中心地区的距离带来的负效用,实际上暗含假定,即城市中各区位的环境条件都是相同的,然而索罗认为许多城市中心地区生活环境恶劣,随距城市中心距离增加从环境的改良上也可能获得正效用,因此,索罗模型将环境因素纳入分析框架(Solow,1973)。另外,城市公共物品也吸引了诸多经济学家的注意。有些学者将卡方空间作为一个公共物品纳入城市土地利用模型中(Yang, Fujita,1983)。同时,也有其他的一些研究将当地公共物品包含进模型(Polinsky, Rubinfeld,1987)。这些学者指出可变公共物品可能带来正的租金收益。也有学者将税收与公共物品的关系引进到模型分析城市土地利用的均衡,假定居民效用函数为 $U[z,s,E(r)]$,z、s 与前面的含义相同,$E(r)$ 代表在 r 处公共物品水平。

为了矫正位于 r 处居民所享受的外部性,政府部门对居住公共物品征税,记为 $G(r)$。则居民的居住地选择问题变成为下式的解(Cheol-JooCho,2001):

$$\left.\begin{array}{l} \max U[z,s,E(r)] \\ \text{s. t. } z+R(r)s \leqslant Y-G(r)-T(r) \end{array}\right\} \quad (4.3)$$

其中,$Y-G(r)-T(r)$ 是在 r 处的净收入。假设在 r 处 $E(r)$ 的价值总是有限的和正的。进一步,效用随着 $E(r)$ 的增加而增加,用函数表达就是

$$\frac{\partial U(z,s,E)}{\partial E} > 0. \quad (4.4)$$

假设复合商品 z、s 或 E 是基本的,缺少任何一个效用 $U(z,s,E)=-\infty$。

家庭对土地竞争租金的阿朗索的函数形式定义为

$$\psi(r,u) = \max\left\{\frac{Y-G(r)-T(r)-Z[s,E(r),u]}{s}\right\}. \quad (4.5)$$

其中,$Z[s,E(r),u]$ 是函数 $u=U[z,s,E(r)]$ 对 z 求的解。当解没有约束的式(4.5)的最大化问题时,得到最大竞争土地的最优化尺寸 $S(r,u)$ 和竞争租金。阿朗索竞争租金和最优土地规模能用索罗形式表达出来,它们可以表示成净收入和效用水平的函数(Solow,1973;Fujita,1989):

$$\psi(r,u) \equiv \varphi[Y-G(r)-T(r),u,E(r)], \quad (4.6)$$

$$S(r,u) \equiv s[Y-G(r)-T(r),u,E(r)]. \quad (4.7)$$

式(4.6)显示在每一距离 r,阿朗索竞争地租与索罗竞争地租的对应关系。索罗竞争地租表示在给定效用 u 和公共物品水平以及净收入为 $Y-G(r)-T(r)$ 时居民效用最大化的地租。同时,式(4.7)显示在给定效用 u 和公共物品水平以及净收入为 $Y-G(r)-T(r)$ 时居民消费土地的最优规模。

前面的分析都是以土地本身数量为基础,而穆斯(Muth)对城市地租理论的分析是以住房服务的消费为对象。穆斯根据住房需求的收入弹性和交通成本的是收入弹性之间的关系解释美国较高收入居民郊区化的现象,认为住房需求的收入弹性大于1,并可能大于2,而交通成本的收入弹性肯定大于1或等于1,因此,较高的收入导致了对更宽敞更舒适住房的需求。而当土地需求不具有收入弹性、交通成本具有收入弹

性时,高收入居民会居住在城市中心(Muth,1969)。但是这一点受到惠顿(William C. Wheaton)的挑战,他通过对旧金山市家庭这些弹性指标的测算,发现土地需求的收入弹性系数和交通成本的收入弹性系数非常接近。惠顿指出解释美国富裕家庭的郊区化现象还需要考虑其他因素,如公共设施的情况等(Wheaton,1997)。而伊萨德(W. Israd)在分析零售商土地竞争地租时,强调了土地位置的重要性:距 CBD 的距离、该区位与消费者的通达性、竞争者的数量和他们的位置、其他成本的外部效应。他以此为基础分析零售商企业的竞争地租,方法与居民区选择基本相同,只是用利润最大化替代了居民的效用最大化(Israd,1975)。米尔斯(E. Mills)分析了居民交通和产品运费之间的不同关系所引起的城市居民与厂商分布均衡(Mills,1972)。沿着这条脉络,有学者将居民对土地的消费加进标准的空间竞争模型,研究在土地市场影响下的空间竞争模型(Fujita,Thisse,1986;Hotelling,1929)。与标准的空间竞争模型假定居民的分布固定和给定相比,该模型引进居民对企业定位决定做出反应的可能性。因此,居民的空间分布是土地市场商通过相互竞争而内生给定的,居民同时消费土地和企业的产出。相应地,每个家庭的需求反过来也变成内生的,因为它依赖支付土地租金后的剩下的收入。假定家庭同时消费土地和企业的产品时,空间竞争的过程,可以得到一般均衡的情况,因为企业和家庭的定位是相互依赖的。

三、土地供需关系作用于建设用地节约集约利用的内在机理

土地节约、集约利用作为解决土地供需矛盾的重要途径之一,在化解土地供需矛盾中起到基础性和根本性的作用(段兆广,2007)。

(一)土地供需及其影响因素分析

理论上认为城市土地供需的状态可能是供应大于需求也可能是供应小于需求,而市场应该是长期处于供需相等的点上。但在实际情况中,市场很难保持在供需相等的平衡点上,往往会出现比较大的缺口。产生这种制品的原因在于理论对平衡的假设是供需双方都能对价格做出灵敏的反应,并且土地的市场价格是随供需状况不断调整的(陆红生,

2015）。然而现实经济体系很难满足上述假设，所以在实际土地供需市场中，土地供需大多数时候都处于非平衡点，只有少数时候能够达到平衡点。我国现阶段土地供需状况表现为城市用地规模过度膨胀、城市土地大量闲置、商品房大量空置、普通住宅供不应求（吴群、王婵婵，2008）的状况。

土地供需包括两方面：供需总量和供需结构。城市土地供需总量与供需结构是相互作用的，供需总量的变动将引起结构的变动，而结构的变动又将影响总量的变化，它们相互影响变化。所以城市土地供需矛盾在总体上表现为总量与结构的双重矛盾，因此要解决供需问题就必须从控制总量、调整结构两个方面进行。

土地供需属于社会经济系统中一个复杂的子系统，受多种因素的影响，主要包括：政策因素，包括土地供给量、用地结构指数、土地储备量、土地供应政策、住宅政策、城市规划、集约度等；社会因素，包括人均住房面积、人口、人均城市用地面积等；经济因素，包括经济发展水平、土地闲置率、城市物质环境生成水平、一般经济因素等；区位因素，包括级差地租、距中心商业圈距离等。

（二）建设用地集约利用与土地供需关系分析

城市土地供需矛盾的调控机制主要包括市场自身的调控机制、国家宏观政策调控两个大的方面。

市场是由供和需双方共同构成的一个平台，不管是供需哪方过大都会导致另一方的利益受到损失，只有供需达到平衡时供需双方的利益才能最大化。在市场经济体制下，市场供需平衡主要是通过价格、利率两个机制来实现的，宏观调控的主要内容是使已经失衡的土地供需市场趋于平衡。一级土地市场的供给实际就是农用地转化为建设用地的过程，而且是不可逆向的过程。这导致的直接结果就是一级土地市场的供过于求，大量土地被闲置，土地的利用效率较低。这就要求我们提高城市规划的科学性，提高耕地转化为建设用地的门槛如耕地价格等。当一级土地市场出现供不应求的情况时，土地的利用效率较高，但这很容易导致环境效益低下和城市公共用地短缺。这时应该建设城市规划的反馈机制,适当扩大城市规划限额,适时、适度地降低农地转化为建设用地的价格以调节市场平衡。城市土地供需的宏观调控还可以通过以下方式完成:①分类下达农地转用计划;②依据土地利用总体规划编制年度土地利用计划;③加强土地利用年度计划执行考核;④结合城市土地集约利用情况执行年度土地利用计划;⑤改变原有先用地后审批的供应审批程序;⑥建立完善的城市土地储备制度,充分发挥土地储备的控制作用(杨海龙,2010)。

综合分析这些办法可以发现,这些手段和措施都属于城市土地节约、集约利用的范畴,如通过提高投入产出比控制城市总量用地规模,通过土地储备从宏观上控制城市土地的供给量,并结合年度用地计划及农用地转用计划控制用地的结构变化。因此,要想从根本上化解供需矛盾,首先要从观念上转变现有的土地利用方式,大力推行土地的节约、集约利用。要着重把提高土地利用效率、节约用地放在首位,严格控制建设用地增量供应,努力盘活城市土地存量供应。化解土地供需矛盾最有效及最根本的出路就在于走出一条节约、集约利用土地的道路(刘新卫等,2006)。

伴随着城市发展、人口增长和社会经济的发展,城市建设用地需求量的硬性需求不断增长。但是在我国提倡土地节约、集约利用的前提下,应要求在单位用地上有更高的产出率。多年累积的粗放式用地导致我国的土地总体产出水平低,这就要求我们根据城市的总体集约利用状况控制挖潜与供给的比例关系。当城市的集约度处于不同阶段时,土地部门满足城市用地的需求的比例是不同的。当整个城市的土地利用方式粗放,即集约度较低时,城市土地需求往往超过其真实有效需求,原因在于城市土地还有较大潜力可挖。但是当城市土地的利用强度逐渐提升时,现有的城市建设用地的潜力在不断下降,而此时产生的城市建设用地需求更接近城市发展需要的真实土地需求,土地部门可依据这种情况调整城市建设用地的供给量。

土地集约利用既对建设用地供给量有影响,又对需求量有调节作用。国内有学者在这方面做了一些相应的研究,如徐霞在《城市土地集约利用对城市土地供需的影响》中提出:容积率的提高,充分利用了城市土地空间,间接增加了城市土地的供给量,而增加单位土地面积上的资本和劳动力,可减少人均土地需求量(陈先伟等,2010)。

在低集约度的发展模式下,建设用地的有效需求量不断增加,但伴随着整个城市的集约度越来越低,城市建设用地供给量占有效需求的比例越来越少。但由于总体产生的需求较多,所以城市土地的供给量有较大的增长。在这种情况下,城市用地容易进入恶性循环中。城市的用地需求越来越大,土地的供给越来越多,而土地的利用水平则越来越低。在土地资源有限的情况下,这种发展模式无益于城市建设用地规模的控制,同时也无法提高城市建设用地集约利用水平。

在适度集约的发展模式下,建设用地的有效需求量较少,产生这种变化的原因在于集约度对需求的影响。在这种模式下,伴随集约度的变化,供给占需求的比例越来越大,但是由于总的有效需求量控制在一定范围内,所以并不会导致城市建设用地规模的迅速扩张。在这种发展模式下,城市内部的建设用地利用效率越来越高,需求量也越来越接近真实需求。在这种情况下,城市建设用地将出现用地规模被严格控制,但用地效率呈不断提高的良性循环发展模式。

在过度集约的发展模式下,与适度集约发展模式的变化类似,供给量基本就是城市建设用地的有效需求量。在这种情况下,由于城市过度集约利用土地,用地有效需求量下降,导致在整个发展期间城市建设用地规模增长较慢。但是伴随人口的增加以及社会经济的发展,城市土地的利用率过高,在人口不断增加的情况下人均建设用地面积不断缩小,无益于人民生活水平的提高,同时也不利于城镇化水平的提高(陈先伟等,2010)。

四、政府管制作用于建设用地节约、集约利用的内在机理

政府是促进城乡建设用地节约、集约利用的三大主体之一,只有深刻认识和把握政府管制发生作用的内在机理,才能最大限度提高政府对城乡建设用地节约、集约利用的管控效率。因此,本部分内容主要从总

量控制、容积率管制与用途管制等各级政府进行土地资源管理的基本手段出发,分别阐述这三种手段影响城乡建设用地节约、集约利用的内在机理。

(一)总量控制与建设用地节约、集约利用

建设用地总量控制是我国土地管理中政府为防止建设项目乱占农用地而对建设项目用地进行一定程度的限制,即从总量上对建设用地的规模进行控制。

1.建设用地总量控制的必要性

对建设用地实行总量控制是我国实现经济社会可持续发展与促进土地高效集约利用的关键手段之一(宋娟等,2015)。

由于建设用地的总量来源于农用地和未利用土地,因此,建设用地的增加必然会影响到耕地数量和生态保护用地。从资源承载角度看,我国人均耕地资源仅有 0.1 公顷,仅为世界平均水平的 42%。加上建设用地的不合理使用与扩张,耕地资源呈现不断减少的趋势(王洛忠、秦颖,2014)。因此,想要保护耕地资源,保证我国的粮食安全,就要对建设用地实行总量控制。

良好的生态环境是社会经济发展的基本前提,对生态用地的保护是生态环境保护在用地方面的具体体现。此外,改革开放以来,伴随我国经济的迅速发展、城市化的快速推进,城市空间呈现无序扩张的趋势,导致城市用地大量挤占农用地、生态用地,建设用地资源浪费、粗放利用的问题较为突出(王家庭等,2008)。由于耕地与生态用地的社会效益和生态效益无法使其在土地资源配置的市场竞争中得到有效的保护,因此,为了保护耕地资源、生态用地以及遏制城市无序蔓延,有必要对建设用地实行总量控制。客观来说,在我国人多地少、土地资源匮乏的背景之下,对建设用地实行总量控制有利于减少建设项目过度占用土地、耕地资源流失的现象(宋娟等,2015)。

2.建设用地总量控制对土地节约、集约利用的作用机理

在社会主义市场经济条件下,建设用地总量控制对建设用地节约、集约利用的影响可分为短期影响和长期影响。在短期内,主要可以通过

价格机制影响土地供求平衡,从而实现土地的节约、集约利用。在城市土地利用中,土地供应的总量控制直接影响到城市土地价格,紧缩的土地总量控制使土地供应减少,相应地,土地价格抬高,城市土地需求也随之减少,最终均衡的城市土地规模趋于下降。如图4.3所示,在城市土地总需求 D 不变的条件下,总量控制使土地供应面临较紧的约束,土地供给规模由 S_1 减少至 S_2,市场供求均衡点由 E_1 变为 E_2,土地价格由 P_1 上升为 P_2,相应地,城市土地规模由 Q_1 减少至 Q_2,由此实现了土地的节约、集约利用(宋娟等,2015)。

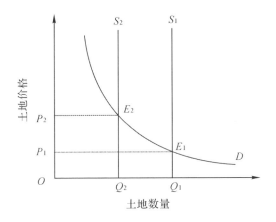

图4.3　建设用地总量控制实现土地集约利用的作用机理

从长期来看,建设用地总量控制还起到增加建设用地经济供给的作用。由于实行建设用地总量控制,建设用地的供给总量在一定时期内保持不变或仅保持有限的增长,这样可供开发利用的建设用地的数量就非常有限。短期内这当然会导致土地价格的上涨,而在长期因土地价格上涨带来土地利用成本上升,又会促使开发商通过提高容积率、增强使用强度等手段来增加土地的经济供给,而建设用地经济供给的增加意味着单位土地上产出的增加,也就是说,建设用地的利用更加集约(图4.4)。

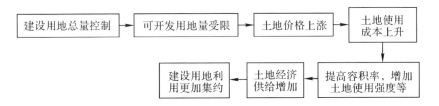

图4.4　建设用地总量控制促进建设用地经济供给增加(宋娟等,2015)

以上分析表明，我国建设用地总量控制制度十分必要，而且有利于土地节约、集约利用，有利于保护耕地和生态环境。但是如何将这一制度很好地落实还需要更多的研究，并要借鉴国际上的成功经验。2006年4月1日开始实施的《城市规划编制办法》中首次提及"城市增长边界"概念，将其作为城市增长管理的有效工具。其中，明确要求在城市总体规划和中心城区规划中划定城市增长边界，以此来划定城市的建设范围，并限制城市的发展规模（黄明华、田晓晴，2008）。2008年1月1日开始实施的《中华人民共和国城乡规划法》又明确赋予规划城镇建设用地以控制城市增长的法律地位。

强化土地利用总体规划的整体管控作用，严格控制建设用地总量，是切实推进建设用地节约、集约利用的重要方面。通过对比分析评价时点与规划基期、规划目标年的各项集约用地管控目标，可以看出当前舟山市规划管控成效比较明显。

首先，从建设用地总规模和城乡建设用地总规模看，2014年舟山市建设用地总规模和城乡建设用地总规模分别为33642.31公顷和25741.50公顷，相比于《舟山市土地利用总体规划（2006—2020）》（2013年修改版）确定的2020年建设用地总规模42351.00公顷和城乡建设用地规模28173.00公顷，尚有8708.69公顷和2431.50公顷的空间。但从动态变化上看，近年来舟山市建设用地增长仍存在过快的问题。对比分析规划基期（2005年）的24071.00公顷和14605.00公顷可以看出近10年舟山市建设用地和城乡建设用地分别增长了9571.31公顷和11136.50公顷；考虑到二调前后建设用地统计数据口径变化造成的误差，以二调时点的2009年同口径数据比较也可以看出舟山市在2009—2014年6年间，建设用地和城乡建设用地分别增长了3777.79公顷和2982.93公顷，年均增长2.41%和2.49%，若继续按这样的速度增长，预计到2020年建设用地和城乡建设用地规模将达到38809.67公顷和29834.78公顷，其中城乡建设用地面积将超过规划控制目标1661.78公顷（表4.1）。

表 4.1　舟山市区域建设用地节约集约利用规划目标实现状况对比

项　目		建设用地总规模/公顷	城乡建设用地规模/公顷	城镇工矿用地规模/公顷	人均城镇工矿用地/(米²/人)
评价时点现状值(a)		33642.31	25741.50	13562.33	178.50
规划基期(2005年)	面积(b)	24071.00	14605.00	8451.00	140.00
	变化量(c)	9571.31	11136.50	5111.33	38.50
二调时点(2009年)	面积(d)	29864.52	22758.57	12267.90	229.38
	变化量(e)	3777.79	2982.93	1294.43	−50.88
规划目标年(2020年)	面积(f)	42351.00	28173.00	17223.00	115.00
	变化量(g)	8708.69	2431.50	3660.67	−63.50

备注:$c=a-b$;$e=a-d$;$g=f-b$。

其次,从城镇工矿用地规模上看,舟山市 2014 年城镇工矿用地为 13562.33 公顷,相比于规划目标年(2020 年)17223.00 公顷的控制目标尚有 3660.67 公顷的空间。但从动态变化上看,对比规划基期(2005 年)的 8451.00 公顷和同口径的 2009 年二调时点的 12267.90 公顷,可以看出近 10 年间和 5 年间舟山市城镇工矿用地也分别增长了 5111.33 公顷和 1294.43 公顷。从城镇工矿用地规模占城乡建设用地面积的比例看,舟山市城镇化水平较高,城镇工矿用地规模占城乡建设用地面积的比例较高,2014 年舟山市城镇工矿用地规模占城乡建设用地面积的比例为 52.7%,尽管高于《国土资源部关于推进土地节约集约利用的指导意见》(土资发〔2014〕119 号)有关“力争到 2020 年,城镇工矿用地在城乡建设用地总量中的比例提高到 40%左右”的目标要求,但离规划 2020 年的 61.11%仍存在一定的差距。从动态趋势上看,相比于规划基期(2005 年)的 57.9%和二调时点的 53.9%则略有下降。这表明近几年来舟山市村庄用地扩张过快,与规划要求村庄用地逐步减少的管控目标要求存在较大距离。

最后,从人均城镇工矿用地指标看,舟山市 2014 年人均城镇工矿用地为 178.50 米²/人,相比于 2009 年二调时点同比口径的 229.38 米²/人有了较大的下降,但与规划 2020 年人均城镇工矿用地控制在 115.00 米²/人存在很大的差距。

综合前述分析可以看出,当前舟山市规划管控成效总体比较明显,但建设用地过快增长的态势特别是村庄用地的外延粗放扩张问题比较突出,不仅影响到规划目标的顺利实现,也在一定程度上影响到舟山群岛新区建设涉及的产业用地、基础设施用地需求的合理保障。严控村庄用地粗放扩张,加大新农(渔)村集聚建设,深入推进农村土地综合整治工作,对于进一步提升舟山市建设用地集约利用水平至关重要。

(二)容积率管制与土地集约利用

1.容积率管制的必要性

容积率作为评价城市土地合理利用与衡量土地利用强度的一项重要指标,其大小代表着地块开发强度的高低,直接影响土地使用者使用该地块所能获得的经济效益,是反映城市土地集约利用情况及其经济性的技术经济指标,一般说来容积率越高,对土地的使用就越集约。因此,对容积率的管制必然会导致土地集约利用水平的下降。这样,是否有必要对容积率进行管制,管制的内容有多少,范围有多大,是值得人们再深思的问题(宋娟等,2015)。容积率管制的必要性主要体现在以下几方面。

第一,容积率过高会引发严重的环境问题,因此,在进行地块开发时,既要保证土地资源得到充分合理的利用,又要避免因过分注重经济效益对地块进行高强度开发而给周边环境带来负面影响。据此,构成了对土地开发强度的约束,也形成了极限容积率的概念,即同时满足地块内部环境容量要求与外部环境容量要求的容积率区间。

第二,城市交通与基础设施容量是地块开发建设强度的重要限制性条件,容积率高会要求城市提供的基础设施容量大。建筑规模和建筑容量是确定城市基础设施供给量的基础。城市基础设施按规划建成之后,其供给规模继续扩大,其基础设施运行将达到供应的临界点,并引发一系列问题(翟国强,2006)。对于住宅区来说,过高容积率意味着高密度的居住人口,从而对住宅小区内的水电设备、健身场所、娱乐中心以及消防通道等产生较大压力。一方面,过高容积率降低了公共设施配套的应有标准;另一方面,高密度人口使公共设施利用过于频繁,势必加快其老化(马明,2011)。对于工业区来说,容积率过高会对城市的能源供应、电力供应以及用水供应产生过多的负荷,势必造成这些基础资源供应不足,反过来又会制约城市工业的发展。对商贸区来说,容积率过高同样会导致公共设施供应不足,影响城市商贸业的发展。但是交通与基础设施条件对地块的这种限制作用只是相对的、动态的,基础设施水平越高,对容积率的限制作用越小。同时基础设施的建设与开发强度的提升是一个循环上升的过程,基础设施水平的提升,有助于减少对开发强度的约束力,而开发强度的增大也会促进基础设施的改善,而且技术的发展、生活水平的提高,也会对基础设施的水平和内容提出新的要求,因而不宜作为最大容积率的约束条件(宋娟等,2015)。

第三,日照、通风、卫生及防灾等因素是约束开发强度的另一限制条件,其中,阳光具有杀菌、消毒、保卫生的重要作用,与人们的身心健康息息相关。因此,为了保证建筑物能有一个良好的室内外空间环境,应使其既满足室内的日照、采光要求,又保证室内人们活动的安全性和通风卫生条件。同时,从建筑群体考虑,建筑物还要满足工程管线埋设和城市设计空间环境要求(宋娟等,2015)。显然,符合日照标准,建筑防火、防灾等技术规范的容积率的约束作用具有刚性特征。

第四,城市发展是一个历史的累积过程,在长期的发展过程中留下了无数历史建筑和区域,这些历史性建筑和地段不仅承担一些经济功能,更重要的是代表着城市或区域的历史、文化和传统的延续,其历史、文化、传统等价值远远大于其经济价值,保护这些建筑和地段是城市在其发展过程中义不容辞的责任,体现了城市可持续发展中的代际公平。因此必须通过对建筑密度、高度及绿化指标的控制来控制容积率,保护其原有的历史风貌,城市开放空间、历史文化建筑的保护成为容积率管制的重要部分。

2.容积率、地价和土地节约、集约利用水平

上文分析了两种可变投入土地节约、集约利用路径。分析表明,当土地价格上涨时,开发商往往会选择用资本替代土地,增加建筑层数,增加建筑成本,减少土地使用成本,通过建筑高层建筑来实现获得同样建

筑空间的目的。土地价格越高,非土地要素对土地要素的替代程度就越深。房屋开发商对土地开发的强度将由土地价格与房屋建筑的成本价格比来决定。由此可以从反方向推论,容积率的大小会影响到土地价格的高低(宋娟等,2015)。

对于容积率、地价和房地产开发利润的关系,众多学者已经进行了研究,并提出了合理容积率、最佳容积率和经济容积率等概念。林坚(1994)较早地从房地产开发入手,分析地价与容积率之间的关系,得出"过度的容积率控制难以发挥土地的经济效益"和"城市规划的控制可能引发地价曲线的变化"的结论。欧阳安蛟(1996)较早地研究了容积率影响地价的作用机制,其中针对收益机制与"收益-供求"机制两种条件下容积率对地价的影响进行了定性描述,其中的收益机制为决定性的机制,市场供求关系使地价相对于经济剩余量产生波动,使地价的变化趋于复杂化。

从收益机制上看,在单位面积售价和建造成本保持不变的情况下(如多层的住宅开发项目),容积率与地价成正比例增长的关系,容积率增大,获得更多的经济剩余,地价上升;反之,容积率降低,土地开发收益降低,地价下降。但在中高层建设情况下,随着容积率的增加,建筑层数增加,对结构和材料的要求越高,由于地基加固等处理费用增加,电梯、消防、供水、空调等基础设施和设备安装费用增加,建筑造价增加,层数越高,建设周期越长,从而也加大了投资风险。单位面积工程造价(边际成本)在达到一定值后,将由下降转为上升。由边际收益递减可知,在容积率增加的同时,利润虽在增长,但边际收益呈下降趋势,边际成本则在逐渐增加,容积率对地价的影响呈现一个倒 U 形的状况(图 4.5)。当边际成本与边际收益相等时。容积率达到了最佳值,这时的土地集约利用水平最优(欧阳安蛟,1996)。

综上所述,对于历史建筑、风貌地段、自然风景保护区,存在地质灾害地区等特殊地区进行城市开发强度的控制不仅是合理的也是必需的。但是对于一般区域而言,控制建设用地的开发强度可能会带来众多的负面效应,不利于建设用地的节约集约利用,因此建议(宋娟等,2015):

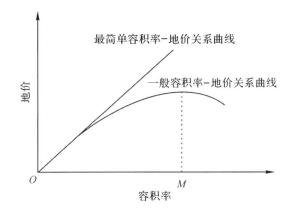

图 4.5　收益机制下容积率-地价变化曲线(欧阳安蛟,1996)

第一,尽可能地减少容积率控制的区域,对于一般的区域,其建设在满足消防、日照、卫生等刚性条件下,应尽可能地通过市场价格杠杆调节其开发的强度。

第二,为优化城市功能与布局,保护历史文化遗产,适应工程地质条件和自然条件,考虑城市安全的需要,对于历史文化保护区、特色风貌保护区、风景名胜区、城市生态保护区、机场净空保护区等一些特殊区域,应当结合各类区域的特点,确定其控制容积率,并严格地执行。

第三,对容积率的管制应该利用市场手段,在开发建设活动的环境效益和经济效益之间寻找一个平衡点,这样在开发建设过程中追求环境效益的同时也保证了基本的经济效益。

(三)用途管制与土地集约利用

1.土地用途管制的必要性

与国外一些发达国家和地区相比,土地用途管制制度在我国的产生有着极其相似的社会背景。在原有的制度已经不能解决新的社会矛盾所带来的问题的情况下,必将会有新的制度出现来调整和改变当下的局面。具体来讲主要是城市化建设导致大量占用农村土地,致使耕地面积锐减,土地市场混乱,社会矛盾层出不穷,生态环境也随之恶化,由此便催生了新制度。因此,土地用途管制制度在各个国家都有一个共同的、普遍的价值追求:依据可持续发展的战略方针,严格限制农用地转为建设用地,落实耕地总量动态平衡的目标,实现土地利用方式由粗放型向集约型转变,促进区域社会经济的持续发展和土地的持续利用,达到社会、经济、生态综合效益的最优化(王文刚等,2012)。

　　但是,由于我国与发达国家所处的社会发展阶段不同,同样的土地用途管制制度,在操作运行过程中也呈现出诸多不同的特点。但无论是在人少地多的美国、加拿大这样的国家,还是在人多地少的日本及我国台湾地区,都普遍实行严格而又规定详细的土地用途管制制度。我国属于人多地少的国家,伴随着城市化的建设,农用地不断被侵占,土地市场混乱、生态环境急剧恶化等社会经济和环境问题日益凸显(张雪雪,2015)。据统计,按照目前的人口增长速度,到 2030 年人口将突破 16 亿,我国的土地将如何面对如此庞大的人口压力,这是我国不久将要面临的重大而且严峻的挑战,因而土地用途管制的重要性必须得到重视。

　　2.土地用途管制促进土地集约利用的机理

　　土地用途管制促进了建设用地的节约集约利用。已有研究表明,在实施土地用途管制后,建设用地的供给、需求以及地价均有明显影响(王万茂,1999)。如图 4.6 所示,建设用地的需求曲线为 D_0,未经管制的建设地供给曲线为 S_0。当实施土地用途管制后,建设用地供给为 $L_1^X S_1^X$,即在一定时期保持一定水平不变。在未实施用途管制时,建设用地价格为 P_0;而在 $L_1^X S_1^X$ 的供给下,当建设用地需求量增加至 D_1 时,建设用地价格上升为 P_1^X,而未实施用途管制时建设用地价格仅为 P_1。因此,土地用途控制带来建设用地的价格上升效应。建设用地价格的上升使得资本、劳动等要素成本相对下降,经济主体不断加强资本、劳动等要素投入,从而在既定规模用地上带来更多的产值,以及土地的集约利用效应。

　　图 4.6 也可以用来解释建设用地内部各功能用地的节约、集约利用,即以 D_0 来代表商业用地的需求曲线,而 S_0 代表未经管制的商业用地供给曲线。对商业用地与其他功能用地实施用途管制之后,商业用地的供给曲线变为 $L_1^X S_1^X$,即商业用地供给量在一定时期内保持不变。在未实施用途管制时,建设用地价格为 P_0,而在 $L_1^X S_1^X$ 的供给量下,当商业用

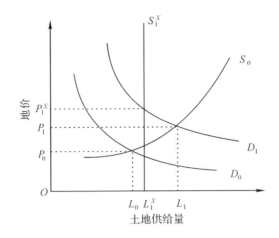

图 4.6　用途管制下的土地供给与地价(王万茂,1999)

地需求量增加至 D_1 时,商业用地价格上升为 P_1^X,而未实施用途管制下商业用地价格仅为 P_1,相应地,用途管制带来商业用地的价格上升效应。

对于我国土地用途管制政策的实践,可分别从时间维度、空间维度、土地管制政策与社会经济发展水平的协调度来评价。从时间维度来看,我国土地用途管制绩效在短期内效果显著,长期内效果逐渐减弱,这说明土地用途管制的长效机制尚需完善,如土地法规的完善、规划协调性的提高等。从空间维度来看,管制制度绩效评价好的省份大部分属于粮食主产区,而执行效果相对较差的省份基本上都是粮食主销区,这一方面表明我国严格的耕地保护制度确实发挥了效应,另一方面也反映出土地管制政策执行的区域性差异。从土地政策与社会经济发展的协调度来看,许多经济发展滞后的省份在政策执行强度提高的情况下,地区的社会经济发展水平显著落后于政策执行的水平,导致协调度大幅下降;对于经济发达地区,在强化土地管制政策的条件下,多数地区达到了高度协调水平。这种土地管制政策与社会经济水平的协调度的区域性差异,不利于土地管制政策的有效实施以及社会经济的可持续发展(曹瑞芬等,2013)。

第二节　舟山群岛新区社会经济发展与建设用地变化分析

一、舟山群岛新区建设用地的动态变化

舟山市是全国唯一以群岛设地级市的城市,舟山群岛新区是首个以发展海洋经济为主题的国家级战略新区。受海岛地形、地貌限制,以及"大岛近岸,小岛离散"的岛屿分布形态影响,舟山市土地利用呈现出陆域面积狭小、用地布局分散、耕地面积少及质量低、耕地后备资源不足等特点。根据土地利用变更调查,2014 年年底舟山市土地总面积为145470.25 公顷,其中:农用地为 84905.87 公顷,占土地总面积的58.36%;建设用地为 33642.31 公顷,占土地总面积的 23.13%;其他土地为 26922.07 公顷,占土地总面积的 18.51%。土地开发强度为23.13%,比浙江省平均土地开发强度 12.92%高出近 1 倍。同时,全市可供开发利用的岛屿个数仅占岛屿总数的 31%,且岛屿地面坡度大于 15°、不宜开发利用的面积占比高达 44.3%,大部分为生态防护林,地面坡度小于 15°的土地主要为岛屿岸线潮间带,因此可利用的土地资源非常有限。

从近几年各类用地动态变化看,随着群岛新区建设的快速推进,舟山市土地利用总体呈现出建设用地、城乡建设用地逐年扩张,农用地逐年减少的态势。对比 2014 年末和 2010 年末土地利用变更调查数据(表4.2),舟山市建设用地从 30489.37 公顷增加至 33642.31 公顷,累计增加建设用地面积 3152.94 公顷,年均增长率为 2.42%。其中城乡建设用地增长最多,累计增加城乡建设用地面积 2501.09 公顷,年均增长率2.51%;交通水利用地则从 5681.27 公顷增加至 6195.46 公顷,累计增加 514.19 公顷,年均增长率为 2.11%;其他建设用地从 1567.69 公顷增加至 1705.35 公顷,累计增加 137.66 公顷,年均增长率为 2.09%。与此同时,农用地和其他土地面积逐年有所减少,其中农用地面积从

87154.05 公顷减少至 84905.87 公顷,累计减少 2248.18 公顷,年均变化率为 -0.66%。农用地中的耕地减少幅度也较大,从 2010 年的 24238.00 公顷减少至 2014 年的 23500.86 公顷,累计减少 737.14 公顷,累计减少比例为 3.04%(表 4.2)。

表 4.2　舟山市各类用地面积变化情况(2010—2014 年)

单位:公顷

地类			2010 年	2011 年	2012 年	2013 年	2014 年	2010—2014 年变化量	2010—2014 年变化率	2010—2014 年年均变化率
农用地	耕地		24238.00	24042.30	23882.60	23733.58	23500.86	-737.14	-3.04%	-0.78%
	园地		2268.48	2230.75	2208.85	2176.94	2152.74	-115.74	-5.10%	-1.32%
	林地		51823.82	51599.07	51467.41	51216.15	51078.80	-745.02	-1.44%	-0.36%
	其他农用地		8823.75	8633.16	8469.54	8276.72	8173.47	-650.28	-7.37%	-1.94%
	小计		87154.05	86505.28	86028.40	85403.39	84905.87	-2248.18	-2.58%	-0.66%
建设用地	城乡建设用地	城镇工矿用地 城镇用地	8582.20	8905.52	9067.69	9238.59	9523.53	941.33	10.97%	2.54%
		城镇工矿用地 采矿用地	3897.36	3909.24	3929.80	4027.50	4038.80	141.44	3.63%	0.89%
		城镇工矿用地 小计	12479.56	12814.76	12997.49	13266.09	13562.33	1082.77	8.68%	2.05%
		村庄用地	10760.85	11156.14	11495.33	11882.80	12179.17	1418.32	13.18%	3.04%
		小计	23240.41	23970.90	24492.82	25148.89	25741.50	2501.09	10.76%	2.51%
	交通水利用地		5681.27	5890.96	5982.18	6112.60	6195.46	514.19	9.05%	2.11%
	其他建设用地		1567.69	1592.03	1622.80	1638.80	1705.35	137.66	8.78%	2.09%
	小计		30489.37	31453.89	32097.80	32900.29	33642.31	3152.94	10.34%	2.42%
其他土地			27826.75	27511.00	27344.05	27166.57	26922.07	-904.68	-3.25%	-0.83%
所有土地			145470.17	145470.17	145470.25	145470.25	145470.25	—	—	—

从建设用地内部结构的动态变化来看,2010—2014 年,舟山市各项建设用地均有不同程度的增长,年均增长率为 0.89%～3.04%。其中村庄用地扩张最为明显,累计增加 13.18%,年均增长 3.04%;城镇用地次之,累计增加 10.97%,年均增长 2.54%;交通水利用地再次,累计增加 9.05%,年均增长 2.11%。

总体而言,舟山市土地开发强度较大,随着舟山群岛新区重大基础设施建设以及舟山市城镇化、工业化、城乡一体化的快速推进,逐渐增长的建设用地占用了大量的农用地和未利用地,并导致耕地、园地、林地、沿海滩涂等生态用地面积逐渐减少,不仅使得耕地保护压力倍增,也严重威胁到海洋生态环境安全,表明单纯依赖建设用地外延扩张的用地保障模式难以为继。管住总量,严控增量,盘活存量,鼓励利用低效用地,走资源节约集约型发展道路,以较少的土地资源消耗实现较大规模的经济增长,是加快舟山群岛新区建设的必然选择。

从土地利用结构来看,各县(区)城乡建设用地占比较为相近,为14%～20%,其中岱山县最高,为19.91%,嵊泗县最低,为14.40%。从建设用地的动态变化来看,2010—2014年各县(区)各类建设用地均出现不同程度的扩张,其中定海区扩张最快,建设用地年均增加3.57%,普陀区次之,年均增加2.64%,岱山县再次,为1.07%,嵊泗县最少,为0.87%(见图4.7)。

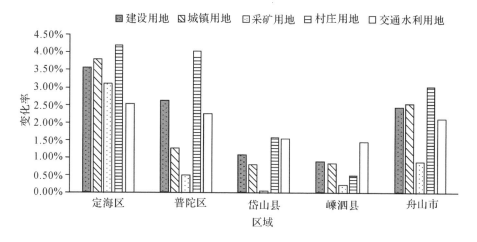

图4.7　舟山市各区域建设用地年均变化率(2010—2014年)

二、舟山群岛新区人口发展与建设用地的动态变化

(一)人口发展与建设用地增长弹性系数

人口发展与建设用地的动态变化及其匹配程度分析,旨在揭示舟山市行政辖区整体及下辖各县(区)建设用地消耗与自身社会发展的协调

程度、动态变化及存在的问题。通过测算分析舟山市及其下辖各县（区）人口与城乡建设用地增长弹性系数，可判定舟山市及其下辖各县（区）的土地利用趋势类型，揭示舟山市及其下辖各县（区）人口发展与城乡建设用地的匹配协调程度、节约集约用地总体趋势、区域差异及存在问题。

　　人口发展与建设用地增长弹性系数分析主要涉及总人口与城乡建设用地增长弹性系数、城镇人口与城镇工矿用地增长弹性系数、农村人口与村庄用地增长弹性系数等指标，本书采用 2011—2014 年的人口增长量与同期建设用地增长量之比（表 4.3）。

表 4.3　人口发展与城乡建设用地变化弹性系数计算指标

指　标	指标定义	计算公式
总人口与城乡建设用地增长弹性系数（PEI1）	评价基准年之前 3 年（含基准年）的常住人口增长幅度与同期城乡建设用地增长幅度的比值，反映常住总人口与城乡建设用地变化的匹配协调程度	PEI1＝[（2014 年常住总人口数－2011 年常住总人口数）/2011 年常住总人口数]/[（2014 年城乡建设用地面积－2011 年城乡建设用地面积）/2011 年城乡建设用地面积]
城镇人口与城镇工矿用地增长弹性系数（PEI2）	评价基准年之前 3 年（含基准年）的城镇人口增长幅度与同期城镇工矿用地增长幅度的比值，反映人口城镇化与土地城镇化的匹配协调程度	PEI2＝[（2014 年常住城镇人口数－2011 年常住城镇人口数）/2011 年常住城镇人口数]/[（2014 年城镇工矿用地面积－2011 年城镇工矿用地面积）/2011 年城镇工矿用地面积]
农村人口与村庄用地增长弹性系数（PEI3-1、PEI3-2）	PEI3-1：评价基准年之前 3 年（含基准年）的常住农村人口增长幅度与同期村庄用地增长幅度的比值，反映农村人口与村庄用地变化的匹配协调程度	PEI3-1＝[（2014 年常住农村人口数－2011 年常住农村人口数）/2011 年常住农村人口数]/[（2014 年村庄用地面积－2011 年村庄用地面积）/2011 年村庄用地面积]
	PEI3-2：指评价基准年之前 3 年（含基准年）的户籍农业人口增长幅度与同期村庄增长幅度的比值，反映农村人口与村庄用地变化的匹配协调程度	PEI3-2＝[（2014 年户籍农业人口数－2011 年户籍农业人口数）/2011 年户籍农业人口数]/[（2014 年村庄用地面积－2011 年村庄用地面积）/2011 年村庄用地面积]

根据表4.3中人口发展与城乡建设用地变化弹性系数计算指标定义和计算公式,可以得到舟山市及其各县(区)的总人口与城乡建设用地增长弹性系数、城镇人口与城镇工矿用地增长弹性系数、农村人口与村庄用地增长弹性系数(表4.4)。

表4.4　舟山市及其各县(区)人口发展与城乡建设用地变化弹性系数计算结果

指标	定海区	普陀区	岱山县	嵊泗县	舟山市
人口与城乡建设用地增长弹性系数(PEI1)	0.16	0.10	−0.29	−1.30	0.11
城镇人口与城镇工矿用地增长弹性系数(PEI2)	0.49	1.41	13.34	0.07	0.67
农村人口与村庄用地增长弹性系数(PEI3-1)	−0.36	−0.37	−1.35	−8.47	−0.53
农村人口与村庄用地增长弹性系数(PEI3-2)	0.15	0.10	−0.09	−3.45	0.09

(二)人口发展与城乡建设用地变化匹配程度分析

1.人口与城乡建设用地增长匹配情况

从总人口发展与城乡建设用地增长匹配情况看,舟山市2011—2014年间常住人口由113.70万人增长至114.60万人,增加了0.90万人,增幅为0.79%,同期城乡建设用地面积由23970.90公顷增长至25741.50公顷,增加了1770.60公顷,增幅为7.39%。城乡常住人口增长速度明显慢于城乡建设用地扩张速度,人口与城乡建设用地增长弹性系数仅为0.11,可判定舟山市土地利用趋势类型为粗放趋势型。舟山市人均城乡建设用地面积从2011年的210.83米²/人增长至2014年的224.62米²/人,增加了13.79米²/人,土地利用总体处于外延扩张态势。

从下辖各县(区)的情况看,舟山市各县(区)中定海区和普陀区作为舟山市的中心城区,人口集聚能力相对较强,近年来总体呈现常住总人口与城乡建设用地同步增长的态势,但常住总人口增长速度也慢于城乡建设用地扩张速度,人口与城乡建设用地增长弹性系数分别仅为0.16和0.10,土地利用外延扩张特征比较明显。而岱山县和嵊泗县则呈现出常住总人口减少而城乡建设用地较快增长的趋势(表4.5)。

表 4.5　舟山市及其各县（区）人口发展与城乡建设用地增长匹配程度（2011—2014 年）

区域	常住总人口增长量/万人	常住总人口增长幅度/%	城乡建设用地增长量/公顷	城乡建设用地增长幅度/%	人口与城乡建设用地增长弹性系数（PEI1）	土地利用趋势类型
定海区	0.87	1.83	1039.69	11.46	0.16	粗放趋势型
普陀区	0.31	0.81	579.13	8.04	0.10	粗放趋势型
岱山县	−0.12	−0.59	129.51	2.05	−0.29	粗放趋势型
嵊泗县	−0.16	−2.11	22.27	1.62	−1.30	粗放趋势型
舟山市	0.90	0.79	1770.60	7.39	0.11	粗放趋势型

注：本表中的增长量、增长幅度均指评价基准年之前 3 年（含基准年）的变化量，即 2014 年末相比于 2011 年末的变化状况。

这一时期，舟山市城乡建设用地利用存在以下趋势特点：常住总人口与城乡建设用地同步增长，人口增长速度慢于城乡建设用地扩张速度，土地利用趋势总体趋于粗放，其中岱山县、嵊泗县呈现出人口减少但城乡建设用地扩张的态势。

2. 城镇人口与城镇工矿用地增长匹配情况

从城镇人口发展与城镇工矿用地增长匹配情况看，随着舟山市城镇化、城乡一体化的快速推进，常住城镇人口由 2011 年的 73.11 万人增长至 2014 年的 75.98 万人，增加了 2.87 万人，增幅为 3.93%。同期城镇工矿用地面积由 12814.76 公顷增长至 13562.33 公顷，增长了 747.57 公顷，增幅为 5.83%，城镇人口增长速度也慢于城镇工矿用地扩展速度，城镇人口与城镇工矿用地增长弹性系数仅为 0.67，总体表明近几年舟山市仍处于土地城镇化快于人口城镇化的建设用地过快扩张状况，城镇化过程中人口集聚能力仍较弱，人均城镇工矿用地由 2011 年的 175.28 米²/人增加至 2014 年的 178.50 米²/人，人均城镇工矿用地提高了 3.22 米²/人。

从城镇人口与城镇工矿用地增长匹配情况看，各县（区）均呈现出城镇人口与城镇工矿用地增长态势，其中普陀区、岱山县城镇人口增速快于用地增速，城镇人口与城镇工矿用地增长弹性系数分别为 1.41 和

13.34,城镇化进程中人口集聚能力不断提升,但定海区和嵊泗县的城镇人口与城镇工矿用地增长弹性系数小于1.0,土地城镇化快于人口城镇化(表4.6)。

表4.6 舟山市及其各县(区)城镇人口与城镇工矿用地增长匹配程度(2011—2014年)

区域	常住城镇人口增长量/万人	常住城镇人口增长幅度/%	城镇工矿用地增长量/公顷	城镇工矿用地增长幅度/%	城镇人口与城镇工矿用地增长弹性系数(PEI2)
定海区	1.64	5.18	640.84	10.48	0.49
普陀区	0.94	3.85	85.09	2.73	1.41
岱山县	0.28	2.27	5.15	0.17	13.34
嵊泗县	0.01	0.21	16.49	2.97	0.07
舟山市	2.87	3.93	747.57	5.83	0.67

注:本表中的增长量、增长幅度均指评价基准年之前3年(含基准年)的变化量,即2014年末相比于2011年末的变化状况。

这一时期,舟山市城镇工矿用地利用存在以下趋势特点:城镇人口与城镇工矿用地均保持增长,土地城镇化总体快于人口城镇化,其中普陀区和岱山县人口城镇化快于土地城镇化,城镇人口集聚能力得到不断提升。

3.农村人口与村庄建设用地增长匹配情况

从农村人口发展与村庄用地增长匹配情况看,舟山市2011—2014年间常住农村人口减少了1.97万人,而户籍农村人口增加了0.51万人,城乡两栖人口比重有所提高。与此同时,村庄用地仍处于较快增长态势,村庄用地面积由2011年的11156.14公顷增长至2014年的12179.17公顷,增加了1023.03公顷,增幅为9.17%;常住农村人口与村庄用地增长弹性系数为−0.53,户籍农村人口与村庄用地增长弹性系数为0.09,这表明当前舟山市城镇化进程中村庄用地外延粗放扩张问题十分突出,人均村庄用地呈现不减反增的趋势。其中:常住人口口径的人均村庄用地从2011年的274.85米²/人增加至2014年的315.36米²/人,增加了40.51米²/人;户籍人口口径的人均村庄用地从2011年的

185.69 米²/人增加至 2014 年的 201.04 米²/人,增加了 15.35 米²/人。这表明当前舟山市城乡两栖人口的双重占地现象比较突出。因此,如何严格控制村庄用地无序蔓延扩张,加强农村低效、闲置用地有序退出,并在当前农(渔)村土地综合整治工作中确保"拆旧区块"及时复垦,对于进一步提升建设用地节约集约利用具有重要现实意义。

从农村人口发展与村庄用地增长匹配看,定海区和普陀区呈现出常住农村人口减少、户籍农业人口增长、村庄用地较快增长的态势,城乡两栖人口双重占地问题是导致村庄用地不减反增的重要原因,而岱山和嵊泗两县则呈现出常住农村人口与户籍农业人口同步减少、村庄用地较快增长的态势,城镇化进程中村庄用地不减反增、外延扩张、人均村庄用地持续增加问题更为突出(表 4.7)。

表 4.7 舟山市及其各县(区)农村人口与村庄建设用地增长匹配程度

区域	常住农村人口增长量/万人	常住农村人口增长幅度/%	户籍农业人口增长量/万人	户籍农业人口增长幅度/%	村庄用地增长量/公顷	村庄用地增长幅度/%	农村人口与村庄用地增长弹性系数(PEI3-1)	农村人口与村庄用地增长弹性系数(PEI3-2)
定海区	−0.77	−4.87	0.43	2.01	398.85	13.49	−0.36	0.15
普陀区	−0.63	−4.46	0.25	1.25	494.04	12.10	−0.37	0.10
岱山县	−0.40	−5.10	−0.05	−0.35	124.36	3.77	−1.35	−0.09
嵊泗县	−0.17	−5.99	−0.11	−2.44	5.78	0.71	−8.47	−3.45
舟山市	−1.97	−4.85	0.51	0.85	1023.03	9.17	−0.53	0.09

注:本表中的增长量、增长幅度均指评价基准年之前 3 年(含基准年)的变化量,即 2014 年末相比于 2011 年末的变化状况。

这一时期,舟山市村庄建设用地利用存在以下趋势特点:农村人口增长停滞甚至减少,但村庄用地仍较快扩张,村庄外延粗放式扩张问题十分突出。

三、舟山群岛新区经济发展与建设用地的动态变化

(一)经济发展与建设用地变化匹配程度分析方法

经济发展与建设用地的动态变化分析,旨在揭示舟山市及其下辖各县(区)建设用地消耗与自身经济发展的动态变化、协调程度及存在的问题。本部分通过测算分析舟山市及其下辖各县(区)地区生产总值与建设用地增长的弹性系数、地区生产总值与建设用地增长贡献度,判定舟山市及其下辖各县(区)的土地利用趋势类型,揭示舟山市及其下辖各县(区)经济发展与建设用地的匹配协调程度、节约集约用地总体趋势、区域差异及存在问题。

经济发展与建设用地变化匹配程度分析主要涉及地区生产总值与建设用地增长弹性系数、地区生产总值与建设用地增长贡献度等两个指标,其中经济发展与建设用地增长弹性系数采用 2011—2014 年的地区生产总值增长量与同期建设用地增长量之比,反映建设用地消耗与自身经济发展的协调程度。贡献度系数主要采用 2011—2014 年地区生产总值增长量占全部评价对象的地区生产总值增长总量的比重与同期建设用地增长量占全部评价对象的减少用地增长总量的比重,反映建设用地消耗对城市整体经济发展的贡献匹配程度(表 4.8)。

表 4.8　经济发展与建设用地变化匹配程度分析指标体系

指　标	指标定义	指标计算公式
地区生产总值与建设用地增长弹性系数(EEI1)	评价基准年之前 3 年(含基准年)的地区生产总值增长幅度与同期建设用地总面积增长幅度的比值,反映建设用地消耗与自身经济发展的协调程度	EEI1＝{[2014 年地区生产总值(2010可比价)－2011 年地区生产总值(2010 可比价)]/2011 年地区生产总值(2010 可比价)}/[(2014 年建设用地面积－2011 年建设用地面积)/2011 年建设用地面积]

指　标	指标定义	指标计算公式
地区生产总值与建设用地增长贡献度（ECI1）	基准年之前 3 年（含基准年）的地区生产总值增长量占全部评价对象的地区生产总值增长总量的比重，与同期建设用地增长量占全部评价对象的建设用地增长总量的比重之比值，反映建设用地消耗对城市整体经济发展的贡献匹配程度	ECI1＝{［参评城市或下辖各县、市、区 2014 年地区生产总值（2010 可比价）－参评城市或下辖各县、市、区 2011 年地区生产总值（2010 可比价）］/［参评城市上一级行政区或参评城市行政辖区 2014 年地区生产总值（2010 可比价）－参评城市上一级行政区或参评城市行政辖区 2011 年地区生产总值（2010 可比价）］} /［（参评城市或下辖各县、市、区 2014 年建设用地面积－参评城市或下辖各县、市、区 2011 年建设用地面积）/（参评城市上一级行政区或参评城市行政辖区 2014 年建设用地总面积－参评城市上一级行政区或参评城市行政辖区 2011 年建设用地总面积）］

基于经济发展与建设用地变化匹配程度的土地利用趋势类型，主要依据舟山市及其下辖各县（区）的地区生产总值与建设用地增长弹性系数、地区生产总值与建设用地增长贡献度综合判定。土地利用趋势类型按照集约利用趋势变化情况，从优到劣，依次判定为内涵挖潜型、集约趋势型、相对稳定型和粗放趋势型（表 4.9）。

表 4.9　基于经济发展与建设用地变化的土地利用趋势类型及判定标准

土地利用趋势类型	原始数据特征	判定依据
内涵挖潜型	地区生产总值增长，用地减少或不变	—
集约趋势型	地区生产总值增长，用地增长	EEI1＞γ，ECI1≥1 或 EEI1＝γ，ECI1＞1
	地区生产总值减少或不变，用地减少	EEI1＜γ，ECI1≤1 或 EEI1＝γ，ECI1＜1
相对稳定型	地区生产总值增长，用地增长	EEI1＝γ，ECI1＝1
	地区生产总值减少，用地减少	EEI1＝γ，ECI1＝1
	地区生产总值不变，用地不变	—

续表

土地利用趋势类型	原始数据特征	判定依据
粗放趋势型	地区生产总值增长或不变,用地增长	EEI1<γ 或 ECI1<1
	地区生产总值减少,用地减少	EEI1>γ 或 ECI1>1
	地区生产总值减少,用地增长或不变	—

注:γ 指上一级行政区域 EEI1 值与 1 之间的较大值。

(二)经济发展与建设用地变化匹配程度计算结果

根据经济发展与建设用地变化匹配程度分析指标体系表,基于经济发展与建设用地变化的土地利用趋势类型及判定标准表中的计算方法,可以得到舟山市经济发展与建设用地变化匹配情况的计算结果(表4.10)。

表 4.10 舟山市及浙江省经济发展与建设用地变化匹配情况(2011—2014 年)

区域	地区生产总值增长量(2010 年可比价)/万元	地区生产总值增长幅度/%	建设用地增长量/公顷	建设用地增长幅度/%	地区生产总值与建设用地增长弹性系数(EEI1)	地区生产总值与建设用地增长贡献度(ECI1)	γ 值	土地利用趋势类型
定海区	992659.28	33.94	1258.61	10.18	3.34	0.76	4.57	粗放趋势型
普陀区	761474.46	33.32	703.66	7.83	4.25	1.04	4.57	粗放趋势型
岱山县	389240.51	27.23	197.55	2.64	10.31	1.89	4.57	集约趋势型
嵊泗县	172519.97	33.21	28.60	1.09	30.42	5.80	4.57	集约趋势型
舟山市	2277818.10	31.76	2188.42	6.96	4.57	0.88	4.67	粗放趋势型
浙江省	77848228.95	25.75	66146.43	5.51	4.67	—	—	

注:表中的增长量、增长幅度均指评价基准年之前 3 年(含基准年)的变化量,即 2014 年末相比于 2011 年末的变化状况。

就舟山市全市而言,从地区生产总值与建设用地增长弹性系数

（EEI1）指标上看，2011—2014年间，舟山市地区生产总值（2010可比价）由717.13亿元增长至944.91亿元，增加了227.78亿元，增幅为31.76％。同期建设用地面积由31453.89公顷增长至33642.31公顷，增加了2188.42公顷，增幅为6.96％，经济增长速度明显快于建设用地扩张速度，地区生产总值与建设用地增长弹性系数为4.57。这表明近几年舟山市经济发展与用地增长比较协调，建设用地扩张总体趋向集约态势，并使得地均GDP（2010可比价）从2011年的227.99万元/公顷提高至2014年的280.87万元/公顷，累计提高了52.88万元/公顷。但对比浙江省平均水平，舟山市的EEI1则低于浙江省4.67的EEI1，表明舟山市建设用地经济强度的提升速度仍慢于浙江省平均速度。同时地区生产总值与建设用地增长贡献度（ECI1）为0.88，小于1.0，表明舟山市近年来土地集约利用对浙江全省用地经济强度提升的贡献较小。在土地利用趋势类型方面，舟山市经济发展与建设用地变化匹配的土地利用趋势类型为粗放趋势型。

从舟山市下辖各县（区）情况来看，2011—2014年间舟山市各县（区）的EEI1值均远高于1.0，表明建设用地经济集约趋势明显，其中：岱山县和嵊泗县的地区生产总值与建设用地增长弹性系数（EEI1）远高于舟山市整体水平，而且地区生产总值与建设用地增长贡献度（ECI1）也大于1.0，表明岱山、嵊泗两县建设用地经济集约度提升更快，总体呈现出集约趋势；而定海和普陀两区的EEI1小于舟山市整体水平，而且定海区的ECI1小于1.0，两区建设用地经济集约度提升略为逊色。在土地利用趋势类型方面，岱山、嵊泗两县的土地利用趋势类型为"集约趋势型"，定海和普陀两区为"粗放趋势型"。

这一时期，舟山市建设用地利用存在以下趋势特征：经济与用地同步增长，经济增长速度快于用地扩张速度，土地集约利用趋势向好，但低于浙江省平均水平，其中岱山、嵊泗两县更为突出。

第三节 舟山群岛新区建设用地节约集约利用状况评价分析

一、建设用地节约、集约利用评价指标体系与数据来源

(一)评价指标体系

建设用地节约、集约利用现状评价主要包括区域土地利用强度指数(UII)、增长耗地指数(GCI)、用地弹性指数(EI)、管理绩效指数(API)4个方面的指数,城乡建设用地人口密度等 11 个指标(表 4.11)。

表 4.11　区域建设用地利用状况定量评价指标体系

指数 (代码)	分指数 (代码)	指标(代码)	指标定义	计量 单位	指标 属性
利用强度指数 (UII)	人口密度 分指数 (PUII)	城乡建设用地人口密度(PUII1)	基准年的常住总人口规模与城乡建设用地总面积的比值,反映评价时点土地承载人口总量的能力	人/ 千米²	正向相关指标
	经济强度 分指数 (EUII)	建设用地地均固定资产投资 (EUII1)	基准年之前的 3 年(含基准年)的全社会固定资产投资总额的平均值与基准年的建设用地总面积的比值,反映评价时点土地投入状况	万元/ 千米²	正向相关指标
		建设用地地均地区生产总值 (EUII2)	基准年的地区生产总值与建设用地总面积的比值,反映评价时点土地产出效益状况和土地承载经济总量的能力	万元/ 千米²	正向相关指标

续表

指数 （代码）	分指数 （代码）	指标（代码）	指标定义	计量 单位	指标 属性
增长耗 地指数 （GCI）	人口增长 耗地分指 数 （PGCI）	单位人口增长消 耗新增城乡建设 用地量（PGCI1）	基准年的新增城乡建设 用地量与人口增长量比值，反 映人口增长消耗的新增城 乡建设用地状况	米²／ 人	反向相 关指标
	经济增长 耗地分指 数 （EGCI）	单位地区生产总 值耗地下降率 （EGCI1）	基准年前一年的单位地区 生产总值耗地与基准年的 单位地区生产总值耗地的 差值占基准年前一年单位 地区生产总值耗地的比率， 反映经济增长耗地下降的 速率	％	正向相 关指标
		单位地区生产总 值增长消耗新增 建设用地量 （EGCI2）	基准年的新增建设用地量 与同期地区生产总值增长 量的比值，反映经济增长消 耗的新增建设用地状况	米²／ 万元	反向相 关指标
		单位固定资产投 资消耗新增建设 用地量（EGCI3）	基准年的新增建设用地量 与全社会固定资产投资总 额的比值，反映单位投资消 耗的新增建设用地状况	米²／ 万元	反向相 关指标
用地弹 性指数 （EI）	人口用地 弹性分指 数（PEI）	人口与城乡建设 用地增长弹性系 数（PEI1）	基准年之前 3 年（含基准 年）的人口增长幅度与同期 城乡建设用地增长幅度比 值，反映建设用地消耗与自 身社会发展的协调程度	—	正向相 关指标
	经济用地 弹性分指 数（EEI）	地区生产总值与 建设用地增长弹 性系数（EEI1）	基准年之前 3 年（含基准 年）的地区生产总值增长幅 度与同期建设用地总面积 增长幅度的比值，反映建设 用地消耗与自身经济发展 的协调程度	—	正向相 关指标

续表

指数 (代码)	分指数 (代码)	指标(代码)	指标定义	计量 单位	指标 属性
管理绩效指数 (API)	城市用地管理绩效分指数 (ULAPI)	城市存量土地供应比率(ULAPI1)	基准年之前3年(含基准年)的各年实际供应的城市存量土地总量与城市土地供应总量的比值,反映存量用地盘活促进节约集约用地的管理效果	%	正向相关指标
		城市批次土地供应比率(ULAPI2)	基准年之前3年(不含基准年)的实际供应城市土地总量与经批次批准允许供应的城市土地供应总量的比值,反映新增用地供应管理促进节约集约用地的效果	%	正向相关指标

（二）评价指标权重

定量评价指标权重反映各评价指数、分指数、分指数指标对区域建设用地节约集约利用的影响大小,各评价指标的权重值为0～1,各目标权重值之和、同一目标下的各指标权重值之和为1.00。本章评价指标权重确定将采用中国土地勘测规划院向全国推荐的权重值参考标准(表4.12)。

表4.12　土地利用状况初始评价指标权重值

指数 (代码)	指数权重	分指数(代码)	分指数权重	指标(代码)	指标权重
利用强度指数 (UII)	0.50	人口密度分指数 (PUII)	0.38	城乡建设用地人口密度(PUII1)	1.00
		经济强度分指数 (EUII)	0.62	建设用地地均固定资产投资(EUII1)	0.46
				建设用地地均地区生产总值(EUII2)	0.54

续表

指数 （代码）	指数 权重	分指数（代码）	分指数 权重	指标（代码）	指标 权重
增长耗 地指数 （GCI）	0.19	人口增长耗地分 指数（PGCI）	0.37	单位人口增长消耗新增城乡建 设用地量（PGCI1）	1.00
		经济增长耗地分 指数（EGCI）	0.63	单位地区生产总值耗地下降率 （EGCI1）	0.36
				单位地区生产总值增长消耗新 增建设用地量（EGCI2）	0.34
				单位固定资产投资消耗新增建 设用地量（EGCI3）	0.30
用地弹 性指数 （EI）	0.16	人口用地弹性 分指数（PEI）	0.39	人口与城乡建设用地增长弹性 系数（PEI1）	1.00
		经济用地弹性分 指数（EEI）	0.61	地区生产总值与建设用地增长 弹性系数（EEI1）	1.00
管理绩 效指数 （API）	0.15	城市用地管理绩 效分指数 （ULAPI）	1.00	城市存量土地供应比率（ULAPI1）	0.52
				城市批次土地供应比率（ULAPI2）	0.48

（三）评价数据

数据资料主要涉及以下四方面：一是评价对象的人口状况数据，二是评价对象的经济社会发展及城市建设状况数据，三是评价对象的土地利用变更调查数据，四是评价对象的城市建设用地供应、利用现状和规划数据（表 4.13）。

表 4.13　舟山市土地利用状况初始评价基础数据来源及整理方法

数据 类型	调查内容	数据来源	数据口径与整理方法
人口 数据	舟山市及其下辖县 （区）2010—2014 年末 常住总人口、常住城镇 人口、常住农村人口	舟山市 2011—2014 年 统计年鉴、浙江省 2010—2014 年常住人 口统计公报以及舟山 市统计局提供的各年 常住城镇人口、2014 年度户籍人口数据	第六次人口普查口径
	舟山市及其下辖县 （区）2010—2014 年末 户籍总人口、户籍农业 人口、户籍非农业人 口、户籍农村人口		户籍人口口径

续表

数据类型	调查内容	数据来源	数据口径与整理方法
经济数据	舟山市及其下辖县（区）2010—2014年末地区生产总值（当年价）、固定资产总额（当年价）、生产总值可比价发展速度指数	舟山市2011—2014年统计年鉴、浙江省2011—2015年统计年鉴及舟山市统计局提供的2015年数据	依据生产总值可比价发展速度指数修正得到地区生产总值（2010年价）
	浙江省2010—2014年末地区生产总值（当年价）、生产总值可比价发展速度指数		
土地利用现状数据	舟山市及其下辖县（区）2010—2014年建设用地、城乡建设用地、新增建设用地、新增城乡建设用地面积	舟山市国土资源局	依据2010—2014各年的土地利用现状变更年末面积汇总表及其建设用地类型面积统计汇总表整理得到
	浙江省2010—2014年末建设用地面积	浙江省国土资源厅	依据浙江省2010—2014各年的土地利用现状变更年末面积汇总表得到
土地供应数据	舟山市及其下辖县（区）2010—2014年各年的土地供应量、存量建设用地供应量以及批次建设用地供应数据	浙江省建设用地动态监管系统	依据2010—2014年各年的"具体建设项目供地汇总表"和"1999—2014年批次供应进度汇总表（批准日期）"整理得到
土地规划数据	舟山市土地利用总体规划基期（2005年）、规划目标年（2020年）及二调时点（2009年）的建设用地总规模、城乡建设用地规模、城镇工矿用地规模及人均城镇工矿等数据	舟山市国土资源局	依据舟山市土地利用总体规划文本及二调成果报告整理得到

1. 人口数据

人口数据主要依据2011—2015年舟山市统计年鉴、浙江省统计年鉴以及舟山市2010年人口普查资料等整理得到2010—2014各年年

末的常住总人口、常住城镇人口、常住农村人口、户籍总人口、户籍非农
人口、户籍农业人口等数据,其中常住总人口、常住城镇人口、常住农村
人口的数据口径与第六次人口普查数据口径一致。

2.经济数据

经济数据主要依据 2011—2015 年舟山市统计年鉴及舟山市统计局
提供的数据及浙江省统计年鉴整理 2010—2015 年末的舟山市及其下辖
县(区)、浙江省的地区生产总值(当年价)、生产总值可比价发展速度(上
年＝100)、固定资产投资总额等数据,并采用历年生产总值可比价发展
速度(上年＝100)修正得到地区生产总值(2010 年可比价)。

3.土地利用现状数据

土地利用现状数据主要依据舟山市及其下辖县(区)2010—2014 各
年的土地利用现状变更年末面积汇总数据以及新增建设用地面积汇总
数据,并按评价规定的分类口径整理得到。浙江省土地利用变更调查数
据来自浙江省国土资源厅。

4.土地供应数据

土地供应数据主要由"浙江省建设用地动态监管系统"中导出的舟
山市及其下辖县(区)的 2010—2014 年各年的"具体建设项目供地汇总
表"和"1999 年—2014 年批次供应进度汇总表(批准日期)"整理得到。

二、建设用地节约集约利用评价指标的现状值与理想值的确定

(一)评价指标的现状值与理想值的确定

依据评价要求,本次舟山市土地利用状况定量评价指标值的计算,
主要在前述评价资料调查整理的基础上,按照各评价指标的定义及相应
的数据口径要求进行测算(表 4.14、表 4.15)。

表 4.14　舟山市土地利用状况整体评价指标现状值计算结果一览

指标(代码)	计算公式	计量单位	现状值
城乡建设用地人口密度(PUII1)	PUII1＝2014 年常住总人口/2014 年城乡建设用地面积	人/千米²	4451.96

续表

指标(代码)	计算公式	计量单位	现状值
建设用地地均固定资产投资（EUII1）	EUII1＝［（2014 年全社会固定资产投资总额＋2013 年全社会固定资产投资总额＋2012 年全社会固定资产投资总额）/3］/2014 年建设用地总面积	万元/千米²	22606.67
建设用地地均地区生产总值（EUII2）	EUII2＝2014 年地区生产总值（当年价）/2014 年建设用地面积	万元/千米²	30177.97
单位人口增长消耗新增城乡建设用地量（PGCI1）	PGCI1＝2014 年新增城乡建设用地面积/（2014 年常住总人口－2013 年常住总人口）	米²/人	930.25
单位地区生产总值耗地下降率（EGCI1）	EGCI1＝［2013 年建设用地面积/2013 年地区生产总值（2010 可比价）－2014 年建设用地面积/2014 年地区生产总值（2010 可比价）］/［2013 年建设用地面积/2013 年地区生产总值（2010 可比价）］	％	7.21
单位地区生产总值增长消耗新增建设用地量（EGCI2）	EGCI2＝2014 年新增建设用地面积/［2014 年地区生产总值（2010 可比价）－2013 年地区生产总值（2010 可比价）］	米²/万元	5.98
单位固定资产投资消耗新增建设用地量（EGCI3）	EGCI3＝2014 年新增建设用地面积/2014 年全社会固定资产投资总额	米²/万元	0.54
人口与城乡建设用地增长弹性系数（PEI1）	PEI1＝［（2014 年常住总人口－2011 年常住总人口）/2011 年常住总人口］/［（2014 年城乡建设用地面积－2011 年城乡建设用地面积）/2011 年城乡建设用地面积］		0.11
地区生产总值与建设用地增长弹性系数（EEI1）	EEI1＝｛［2014 年地区生产总值（2010 可比价）－2011 年地区生产总值（2010 可比价）］/2011 年地区生产总值（2010 可比价）｝/［（2014 年建设用地面积－2011 年建设用地面积）/2011 年建设用地面积］		4.57
城市存量土地供应比率（ULAPI1）	ULAPI1＝（2014 年存量建设用地供应面积＋2013 年存量建设用地供应面积＋2012 年存量建设用地供应面积）/（2014 年土地供应面积＋2013 年土地供应面积＋2012 年土地供应面积）	％	42.13

续表

指标(代码)	计算公式	计量单位	现状值
城市批次土地供应比率(ULAPI2)	ULAPI2＝(截至 2014 年年底已供应的 2013 年批准批次土地面积＋截至 2014 年年底已供应的 2012 年批准批次土地面积＋截至 2014 年年底已供应的 2011 年批准批次土地面积)/(2013 年批准批次土地面积＋2012 年批准批次土地面积＋2011 年批准批次土地面积)	％	73.06

表 4.15　舟山市下辖各县(区)区域用地状况评价指标现状值计算结果

区域	城乡建设用地人口密度/(人/千米²)	建设用地均固定资产投资(万元/千米²)	建设用地均地区生产总值/(万元/千米²)	单位人口增长消耗新增城乡建设用地量/(米²/人)	单位地区生产总值耗地量/%	单位地区生产总值增长消耗新增建设用地量/(米²/万元)	单位固定资产投资消耗新增建设用地量/(米²/万元)	人口与城乡建设用地增长弹性系数	地区生产总值与建设用地增长弹性系数	城市存量土地供应比率/%	城市批次土地供应比率/%
定海区	4776.69	30893.88	30576.95	711.62	6.38	8.54	0.59	0.16	3.34	10.01	74.76
普陀区	4989.00	20251.00	33738.91	952.07	7.02	5.19	0.60	0.10	4.25	30.08	62.00
岱山县	3107.28	12762.62	25048.18	314.00	8.51	3.36	0.46	−0.29	10.31	81.26	70.48
嵊泗县	5326.24	17110.29	29501.30	−25.71	8.66	1.10	0.11	−1.30	30.42	91.69	95.55

(二)评价指标理想值的确定

1.舟山市整体评价指标理想值的确定

理想值是区域用地节约、集约利用水平评判的标准,直接影响区域用地集约度,是评价工作的核心技术要点。本章评价理想值的确定依据土地节约、集约利用原则,以符合有关法律法规、国家和地方指导的技术标准为基本原则,通过综合分析、比较舟山市土地利用总体规划确定的控制目标、国家(浙江省)等上级政府分解下达的土地节约、集约利用管理目标,结合浙江省、舟山市下辖县(区)极值等横向类比分析及专家咨询等方法加以综合确定。

(1)城乡建设用地人口密度(PUII1)

首先,依据舟山市土地利用总体规划确定的人均城镇工矿用地控制目标以及城镇工矿用地占城乡建设用地中比例目标,可以得到舟山市规划目标年(2020 年)的城乡建设用地人口密度规划控制目标值为 7088 人/千米^2,进而根据规划基期与规划目标之间的实施进程及趋势规律,推算得到 2014 年时点的合理值为 5646 人/千米^2。但考虑到规划编制过程中人口预测存在不确定性,所以这里主要通过对比浙江省平均状况,并考虑到舟山群岛城市人口承载力相对较低的实际,咨询专家意见,确定以浙江省平均值的 90% 左右作为本章评价的理想值,即为 5150 人/千米^2。

(2)建设用地地均地区生产总值(EUII2)

首先,依据舟山市土地利用总体规划确定的人均城镇工矿用地控制目标、城镇工矿用地占城乡建设用地中比例目标,以及城乡建设用地占建设用地总量的比例,反推人均建设用地控制目标,并结合国民经济发展相关规划预测规划目标年的人均 GDP 值反推规划目标年(2020 年)的建设用地地均地区生产总值目标值为 82640 万元/千米^2,进而根据规划基期与规划目标之间的实施进程及趋势规律,推算得到 2014 年时点的合理值为 35902 万元/千米^2。其次,依据《国土资源部关于推进土地节约集约利用的指导意见》(国土资发〔2014〕119 号)文件规定有关"到 2020 年,单位建设用地二、三产业增加值比 2010 年翻一番"反推舟山市 2014 年建设用地地均地区生产总值应不低于 26655 万元/千米^2。再次,依据《浙江省人民政府办公厅关于印发〈全省实施"亩产倍增"计划深化土地节约集约利用方案〉的通知》(浙政办发〔2013〕81 号)确定的"到 2013 年年底,全省单位建设用地 GDP 达到 21 万元/亩,比 2012 年年底增长 7.2%;到 2015 年年底,全省单位建设用地 GDP 达到 24 万元/亩,比 2010 年年底增长 50.9%"的目标要求,反推 2014 年年底全省建设用地地均地区生产总值应不低于 31714 万元/千米^2。考虑到舟山群岛新区作为国家级新区的战略定位及当前尚处于新区建设启动阶段的实际情况,最后综合专家意见及浙江省、舟山市下辖各县(区)实际值的横向比较分析结果,确定以浙江省平均水平的近似值作为本章评价 EUII2 的理想值,为 31700 万元/千米^2。

（3）建设用地地均固定资产投资（EUII1）

建设用地地均固定资产投资（EUII1）理想值的确定主要依据前述建设用地地均地区生产总值（EUII2）理想值的推算思路，结合舟山市近5年来固定资产投资额与 GDP 的比值反推得到。根据前述确定的EUII2 理想值 31700 万元/千米^2 反推，本章评价舟山市 EUII1 的理想值为 22200 万元/千米^2。

（4）单位人口增长消耗新增城乡建设用地量（PGCI1）

首先，依据舟山市土地利用总体规划确定的人均城镇工矿用地控制目标、城镇工矿用地占城乡建设用地的比例，结合人均城乡建设用地现状值等反推舟山市 2014 年在理想状态下的 PGCI1 为 262.25 米^2/人。考虑到规划编制过程中人口预测等存在诸多不确定性，通过横向比较浙江省的平均水平，结合专家意见，确定以浙江省平均水平作为本章评价PGCI1 的理想值，即 1950.00 米^2/人。

（5）单位地区生产总值耗地下降率（EGCI1）

首先，依据国家"十二五"规划确定的"十二五"期间单位地区生产总值耗地下降 30％的控制目标反推全国每年的单位地区生产总值耗地平均下降率不低于 6.89％；其次，依据《国土资源部关于落实单位国内生产总值建设用地下降目标的指导意见》（国土资发〔2012〕24 号）要求浙江省"十二五"期间单位国内生产总值建设用地下降率为 28％的控制目标反推，浙江省每年的单位地区生产总值耗地平均下降率不低于6.36％。综合考虑舟山群岛新区建设用地供需形势，结合浙江省平均水平及舟山下辖县（区）的横向比较结果，并咨询专家，最终确定以浙江省管理目标值作为本章评价 EGCI1 理想值的确定依据，即 6.36％。

（6）单位固定资产投资消耗新增建设用地量（EGCI3）

首先，依据《国土资源部关于推进土地节约集约利用的指导意见》（国土资发〔2014〕119 号）有关"2020 年单位固定资产投资建设用地面积比 2010 年下降 80％"的管理目标要求，反推舟山市 2014 年单位固定资产投资消耗新增建设用地量应不高于 1.37 米^2/万元；其次，依据《浙江省人民政府办公厅关于印发〈全省实施"亩产倍增"计划深化土地节约集约利用方案〉的通知》(浙政办发〔2013〕81 号)确定的"力争到 2017 年，全省单位固定资产投资新增建设用地下降到 0.97 米²/万元；到 2020 年，全省单位固定资产投资新增建设用地下降到 0.64 米²/万元，比 2010 年下降 75%"的目标要求，反推 2014 年年底全省单位固定资产投资新增建设用地量应不高于 1.47 米²/万元。综合舟山市及下辖县(区)的实际，结合浙江省平均状况横向比较结果，并咨询专家，确定以浙江省平均状况作为本次评价舟山市 EGCI3 理想值的确定依据，即 1.07 米²/万元。

(7)单位地区生产总值增长消耗新增建设用地量(EGCI2)

首先，依据舟山市土地利用总体规划确定的规划期内的新增建设用地总量控制目标，结合国民经济发展相关规划确定的 GDP 增长目标推算预期规划目标顺利实现的理想条件下舟山市 2014 年的 EGCI2 值为 3.94 米²/万元；其次，依据前述基于国土资发〔2014〕119 号管理目前推算的 EGCI3 值，结合舟山市近 5 年 GDP 增长量占同期固定资产投资额的比值，反推 EGCI2 的理想值为 12.63 米²/万元。考虑到基于规划目标值法推算法结果受诸多不确定因素影响，结合浙江省平均状况横向比较结果，综合考虑舟山市下辖各县(区)的实际，并咨询专家，确定本章评价舟山市 EGCI2 的理想值以浙江省平均状况为依据，即 9.39 米²/万元。

(8)人口与城乡建设用地增长弹性系数(PEI1)

舟山市 2014 年 PEI1 的现状值为 0.11，与浙江省平均状况 0.14 相当，均低于 1.00。原因主要在于近年来受国际金融危机影响，世界经济不景气，对浙江外向型经济产生巨大冲击，以及国内各类要素成本大幅提升等引发我国及浙江宏观经济总体处于下行态势，使得来浙外来务工人员出现一定幅度的回流现象，导致近几年浙江省常住人口增速明显下降，进而使得人口变化与城乡建设用地增长弹性系数普遍小于 1.00。但从土地集约利用的内涵出发，理论上人口变化与城乡建设用地增长弹性系数应不小于 1.00，因此依据评价规定，最终确定本章评价舟山市的 PEI1 理想值取 1.00。

（9）地区生产总值与建设用地增长弹性系数（EEI1）

根据舟山市国民经济发展相关规划确定的 GDP 增长率，以及土地利用总体规划确定的规划期内新增建设用地总量控制值与规划基期建设用地总量的比值的商数，在假定预期规划目标顺利实现的理想条件下，舟山市 2014 年的 EEI1 值应为 4.63。根据浙江省 4.67、舟山市下辖各县（区）在 3.34～30.42 的实际状况，并咨询专家，确定本次评价舟山市 EEI1 理想值主要以规划目标值法结果为依据，即 4.63。

（10）城市存量土地供应比率（ULAPI1）

ULAPI1 反映存量用地盘活挖潜促进土地节约、集约利用的效果。舟山市土地利用总体规划提出存量土地供应比率的管控目标为不低于14%；浙江省近 5 年来存量土地供应比率一般在 20%～30%。舟山市及下辖各县（区）近几年来存量挖潜力度加大，存量土地供应比率较高。根据浙江省全面实施"亩产倍增"行动计划、推进空间换地、加快城镇低效用地再开发相关管理目标要求，结合近年来舟山市开展存量挖潜工作力度不断加大的实际，并咨询专家，确定本章评价 ULAPI1 理想值在浙江省实际值基础上上调 18% 左右，即 35%。

（11）城市批次土地供应比率（ULAPI2）

城市批次土地供应比率反映新增用地供应管理促进土地节约、集约利用的效果。舟山市土地利用总体规划提出批次土地总供应率的管控目标为 85%，该管控目标的内涵与本章评价 ULAPI2 的内涵不尽一致。根据国家、浙江省有关近 5 年平均批次土地供应比率不低于 60% 以及前 3 年批次供地率需达 90%、80%、50% 的相关政策要求，确定城市批次土地供应比率理想值不小于 75%。

综合前述分析，咨询专家意见，并结合相关控制标准及舟山实际，最终确定本次舟山市土地利用状况整体评价的理想值（表 4.16）。

表 4.16　舟山市整体评价指标理想值确定过程及结果

指标	计量单位	参照系					舟山市理想值确定依据及结果		
		规划目标值法	管理目标值法		横向比较		现状值	确定依据	理想值
			国家	浙江省	浙江省平均值	下辖县区极值			
城乡建设用地人口密度	人/千米²	5646	—	—	5729	5326	4452	综合考虑规划目标值法、浙江省平均值横向比较及舟山群岛城市的实际综合确定	5150
建设用地地均地区生产总值	万元/千米²	35902	26655	33750	31714	33739	30178	基于规划目标值法、管理目标值法及浙江省平均状况和下辖县县实际值横向比较,结合专家咨询综合确定	31700
建设用地地均固定资产投资	万元/千米²	25132	18658	16875	16019	30894	22607	基于 EUII2 理想值结合近几年固定资产投资占 GDP 比例推算得到	22200
单位人口增长消耗新增城乡建设用地量	米²/人	262.25	—	—	1947.52	-25.71	930.25	横向比较浙江省平均状况,结合专家咨询确定以浙江省平均值为依据	1950.00
单位地区生产总值耗地下降率	%	—	6.89	6.36	5.18	8.66	7.21	综合国家、省管理目标值及浙江省平均状况,以浙江省管理目标值为依据	6.36
单位固定资产投资消耗新增建设用地量	米²/万元	—	1.37	1.47	1.07	0.11	0.54	综合国家、浙江省管理目标值法及浙江平均值,以浙江平均值为依据	1.07
单位地区生产总值增长消耗新增建设用地量	米²/万元	3.94	12.63	—	9.39	1.10	5.98	综合分析规划目标值法、国土资发〔2012〕24 号文相关管理目标要求,结合专家咨询意见,确定以浙江省平均值为依据	9.39

指标	计量单位	参照系					舟山市理想值确定依据及结果		
		规划目标值法	管理目标值法		横向比较		现状值	确定依据	理想值
			国家	浙江省	浙江省平均值	下辖县区极值			
人口与城乡建设用地增长弹性系数		—	—	—	0.14	0.16	0.11	依据评价规定原则不小于1	1.00
地区生产总值与建设用地增长弹性系数		4.63	—	—	4.67	30.42	4.57	规划目标值法	4.63
城市存量土地供应比率	%	14.00	—	—	29.65	91.69	42.13	综合浙江省平均值及舟山实际确定	35.00
城市批次土地供应比率	%	85.00	—	75.00	74.48	95.55	73.06	依据国家、浙江省有关近5年平均批次土地供应率不低于60%以及前3年批次供地率需达90%、80%、50%等相关政策要求确定	75.00

2.下辖县(区)评价指标理想值确定

本章评价对舟山市下辖县(区)的理想值确定主要根据各县(区)的评价指标现状值,采用极值法、四分位法(正向指标,从大到小;反向指标,从小到大),结合舟山市整体现状值加以综合确定,以更好地揭示舟山市下辖各县(区)用地状况的区域差异(表4.17)。

表4.17　舟山市下辖县(区)评价指标理想值确定过程

指数(代码)	分指数(代码)	指标(代码)	计量单位	指标理想值	理想值确定依据
利用强度指数(UII)	人口密度分指数(PUII)	城乡建设用地人口密度(PUII1)	人/千米²	5326	极大值
	经济强度分指数(EUII)	建设用地地均固定资产投资(EUII1)	万元/千米²	30894	极大值
		建设用地地均地区生产总值(EUII2)	万元/千米²	33739	极大值

续表

指数 （代码）	分指数（代码）	指标（代码）	计量 单位	指标 理想值	理想值 确定依据
增长耗地指数（GCI）	人口增长耗地分指数（PGCI）	单位人口增长消耗新增城乡建设用地量（PGCI1）	米²/人	314.00	极小值
	经济增长耗地分指数（EGCI）	单位地区生产总值耗地下降率（EGCI1）	％	8.66	极大值
		单位地区生产总值增长消耗新增建设用地量（EGCI2）	米²/万元	1.10	极小值
		单位固定资产投资消耗新增建设用地量（EGCI3）	米²/万元	0.11	极小值
用地弹性指数（EI）	人口用地弹性分指数（PEI）	人口与城乡建设用地增长弹性系数（PEI1）		0.16	极大值
	经济用地弹性分指数（EEI）	地区生产总值与建设用地增长弹性系数（EEI1）		30.42	极大值
管理绩效指数（API）	城市用地管理绩效分指数（ULAPI）	城市存量土地供应比率（ULAPI1）	％	83.87	1/4分位数
		城市批次土地供应比率（ULAPI2）	％	79.96	1/4分位数

三、建设用地节约、集约利用程度评价

（一）集约利用程度的评价过程

1.指标标准化

依据评价要求，评价指标标准化应采用标准值比例推算法。指标标准化初始值公式为

$$S_{i0} = \frac{a_i}{t_i}.$$

其中，S_{i0} 为第 i 项分指数指标标准化值的初始值，t_i 为第 i 项分指数指标理想值，a_i 为第 i 项分指数指标实际值。

根据有关指标或对应理想值的特征差异，本章对指标标准化值的初始值按照以下原则处理：

对于正向相关指标，$S_i = S_{i0}$；对于反向相关指标，$S_i = 1/S_{i0}$。

S_i 应为 0～1。

对于利用强度指数、管理绩效指数涉及的指标（PUII1、EUII1、

EUII2、ULAPI1、ULAPI2），若 $S_{i0} \geqslant 1$，S_i 直接赋为 1，表示指标实际值为理想状态。管理绩效指数涉及的指标（ULAPI1、ULAPI2）无法计算时，S_i 直接赋为 1。

对于增长耗地指数、用地弹性指数涉及的指标（PGCI1、EGCI1、EGCI2、EGCI3、PEI1、EEI1），结合舟山市定性分析结论：①当人口、经济为正增长，用地减少或不变时，S_i 直接赋为 1；②当人口、经济为负增长或零增长，用地增加或不变时，S_i 直接赋为 0；③其他情形下，对于正向相关指标，若 $S_{i0} \geqslant 1$，S_i 直接赋为 1；对于反向相关指标，若 $1/S_{i0} \geqslant 1$，S_i 直接赋为 1。

2.分指数计算

区域用地状况定量评价的各项分指数计算模型如下：

$$\alpha_j = 100 \sum_{i=1}^{n} (W_{ji} S_{ji}).$$

其中，α_j 为第 j 项分指数的值，W_{ji} 为第 j 项分指数下第 i 个指标的权重，S_{ji} 为第 j 项分指数下第 i 个指标的标准化值，n 为第 j 项分指数下的指标个数。

3.指数计算

区域用地状况定量评价的各项指数计算模型如下：

$$\beta_k = \sum_{j=1}^{n} (w_{kj} \alpha_j).$$

其中，β_k 为第 k 项指数的值，W_{kj} 为第 k 项指数下第 j 个分指数的权重，α_j 为第 j 项分指数的值，n 为第 k 项指数下的分指数个数。

4.总指数计算

区域用地状况定量评价总指数的计算模型如下：

$$总指数 = \sum_{k=1}^{n} (W_k \beta_k).$$

其中，W_k 为第 k 项指数的权重，β_k 为第 k 项指数的值，n 为总指数下的指数个数。

（二）舟山市建设用地集约利用程度的评价

1.指标标准化与指标权重确定

依据上述计算方法，可得到舟山市建设用地集约利用程度的评价指标的标准化与指标权重结果(表4.18)。

表 4.18 舟山市建设用地集约利用程度评价指标的标准化及其权重

指数 (代码)	分指数 (代码)	指标(代码)	计量 单位	指标现 状值	指标理 想值	标准化 初始值	指标标 准化值	指标 权重
利用强 度指数 (UII)	人口密度分 指数(PUII)	城乡建设用地 人口密度 (PUII1)	人/ 千米²	4451.96	5150	0.86	0.86	1.00
	经济强度 分指数 (EUII)	建设用地地均 固定资产投资 (EUII1)	万元/ 千米²	22606.67	22200	1.02	1.00	0.46
		建设用地地均 地区生产总值 (EUII2)	万元/ 千米²	30177.97	31700	0.95	0.95	0.54
增长耗 地指数 (GCI)	人口增长耗 地分指数 (PGCI)	单位人口增长 消耗新增城乡 建设用地量 (PGCI1)	米²/人	930.25	1950.00	0.48	1.00	1.00
	经济增长耗 地分指数 (EGCI)	单位地区生产 总值耗地下降 率(EGCI1)	%	7.21	6.36	1.13	1.00	0.36
		单位地区生产 总值增长消耗 新增建设用地 量(EGCI2)	米²/万元	5.98	9.39	0.64	1.00	0.34
		单位固定资产 投资消耗新增 建设用地量 (EGCI3)	米²/万元	0.54	1.07	0.51	1.00	0.30
用地弹 性指数 (EI)	人口用地弹 性分指数 (PEI)	人口与城乡建 设用地增长弹 性系数(PEI1)	—	0.11	1.00	0.11	0.11	1.00
	经济用地弹 性分指数 (EEI)	地区生产总值 与建设用地增 长弹性系数 (EEI1)	—	4.57	4.63	0.99	0.99	1.00
管理绩 效指数 (API)	城市用地管 理绩效分指 数(ULAPI)	城市存量土地 供应比率 (ULAPI1)	%	42.13	35.00	1.20	1.00	0.52
		城市批次土地 供应比率 (ULAPI2)	%	73.06	75.00	0.97	0.97	0.48

2. 评价指标分指数和指数的计算

依据上述分指数和指数的计算方法,可以得到舟山市建设用地集约利用程度的评价指标的分指数和指数的结果(表 4.19)。

表 4.19　舟山市建设用地集约利用程度评价指标的分指数和指数值

指数（代码）	分指数（代码）	指标（代码）	分指数值	分指数权重	指数值	指数权重	总指数
利用强度指数（UII）	人口密度分指数（PUII）	城乡建设用地人口密度（PUII1）	86.45	0.38	93.24	0.50	
	经济强度分指数（EUII）	建设用地地均固定资产投资（EUII1）	7.41	0.62			
		建设用地地均地区生产总值（EUII2）					
增长耗地指数（GCI）	人口增长耗地分指数（PGCI）	单位人口增长消耗新增城乡建设用地量（PGCI1）	100.00	0.37	100.00	0.19	90.73
	经济增长耗地分指数（EGCI）	单位地区生产总值耗地下降率（EGCI1）	100.00	0.63			
		单位地区生产总值增长消耗新增建设用地量（EGCI2）					
		单位固定资产投资消耗新增建设用地量（EGCI3）					
用地弹性指数（EI）	人口用地弹性分指数（PEI）	人口与城乡建设用地增长弹性系数（PEI1）	10.72	0.39	64.33	0.16	
	经济用地弹性分指数（EEI）	地区生产总值与建设用地增长弹性系数（EEI1）	98.60	0.61			
管理绩效指数（API）	城市用地管理绩效分指数（ULAPI）	城市存量土地供应比率（ULAPI1）	98.76	1.00	98.76	0.15	
		城市批次土地供应比率（ULAPI2）					

(三)舟山市各县(区)建设用地集约利用程度的评价

依据上述建设用地集约利用程度评价指数的计算方法,可以得到舟山市各县(区)建设用地集约利用程度评价指标的指数结果(表 4.20)。

表 4.20　舟山市及其所辖县(区)评价综合指数

区域	利用强度指数(UII)		增长耗地指数(GCI)		用地弹性指数(EI)		管理绩效指数(API)		总指数	总指数排序
	指数值	指数类型	指数值	指数类型	指数值	指数类型	指数值	指数类型		
定海区	92.94	Ⅰ	39.46	Ⅱ	45.69	Ⅱ	51.09	Ⅱ	68.94	2
普陀区	87.77	Ⅱ	38.74	Ⅱ	32.92	Ⅲ	55.87	Ⅱ	64.89	3
岱山县	58.81	Ⅲ	71.00	Ⅰ	20.68	Ⅳ	92.69	Ⅰ	60.10	4
嵊泗县	83.07	Ⅱ	63.00	Ⅰ	61.00	Ⅰ	100.00	Ⅰ	78.27	1
舟山市	82.58	—	39.27	—	35.27	—	69.98	—	64.89	—

土地利用状况类型判定主要针对舟山市所辖各县(区),按照数轴法、总分频率曲线法等对所辖的各县(区)的总指数、指数、分指数进行分值区段划分,进而根据各指数分值的高低,从高到低,依次划分为Ⅰ型、Ⅱ型、Ⅲ型、Ⅳ型、Ⅴ型等,以揭示下辖各县(区)的土地节约、集约利用状况,地域差异及其分异规律。本章主要采用数轴法将各分指数、指数和总指数值点绘在数轴上,并选择点稀少处作为分值区段的分界点,进而判定相应的土地利用状况类型(图 4.8)。

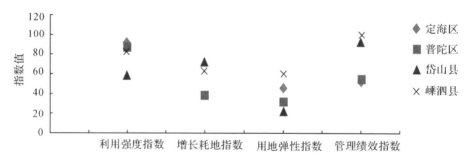

图 4.8　各评价指数值数轴法判定示意

1.建设用地利用强度指数评价结果及其类型判定

从人口密度分指数看:嵊泗县、定海区和普陀区总体相当,可以判定

土地利用状况类型为Ⅰ型；岱山县较低，可以判定土地利用状况类型为
Ⅱ型（表4.21）。从经济强度分指数上看：定海区最高，可以判定土地利
用状况类型为Ⅰ型；普陀区次之，可以判定土地利用状况类型为Ⅱ型；嵊
泗县第三，可以判定土地利用状况类型为Ⅲ型；岱山县最低，可以判定土
地利用状况类型为Ⅳ型（表4.22）。综合分析利用强度指数值以及各分
指数类型，定海区利用强度指数最高，为92.94，因此，可以综合判定其
土地利用状况类型为Ⅰ型；普陀区和嵊泗县相当，可以判定为Ⅱ型；岱山
县最低，可以判定为Ⅲ型。

表4.21　舟山市各县(区)建设用地集约利用程度评价——人口密度分指数

区域	城乡建设用地人口密度（PUII1）			分指数值	分指数类型
	现状值	标准化初始值	指标标准化值		
定海区	4776.69	0.90	0.90	89.68	Ⅰ
普陀区	4989.00	0.94	0.94	93.67	Ⅰ
岱山县	3107.28	0.58	0.58	58.34	Ⅱ
嵊泗县	5326.24	1.00	1.00	100.00	Ⅰ

表4.22　舟山市各县(区)建设用地集约利用程度评价——经济强度分指数

区域	建设用地地均固定资产投资（EUII1）			建设用地地均地区生产总值（EUII2）			分指数值	分指数类型
	现状值	标准化初始值	指标标准化值	现状值	标准化初始值	指标标准化值		
定海区	30893.88	1.00	1.00	30576.95	0.91	0.91	94.94	Ⅰ
普陀区	20251.00	0.66	0.66	33738.91	1.00	1.00	84.15	Ⅱ
岱山县	12762.62	0.41	0.41	25048.18	0.74	0.74	59.09	Ⅳ
嵊泗县	17110.29	0.55	0.55	29501.30	0.87	0.87	72.69	Ⅲ

2.建设用地增长耗地指数评价结果及类型判定

根据数轴法，从人口增长耗地分指数来看：岱山县最高，可以判定土
地利用状况类型为Ⅰ型；定海区和普陀区次之，人口增长耗地分指数分
别为44.12和32.98，可以判定为Ⅱ型；嵊泗县最低，可以判定为Ⅲ型
（表4.23）。从经济增长耗地分指数上看：嵊泗县最高，为100.00，可以

判定土地利用状况类型为Ⅰ型;岱山县次之,可以判定为Ⅱ型;普陀区和定海区较低,可以判定为Ⅲ型(表4.24)。综合分析增长耗地指数值以及各分指数类型状况:岱山县和嵊泗县的增长耗地指数较高,因此综合判定增长耗地指数土地利用状况类型为Ⅰ型;定海区和普陀区较低,可以判定为Ⅱ型。

表4.23 舟山市各县(区)建设用地集约利用程度评价——人口增长耗地分指数

区域	单位人口增长消耗新增城乡建设用地量(PGCI1)			指数值	分指数类型
	现状值	标准化初始值	指标标准化值		
定海区	711.62	2.27	0.44	44.12	Ⅱ
普陀区	952.07	3.03	0.33	32.98	Ⅱ
岱山县	314.00	1.00	1.00	100.00	Ⅰ
嵊泗县	−25.71	−0.08	0.00	0.00	Ⅲ

表4.24 舟山市各县(区)建设用地集约利用程度评价——经济增长耗地分指数

区域	单位地区生产总值耗地下降率(EGCI1)			单位地区生产总值增长消耗新增建设用地量(EGCI2)			单位固定资产投资消耗新增建设用地量(EGCI3)			分指数值	分指数类型
	现状值	标准化初始值	指标标准化值	现状值	标准化初始值	指标标准化值	现状值	标准化初始值	指标标准化值		
定海区	6.38	0.74	0.74	8.54	6.38	0.74	0.74	8.54	6.38	36.72	Ⅲ
普陀区	7.02	0.81	0.81	5.19	7.02	0.81	0.81	5.19	7.02	42.12	Ⅲ
岱山县	8.51	0.98	0.98	3.36	8.51	0.98	0.98	3.36	8.51	53.96	Ⅱ
嵊泗县	8.66	1.00	1.00	1.10	8.66	1.00	1.00	1.10	8.66	100.00	Ⅰ

3.建设用地弹性指数评价结果及类型判定

根据数轴法,从人口用地弹性分指数看:定海区最高,为100.00,可以判定土地利用状况类型为Ⅰ型;普陀区次之,为62.55,可以判定为Ⅱ型;岱山县和嵊泗县的人口用地弹性分指数均为0.00,可以判定为Ⅲ型(表4.25)。从经济用地弹性分指数看:嵊泗县最高,为100.00,判定为Ⅰ型;岱山县次之,可以判定为Ⅱ型;普陀区和定海区较低,可以判定为Ⅲ型(表4.26)。综合分析用地弹性指数值以及各分指数类型状况:嵊泗县的用地弹性指数最高,故而综合判定其土地利用状况类型为Ⅰ型;

定海区次之,可以判定为Ⅱ型;普陀区第三,可以判定为Ⅲ型;岱山县最低,可以判定为Ⅳ型。

表 4.25　舟山市各县(区)建设用地集约利用程度评价——人口用地弹性分指数

区域	人口与城乡建设用地增长弹性系数(PEI1)			分指数值	分指数类型
	现状值	标准化初始值	指标标准化值		
定海区	0.16	1.00	1.00	100.00	Ⅰ
普陀区	0.10	0.63	0.63	62.55	Ⅱ
岱山县	−0.29	−1.82	0.00	0.00	Ⅲ
嵊泗县	−1.30	−8.12	0.00	0.00	Ⅲ

表 4.26　舟山市各县(区)建设用地集约利用程度评价——经济用地弹性分指数

区域	地区生产总值与建设用地增长弹性系数(EEI1)			分指数值	分指数类型
	现状值	标准化初始值	指标标准化值		
定海区	3.34	0.11	0.11	10.96	Ⅲ
普陀区	4.25	0.14	0.14	13.98	Ⅲ
岱山县	10.31	0.34	0.34	33.90	Ⅱ
嵊泗县	30.42	1.00	1.00	100.00	Ⅰ

4.建设用地管理绩效指数评价结果及类型判定

根据数轴法,本次舟山市下辖各县(区)的城市用地管理绩效分指数和管理绩效指数值,嵊泗县和岱山县较高,为 100.00 和 92.69,可判定其土地利用状况类型为Ⅰ型,普陀区和定海区较低,可判定为Ⅱ型(表 4.27)。

表 4.27　舟山市各县(区)建设用地集约利用程度评价城市用地管理绩效分指数

区域	城市存量土地供应比率(ULAPI1)			城市批次土地供应比率(ULAPI2)			分指数值	分指数类型
	现状值	标准化初始值	指标标准化值	现状值	标准化初始值	指标标准化值		
定海区	10.01	0.12	0.12	74.76	0.93	0.93	51.09	Ⅱ
普陀区	30.08	0.36	0.36	62.00	0.78	0.78	55.87	Ⅱ
岱山县	81.26	0.97	0.97	70.48	0.88	0.88	92.69	Ⅰ
嵊泗县	91.69	1.09	1.00	95.55	1.20	1.00	100.00	Ⅰ

5.建设用地集约利用总指数评价结果及综合类型判定

利用数轴法分析区域用地状况定量评价总指数可以看出：嵊泗县的定量评价总指数最高，在 78 分以上，可以初步判定土地利用状况综合类型为Ⅰ型；定海区、普陀区和岱山县的定量评价总指数总体相当，为 60.10～68.94，可以初步判定土地利用状况综合类型为Ⅱ型（图 4.9）。

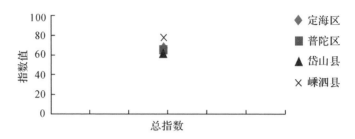

图 4.9　舟山市各区县建设用地集约度评价总指数

在此基础上，通过对各评价对象定量评价指数类型作聚类分析，并结合专家咨询、校核，最终确定嵊泗县的土地利用状况综合类型为Ⅰ型，定海区、普陀区和岱山县为Ⅱ型（表 4.28、表 4.29）。

表 4.28　舟山市各县(区)土地利用状况类型判定

区域	定性分析类型		定量评价的指数类型				总指数对应的综合类型(基本方法)	校核的综合类型	判定的综合类型
	土地利用趋势类型(人口)	土地利用趋势类型(经济)	利用强度指数(UII)的对应类型	增长耗地指数(GCI)的对应类型	用地弹性指数(EI)的对应类型	管理绩效指数(API)的对应类型			
定海区	粗放趋势型	粗放趋势型	Ⅰ	Ⅱ	Ⅱ	Ⅱ	Ⅱ	Ⅱ	Ⅱ
普陀区	粗放趋势型	粗放趋势型	Ⅱ	Ⅱ	Ⅲ	Ⅱ	Ⅱ	Ⅱ	Ⅱ
岱山县	粗放趋势型	集约趋势型	Ⅲ	Ⅰ	Ⅳ	Ⅰ	Ⅱ	Ⅱ	Ⅱ
嵊泗县	粗放趋势型	集约趋势型	Ⅱ	Ⅰ	Ⅰ	Ⅰ	Ⅰ	Ⅰ	Ⅰ

表 4. 29　舟山市各县(区)土地利用状况综合类型

土地利用状况综合类型	Ⅰ型	Ⅱ型
所含的区(县)名称	嵊泗县	定海区、普陀区、岱山县
所含的区(县)数量/个	1	3
建设用地面积/千米²	26.49	309.94

第四节　促进海上花园城市建设的舟山建设用地节约集约利用政策建议

根据《浙江舟山群岛新区(城市)总体规划(2012—2030)》,舟山群岛新区未来的城市发展目标是:逐步建成我国大宗商品储运中转加工交易中心、东部地区重要的海上开放门户、重要的现代海洋产业基地、海洋海岛综合保护开发示范区、陆海统筹发展先行区,实现国际物流枢纽岛、对外开放门户岛、海洋产业集聚岛、国际生态休闲岛和海上花园城的建设目标。该规划将"紧凑集约,高效利用土地、岸线和水资源,紧凑布局产业功能"作为规划原则之一。

浙江舟山群岛新区规划形成"一体一圈五岛群"的总体布局,其中:"一体"即舟山岛,是舟山群岛新区开发、开放的主体区域,也是舟山海上花园城市建设的核心区。"一圈"为港航物流核心圈,包括岱山岛、衢山岛、大小洋山岛、大小鱼山岛和大长涂山岛等,是建设大宗商品储运中转加工交易中心的核心区域。"五岛群"包括普陀国际旅游岛群、六横临港产业岛群、金塘港航物流岛群、嵊泗渔业和旅游岛群、重点海洋生态岛群。

为实现海上花园城的建设目标,在上述总体规划的基础上,舟山群岛新区出台了《关于建设海上花园城市的指导意见》,该《指导意见》描绘了一幅令人向往的海上花园城市建设蓝图,同时提出了海上花园城市的建设目标:到 2030 年,舟山市将基本建设成为生态和谐的绿色城市、以人民为中心的共享城市、多元开放的包容城市、独具人文特色的和善城市、永续发展的智慧城市。未来,新城和小干岛将打造以政治、自贸区和金融商务、会展文体、海洋科创为特色的市级综合中心;定海城区打造以历史文化名城为特色的海岛古城体验区;普陀城区打造以沈家门十里渔港为特色的宜居宜业宜游的高品质滨海生活区;普陀山-朱家尖打造世界佛教观音文化旅游胜地和国际海岛休闲旅游胜地。为此,舟山市将积极推进中心城区提升、"城中村"治理改造、城乡危旧房治理改造、老旧住宅小区综合整治等工作。

在新增建设用地规模控制日益严格、新增建设空间日益有限的背景下,海上花园城市的建设,有赖于充分利用既有的建设用地,因此,在开展舟山群岛新区建设用地节约、集约利用水平评价的基础上,分析和把握舟山群岛新区建设用地节约、集约利用的现状特征,并提出若干促进海上花园城市建设的用地节约、集约利用政策建议,具有重要意义。

一、建设用地节约、集约利用的现状特征

基于舟山市土地利用总体规划目标,国家及浙江省有关节约、集约用地政策目标要求以及浙江省平均状况的横向比较分析,本书从建设用地利用强度指数、增长耗地指数、用地弹性指数和管理绩效指数等四个方面,对舟山市建设用地节约、集约利用状况进行定量评价。结果显示舟山市区域建设用地节约、集约利用总指数为90.73,除弹性指数相对较低外,其余指数均在93以上,表明当前舟山市区域建设用地总体比较集约,节地成效比较明显。

综合前述定性分析和定量评价结果,可以看出当前舟山市区域建设用地节约、集约利用状况主要呈现以下几个特征。

1.建设用地集约利用水平较高,但人均村庄用地面积过大,建设用地人口承载水平偏低

以土地利用总体规划管控目标以及国家和浙江省相关管理政策目标要求为参照系,舟山市2014年区域建设用地利用强度指数为93.24,其中人口密度分指数为86.45,经济强度分指数为97.41,总体处于较高水平,特别是建设用地投入产出效益比较明显。但横向比较国家、浙江

省相关管理要求以及发达城市的水平,当前舟山市建设用地集约利用水平仍有较大的提升空间。

首先,舟山市城乡建设用地人口密度为 4451.96 人/千米^2,总体上低于依据舟山市土地利用总体规划确定的 2020 年规划目标值反推的 5645.72 人/千米^2 和浙江省 5728.57 人/千米^2 的平均水平。分析原因,一方面在于舟山市作为群岛城市的地形地貌条件客观制约使得舟山市人口密度相对偏低,另一方面主要在于舟山市目前人均村庄用地较高。2014 年,舟山市常住人口口径的人均村庄用地高达 315.36 米^2/人(户籍口径为 201.04 米^2/人),比《浙江省实施〈中华人民共和国土地管理法〉办法》规定的 150 米^2/人的农民建房用地控制标准,以及舟山市土地利用总体规划确定的人均农村居民点用地控制在 150 米^2 以内的管控目标高出 1 倍多,从而整体影响到建设用地的人口承载水平。因此,严格控制人均村庄用地标准,加快新农(渔)村社区集聚建设和村庄复垦,积极探索推进以人口城镇化为核心的新型城镇化战略,加强以"人地挂钩"为核心的农村土地综合整治力度,对于提升舟山市建设用地集约利用水平具有重要意义。

其次,舟山市 2014 年建设用地地均地区生产总值为 30177.97 万元/千米^2,建设用地地均固定资产为 22606.67 万元/千米^2,尽管高于依据《国土资源部关于推进土地节约集约利用的指导意见》(国土资发〔2014〕119 号)文件规定的有关"到 2020 年,单位建设用地二、三产业增加值比 2010 年翻一番"反推得到的 26654 万元/千米^2 和 18658 万元/千米^2,但仍略低于浙江省 31713.77 万元/千米^2 的地均地区生产总值,以及依据舟山市土地利用总体规划控制目标反推的 35902 万元/千米^2 和 25142 万元/千米^2,同时低于依据《浙江省人民政府办公厅关于印发〈全省实施"亩产倍增"计划深化土地节约集约利用方案〉的通知》(浙政办发〔2013〕81 号)有关"到 2015 年年底,全省单位建设用地 GDP 达到 24 万元/亩,比 2010 年年底增长 50.9%"的目标要求反推的 2014 年年底全省建设用地地均地区生产总值不低于 33750 万元/千米^2 的要求。总体而言,由于舟山群岛新区建设尚处于启动实施阶段,目前主要以基础设施建设为主,产业落地尚需时日,因此当前地均 GDP 偏低、地均固定资产较高的状况具有客观现实性。

最后,2014 年舟山市建设用地总规模为 336.42 千米²,土地开发强度高达 23.13%,比浙江省平均土地开发强度 12.92% 高出近 1 倍,离国际公认的土地开发强度上限标准 30% 以及舟山市土地利用总体规划确定的 2020 年土地开发强度上限 30% 不远。随着舟山群岛新区建设的加速推进,建设用地的持续加快扩张必然给生态用地空间保障及海洋生态环境保护带来巨大压力。

2. 单位人口、经济增长消耗新增建设用地较少,单位地区生产总值耗地持续下降,建设用地节约、集约利用水平提升较快

本章评价结果显示舟山市耗地增长指数为 100.00。其中单位人口增长消耗新增城乡建设用地量为 930.25 米²/人,低于浙江省平均水平 1393.71 米²/人和兄弟城市嘉兴市的 1461.76 米²/人,但仍远高于依据舟山市土地利用总体规划控制目标反推的 262.52 米²/人。单位地区生产总值增长消耗新增建设用地量和单位固定资产投资消耗新增建设用地量分别为 5.98 米²/万元和 0.54 米²/万元,处于较低水平,不仅远低于浙江省 9.39 米²/万元和 1.07 米²/万元的平均水平,也低于依据《国土资源部关于推进土地节约集约利用的指导意见》(国土资发〔2014〕119号)文件规定的有关"单位固定资产投资建设用地面积下降 80%"反推的 12.63 米²/万元和 1.37 米²/万元,以及《浙江省人民政府办公厅关于印发〈全省实施"亩产倍增"计划深化土地节约集约利用方案〉的通知》(浙政办发〔2013〕81 号)确定的"力争到 2017 年,全省单位固定资产投资新增建设用地下降到 0.97 米²/万元;到 2020 年,全省单位固定资产投资新增建设用地下降到 0.64 米²/万元,比 2010 年下降 75%"要求的管理目标。从单位地区生产总值耗地下降率指标看,舟山市 2014 年单位地区生产总值耗地下降率为 7.21%,高于浙江省 5.18% 的平均水平,以及依据《国土资源部关于落实单位国内生产总值建设用地下降目标的指导意见》(国土资发〔2012〕24 号)要求浙江省"十二五"期间单位国内生产总值建设用地下降率为 28% 及国家"十二五"规划确定的单位地区

生产总值耗地比 2010 年下降 30％的管理目标测算的 6.36％和 6.89％。总体表明,近几年舟山群岛新区建设较好地实现了"严控增量"目标,"以较少的土地资源消耗实现较大规模的经济增长"的集约用地目标初显成效。

3. 建设用地增长偏快,城镇工矿用地与农村居民点同步增长,土地利用外延扩展趋势仍比较明显

本章评价结果显示,舟山市用地弹性指数仅为 64.33 分,处于较低水平。首先,近几年舟山市建设用地增长偏快,其中近 4 年建设用地年均增长率达 2.42％,城乡建设用地年均增长率达 2.51％,从而导致农用地和其他土地面积逐年减少,其中农用地面积年均变化率为－0.66％,其他土地面积年均变化率为－0.83％。对比二调时点的 2009 年,舟山市 2009—2014 年建设用地和城乡建设用地分别增长了 3777.79 公顷和 2982.93 公顷,年均增长 2.41％和 2.49％,若按这样的速度继续增长,预计到 2020 年建设用地和城乡建设用地规模将达到 38809.67 公顷和 29834.78 公顷,其中城乡建设用地面积将突破土地利用总体规划确定的控制目标,1661.78 公顷。

其次,2011—2014 年间舟山市常住人口增长速度明显慢于城乡建设用地扩张速度,常住总人口与城乡建设用地增长弹性系数仅为 0.11,城镇人口与城镇工矿用地增长弹性系数仅为 0.67,常住农村人口与村庄用地增长弹性系数为－0.53,户籍农村人口与村庄用地增长弹性系数为 0.09,土地城镇化快于人口城镇化,土地人口承载力持续下降,人均城乡建设用地面积从 2011 年的 210.83 米²/人增长至 2014 年的 224.62 米²/人,增加了 13.79 米²/人;人均城镇工矿用地由 2011 年的 175.28 米²/人反而增加至 2014 年的 178.50 米²/人,人均城镇工矿用地提高了 3.22 米²/人。人均用地面积总体呈现不减反增的外延扩张态势,城镇化过程中人口集聚能力较弱,村庄用地外延粗放扩张问题十分突出。

最后,从地区生产总值与建设用地增长匹配程度看,尽管舟山市 2010—2014 年地区生产总值与建设用地增长弹性系数为 4.57,经济增长速度明显快于建设用地扩张速度,但总体低于浙江省 4.67 的平均水

平,同时地区生产总值与建设用地增长贡献度(ECI1)仅为 0.88,小于 1,表明近年来舟山市土地集约利用对浙江全省用地经济强度提升的贡献较小,建设用地扩张相对过快。

4.城市存量土地供应占比高,城市批次土地供应率高,建设用地节约、集约利用管理绩效显著

2011—2014 年间,舟山市存量盘活挖潜力度较大,存量建设用地供应比率高达 42.13%,高于浙江省平均水平(29.65%)12.48 个百分点;前 3 年批次供地率为 73.06%,远高于国家、浙江省有关近 5 年平均批次土地供应比率不低于 60%以及前 3 年批次供地率需达 90%、80%、50%的相关政策要求。总体来看,舟山市当前建设用地节约、集约利用调控机制和管理措施比较得力,国家有关促进城市土地趋向集约经营模式转变的政策得到较好落实,建设用地节约、集约利用管理成效明显。结合浙江省当前正在深入实施"亩产倍增"计划的根本要求,进一步完善土地储备制度和城市有机更新相关激励政策,继续加大推进城镇低效用地再开发工作力度和批而未供土地消化力度,积极推进存量盘活挖潜,对于促进舟山市土地利用方式转变,促进经济发展方式转变具有重要意义。

5.建设用地节约、集约利用总体呈现"主城区现状水平高,动态提升不明显;郊区县现状水平低,动态提升明显"的空间分异规律,嵊泗县尤为突出

从区域建设用地节约、集约利用空间分异看,作为舟山市主城区的定海区和普陀区,建设用地集约利用现状水平总体高于岱山和嵊泗等郊区县。但从动态变化趋势上看,岱山和嵊泗等郊区县的增长耗地指数及管理绩效指数明显优于主城区,集约利用空间分布总体呈现"主城区现状水平高,动态提升不明显;郊区县现状水平低,动态提升明显"的特征,其中嵊泗县建设用地节约、集约利用综合表现最佳。

二、促进舟山市建设用地节约、集约利用的政策建议

综合上述分析,当前舟山市建设用地节约、集约利用总体水平较高,

特别是建设用地经济投入产出水平高,经济增长耗地较少,单位地区生产总值耗地量下降明显,集约用地管理绩效明显。当前舟山市土地集约利用存在的主要问题或难题主要表现在城乡建设用地人口承载能力偏低,建设用地增长过快,城镇工矿用地与农村居民点同步增长,人均占地水平不断提高,村庄用地外延粗放扩张问题依然突出等几个方面,也表明舟山市进一步提升土地集约利用水平还有很大的空间。综合本章评价结果分析,结合当前舟山市节约、集约用地工作实践,有如下政策措施建议。

1. 积极实施严控总量和增量、保持流量的内涵挖潜型建设用地保障战略,不断提升土地集约利用水平

坚持紧凑型、内涵集约型城市发展模式,大力提升土地节约、集约利用水平,是生态文明建设的根本之策,更是舟山群岛新区加快推进国家海洋经济发展战略部署和新型城镇化发展的战略选择。本章评价结果表明,舟山市建设用地增长较快,土地开发强度较大,给生态用地空间保障和海洋生态环境保护带来巨大压力,也增加了舟山群岛新区建设用地需求保障压力,不采取坚决有效措施抑制建设用地快速增长趋势,必将影响到舟山市生态底线保护及美丽浙江建设。根据党的十八大、十八届三中全会关于大力推进生态文明建设以及国家新型城镇化战略的基本要求,做到存量建设用地"提效率"、"调结构"并举,是切实提升舟山市建设用地保障能力的着力点和突破口。在当前条件下,舟山市要牢牢把握资源节约优先战略,大力弘扬"亩产论英雄,集约促转型"的发展理念,坚持走紧凑型城市发展模式、内涵挖潜型用地保障发展道路,以建设用地总量动态平衡为目标控制,以新增建设用地计划指标为杠杆,按照"严控增量、盘活存量、优化结构、提升效率"的基本要求,积极探索实施顺应新型城镇化内在要求的内涵挖潜型建设用地保障战略,不断提升土地集约利用水平,着力推进城乡建设用地空间配置调整优化,以土地资源可持续利用促进经济社会可持续发展。

2.严格控制人均村庄用地标准,纵深推进以城乡建设用地增减挂钩为平台的农村土地综合整治工程,不断提高农村土地利用效率

本章评价结果表明,舟山市城乡用地人口承载力偏低特别是村庄用地量过高,是影响建设用地节约、集约利用水平的原因之一。以人口城镇化为基本立足点,在严格控制人均村庄用地标准的基础上,按照"地随人走"的土地资源配置基本原则,不断完善现行城镇建设用地增加规模与农村建设用地减少规模相挂钩的城乡建设用地增减"单一"挂钩机制,按照"城乡之间城镇建设用地的增加规模与吸纳农村人口进城定居的规模相挂钩"、"地区之间城镇建设用地增加规模与吸纳外来人口定居的规模相挂钩"的"人地双挂钩"原则,积极探索建立新型的增减挂钩建设用地指标使用及管理政策体系,建立并完善城镇建设用地增加和吸纳农民转移、转户数量相结合的机制,促进城乡建设用地指标配置与城乡、区域人口的规模、分布、流向相适应、相协调,以实现一方面通过城乡土地调整、统筹配置,确保转移农民获得足够的土地增值收益而顺利融入城市之中,另一方面在土地节约、集约利用的基础上,为城镇建设发展合理用地需求提供持续的保障能力,并不断优化城乡建设用地空间布局,提升建设用地整体使用效率。建议舟山市进一步加大农(渔)村土地综合整治项目实施,特别是要加大整治复垦激励力度,切实推进"拆旧区"复垦力度,切实提升通过农村土地综合整治推进土地节约、集约利用的政策实效。

3.加快舟山群岛新区基础设施、配套设施建设,不断完善城市人口经济聚集功能

本章评价结果显示,舟山市城乡建设用地人口密度相对偏低,土地城镇化快于人口城镇化,土地人口承载力持续下降。分析原因,主要在于舟山群岛新区经济总量偏小,底子比较薄弱。建议当下舟山市要紧紧把握国家建设"21世纪海上丝绸之路"和"长江经济带"的新机遇,按照打造中国大宗商品储运中转加工交易中心、东部地区重要的海上开放门户、中国海洋海岛科学保护开发示范区、中国重要的现代海洋产业基地、中国陆海统筹发展先行区的海洋经济发展国家级战略新区建设定位,加快新

区基础设施、配套设施建设,不断提升海上花园城市的人口经济集聚能力,加大海洋产业重大项目和低消耗、低投入、高产出的高新产业招商引资力度,加速产业转型升级,不断提高建设用地经济产业能力,减少经济增长对建设用地的消耗依赖,增加单位城乡建设用地上的就业和居住人口。

4.以亩产效益为导向,认真研究制订差别化的节约、集约用地调控政策体系,促进区域建设用地集约利用整体水平上台阶

实践表明,建立健全以"亩产效益"为核心的评价机制、导向机制和约束机制,并辅之以差别化的价格、税收、指标、政策等杠杆,对于推动企业转型升级,促进土地节约、集约利用具有重要意义。建议舟山市一是应积极探索开展以"亩产效益"为导向的土地集约利用管理机制创新研究,特别在推动工业用地集约利用方面,要把企业亩产质量和效益作为市场的无形之手,把要素差别化配置规则作为政府的有形之手,两手合力形成要素配置与企业质量和效益相挂钩的机制,着力推动集约促转型;二是要依据本章评价工作所反映的不同区域建设用地节约、集约利用状况的地域特征及差异,按照城市区域发展总体战略以及各县(区)的土地资源条件、利用现状、经济社会发展阶段和发展战略定位的差异,有针对性地制定出差别化土地利用政策,明确各区域土地利用管理的重点,指导各区域土地利用调控,提升区域科学发展的用地保障能力,增强区域经济竞争力,不断优化全市土地空间布局,促进区域协调发展,全面提升全市建设用地集约利用整体水平;三是对于符合节约、集约用地要求,属于国家鼓励产业的工业用地,实行差别化的地价政策,促进产业转型升级;四是进一步深化完善节约集约用地评价考核指标体系,突出弱项指标的考核权重,推进精细化管理促转变、集约化用地促转型,使节地指挥棒引领经济发展方式转变。

5.激励约束并重,加大挖潜制度创新和配套政策支撑,深入推进存量挖潜和低效用地再开发

面对日趋严峻的耕地保护形势和日益紧张的建设用地供需矛盾,强化存量建设用地挖潜工作力度,最大限度地挖掘存量低效建设用地潜

力,是保障和促进舟山科学发展、可持续发展的必由之路。实践经验表明,相比于增量建设用地节约、集约利用管理,内涵挖潜任重道远。针对当前存量挖潜所面临的难点、重点,建议舟山市在进一步完善现行集约用地约束机制的基础上更加突出集约用地激励机制的建设,在适当提高建设用地利用强度门槛的基础上,不断完善以"土地亩产效益"为导向的激励约束机制,通过进一步完善土地使用税差别化减免政策,设置节约、集约用地奖励专项基金等手段,积极发挥财税、金融、地价等经济杠杆的作用,引导企业节约、集约用地,特别是扶持亩产效益大、符合产业转型升级方向的企业,进一步提高土地资源的节约、集约利用水平。积极鼓励用地企业在符合相关规划和建筑设计标准的前提下,适度增加现有厂房层数、利用地下空间等以提高综合容积率;对于退地企业予以适当的激励,不断完成"退地"机制,积极推进存量低效用地再开发;积极探索完善新增建设用地计划指标分配办法,突出新增建设用地指标在节约、集约用地管理中的激励约束导向作用,建立起"增量撬动存量"的存量盘活激励机制,充分发挥用地计划在求节约促转型中的引导作用。

与此同时,建议舟山市政府充分利用当前有利的政策环境,大胆探索"空间换地"、城镇低效用地再开发相关的存量建设用地盘活挖潜激励和约束机制,最大限度地调动各方的积极性,大力推动低效建设用地再开发利用和深度开发,切实提高土地使用效率。此外,应进一步加强城市土地利用管理,充分发挥土地储备制度优势,加强土地储备规划研究,不断拓展土地储备职能,加大土地储备力度,对城市建成区内的闲置、空闲地应由政府及时统一收回、储备、整理,以盘活存量土地资源,充分发挥土地资产效益。

第五章
促进海洋产业集聚的舟山群岛新区开发区集约用地研究

　　根据 2013 年《浙江舟山群岛新区发展规划》，未来舟山群岛新区将围绕建设具有国际竞争力的现代海洋产业基地，加快培育海洋新兴产业，大力发展海洋服务业，改造、提升传统海洋产业，做大做强一批具有区域特色和发展潜力的海洋支柱产业。2015 年，根据浙江省《关于加快推进产业集聚区建设的若干意见》和《关于创新浙江舟山群岛新区行政体制的意见》，舟山群岛新区设立了浙江舟山群岛新区海洋产业集聚区管理委员会。舟山群岛新区海洋产业集聚区是浙江省委、省政府重点打造的 15 个省级产业集聚区之一，也是唯一一个既拥有省级高新技术产业园区又拥有国家综合保税区且以海洋产业为主题的集聚区。2016年，浙江舟山群岛新区海洋产业集聚区管理委员会制定了浙江舟山群岛新区海洋产业集聚区"十三五"发展规划纲要。根据该规划，未来舟山群岛新区将形成开发区和综合保税区"两翼齐飞，多点开花"的发展新格局，形成开发区工业产业和综合保税区服务业产业两大支柱。开发区将承担为未来海洋产业集聚发展提供用地空间保障的重任。

　　浙江舟山群岛新区开发区主要包括 5 个区域，即舟山经济开发区、岱山经济开发区、定海工业园区、普陀经济开发区、舟山港综合保税区。本章将在系统阐述这些开发区的基本情况、建设用地特征、开发利用状况的基础上，评价分析这些开发区土地利用强度和效益、建设用地的集约利用现状以及集约利用潜力，提出促进海洋产业集聚的开发区土地节约、集约利用的若干政策建议。

第一节　舟山群岛新区开发区建设用地特征

一、开发区基本情况

舟山群岛新区开发区涵盖舟山经济开发区、岱山经济开发区等 5 个园区,其中定海工业园区和普陀经济开发区分别由其前身在原基础上进行整合改造发展而来。为加快区域经济发展,促进土地资源合理利用,加强建设用地节约、集约利用,舟山市积极推动设立舟山港综合保税区,并与舟山经济开发区、岱山经济开发区等各园区一起,利用区域资源地理优势,集中发展能源、船舶、机械、电子、金融、服务等各项产业,促进开发区建设用地节约、集约利用(表 5.1)。

表 5.1　舟山群岛新区开发区基本情况

开发区	成立时间	基本情况与产业发展
舟山经济开发区	1992 年 8 月	能源、船舶修造、服装加工、机械电器及海洋高新技术等协调发展的工业开发区
岱山经济开发区	1992 年 12 月	以船舶修造、水产加工、汽配电机为主导产业的具有海洋经济特色的临港工业发展基地
定海工业园区	1998 年 5 月	以船舶修造、机械制造、纺织服务、食品加工、建筑建材、电机电子、重化工为主的工业格局和航运、物流等现代服务业
普陀经济开发区	1991 年 6 月	将以房地产业、金融服务业为重点,提升现代服务业,形成多产业联动发展格局
舟山港综合保税区	2012 年 9 月	探索建立区域性大宗商品定价中心,发展航运服务业和保险金融业,以及咨询研发、商品会展及租赁等相关服务业;重要的大宗商品仓储、中转基地

(一)舟山经济开发区

浙江舟山经济开发区于 1992 年 8 月经浙江省人民政府批准设立,有滨港、新港、临港三大功能区块。2005 年 12 月 30 日,经国家发改委审核,列为第二批通过审核的省级开发区(2005年第84号公告)。浙江舟山经济开发区作为舟山群岛新区的重要组成部分,面临重大发展机遇。目前,浙江舟山经济开发区与浙江舟山群岛新区海洋产业集聚区、舟山港综合保税区实行"三区合一"的管理体制。

舟山经济开发区经过20多年的开发建设,已成为舟山市重要的工业生产基地和经济增长点。目前滨港区块已有多家公司落户于此,形成了以机械加工、电子电器、纺织化纤等为主的产业体系;而新港区块目前则形成了以高端船舶装备制造产业、海洋生物医药产业和机电、精工等新兴产业为主的产业体系。

舟山经济开发区突出以港造区理念,充分依托港口和区位优势,积极利用各种资源,优化功能布局,重点打造一个能源、船舶修造、服装加工、机械电器及海洋高新技术等协调发展的工业开发区。

2013年,开发区范围内实现工业(物流)企业累计固定资产投资总额73.13亿元,工业(物流)企业总收入87.23亿元,开发区工业(物流)企业税收总额4.71亿元。

(二)岱山经济开发区

岱山经济开发区成立于1992年12月。1994年8月,经浙江省人民政府批准为省级经济开发区。2010年12月,浙江省人民政府批准岱山经济开发区进行整合提升,规划面积调整为82.64千米^2,可利用岸线100千米。

岱山经济开发区自从批准成立以来,一直坚持以工为主、工贸结合的方针,鼓励外资、内资、联营等企业联合投入,经过10多年的开发建设和整合提升,已形成以船舶修造、水产加工、汽配电机为主导产业的具有海洋经济特色的临港工业发展基地,为目前岱山对外开放、利用外资的最大平台和临港产业发展的主要集聚点。开发区全年完成工业总产值313.57亿元,营业收入294.79亿元,累计完成固定资产投资229.44亿元,安排从业人员24810人。

岱山经济开发区今后将重点打造"船舶与海工基地"、"海洋生物园区"和"大宗商品加工交易中心"三大功能区块,积极带动相关产业链的发展。

（三）定海工业园区

定海工业园区前身为定海区城西开发区,位于定海区盐仓街道,于1998年5月开发建设,此前其主要产业为机械制造、电子电气、针织服装、水产食品、建筑材料等。2006年3月,定海工业园区经浙江省人民政府批准为省级开发区,包括白泉金山村和大成盐场两个区块。园区已建成12.58千米²,入园企业188家,形成了以船舶修造、机械制造、纺织服务、食品加工、建筑建材、电机电子、重化工为主的工业格局和航运、物流等现代服务业,已成为定海区主要的经济增长点。

（四）普陀经济开发区

普陀经济开发区成立于1991年6月,前身为普陀东港经济开发区,1993年11月被确认为省级经济开发区。目前主区位于舟山本岛的东港区域和六横岛。东港的开发建设区与城市建设用地连为一体,更多的是承担城市开发建设功能,城市公共设施正加快建设进程,以旅游产业为龙头的第三产业初具雏形,东港正逐步成为普陀产业发展的综合服务保障基地。开发区的发展将以房地产业、金融服务业为重点,提升现代服务业发展水平,形成多产业联动发展格局。六横岛区域规划设置船舶配件产业园,主要布局大型物流中转及能源项目,目前已布局中远、船舶配件等工业企业。

（五）舟山港综合保税区

舟山港综合保税区正式设立于2012年9月,批准面积5.85千米²,包括本岛分区和衢山分区。其中本岛分区占地2.83千米²,主要功能定位为以海洋装备制造业、海洋生物产业、电子信息产业等先进制造业和仓储物流为重点,探索建立区域性大宗商品定价中心,发展航运服务业和保险金融业、咨询研发、商品会展及租赁等相关服务业;衢山分区占地3.02千米²,重点发展煤炭、矿石、油品等大宗商品的仓储、配送业务,规划建成我国重要的大宗商品仓储、中转基地。舟山港综合保税区本岛分区围网面积2.55千米²,已于2014年正式封关运行;衢山分区围网面积2.83千米²,于2015年投入运行。舟山港综合保税区是舟山群岛新区的核心功能区之一，目前总体上尚处在起步发展阶段。

二、开发区土地资源的规模与结构特征

把握舟山群岛新区各开发区的土地资源特征，对合理利用土地资源、加强和有效促进开发区建设用地集约利用意义重大。开发区土地资源特征分析主要根据开发区土地利用类型和建设状况分类，对各区已建成城镇建设用地、未建成城镇建设用地和不可建设土地的用地情况进行分析，以从总体上把握开发区土地资源利用状况（表5.2、表5.3）。

表 5.2　舟山群岛新区开发区土地资源规模特征

单位：公顷

土地资源特征指标	舟山经济开发区	岱山经济开发区	定海工业园区	普陀经济开发区	舟山港综合保税区	合计
土地总面积	1910.98	389.03	718.29	674.05	585.69	4278.04
主区土地面积	250.08	110.10	339.11	164.66	——	863.93
发展方向区土地面积	1660.90	278.93	379.18	509.39	——	2828.40
不可建设土地面积	200.35	6.88	29.55	13.93	6.30	257.01
已建成城镇建设用地面积	287.62	120.67	299.04	334.75	36.15	1078.23
未建成城镇建设用地面积	1423.01	261.48	389.70	325.37	543.24	2942.80

数据来源：根据舟山经济开发区、岱山经济开发区、定海工业园区、普陀经济开发区、舟山港综合保税区2014年度土地集约利用评价技术报告整理。

表 5.3　舟山群岛新区开发区土地资源结构特征

单位：%

土地资源特征指标	舟山经济开发区	岱山经济开发区	定海工业园区	普陀经济开发区	舟山港综合保税区	合计
主区土地占总面积比重	13.09	28.30	47.21	24.43	——	20.20
发展方向区土地占总面积比重	86.91	71.70	52.79	75.57	——	66.13
不可建设土地比重	10.48	1.77	4.11	2.07	1.08	6.01

续表

土地资源特征指标	舟山经济开发区	岱山经济开发区	定海工业园区	普陀经济开发区	舟山港综合保税区	合计
已建成城镇建设用地比重	15.05	31.02	41.63	49.66	6.17	18.19
未建成城镇建设用地比重	74.47	67.21	54.26	48.27	92.75	59.69

数据来源:根据舟山经济开发区、岱山经济开发区、定海工业园区、普陀经济开发区、舟山港综合保税区2014年度土地集约利用评价技术报告整理。

(一)舟山经济开发区

舟山经济开发区土地总面积为1910.98公顷,其中主区土地面积为250.08公顷,发展方向区土地面积为1660.90公顷。截至2014年,开发区共有不可建设土地面积200.35公顷,主要为河湖及其蓄滞洪区土地,占开发区土地总面积的10.48%;已建成城镇建设用地面积为287.62公顷,占开发区土地总面积的15.05%;未建成城镇建设用地面积为1423.01公顷,占开发区土地总面积的74.47%。未建成城镇建设用地中有已建成农村建设用地19.45公顷,其中主区18.26公顷,发展方向区1.19公顷(表5.4)。

表5.4 舟山经济开发区土地利用状况(按建设状况划分)

类别	编码	主区		发展方向区		合计	
		面积/公顷	比例/%	面积/公顷	比例/%	面积/公顷	比例/%
开发区土地	Z	250.08	100.00	1660.90	100.00	1910.98	100.00
已建成城镇建设用地	A	170.02	100.00	117.60	100.00	287.62	100.00
住宅用地	A1	7.34	4.32	0.00	0.00	7.34	2.55
工矿仓储用地	A2	125.88	74.04	76.40	64.96	202.28	70.33
交通运输用地	A3	24.45	14.38	26.11	22.21	50.56	17.58
街巷用地	A31	24.45	14.38	26.11	22.21	50.56	17.58
商服用地	A4	1.85	1.09	0.00	0.00	1.85	0.64
公共管理与公共服务用地	A5	10.50	6.17	15.09	12.83	25.59	8.90
公园与绿地	A51	7.81	4.60	11.47	9.75	19.28	6.70
未建成城镇建设用地	B	29.08	100.00	1393.93	100.00	1423.01	100.00

续表

类别	编码	主区		发展方向区		合计	
		面积/公顷	比例/%	面积/公顷	比例/%	面积/公顷	比例/%
已建成农村建设用地	B1	18.26	62.80	1.19	0.09	19.45	1.37
其他未建成城镇建设用地	B2	10.82	37.20	1392.74	99.91	1403.56	98.63
已达到供地条件的其他土地	B21	9.31	32.00	115.95	8.32	125.26	8.80
未达到供地条件的其他土地	B22	1.51	5.20	1276.79	91.60	1278.30	89.83
不可建设土地	C	50.98	100.00	149.37	100.00	200.35	100.00
河湖及其蓄滞洪区土地	C1	10.08	19.77	98.27	65.79	108.35	54.08
自然、生态保护区土地	C2	40.90	80.23	51.10	34.21	92.00	45.92

数据来源:舟山经济开发区2014年度土地集约利用评价技术报告。

(二)岱山经济开发区

岱山经济开发区土地总面积为389.03公顷,其中主区土地面积为110.10公顷,发展方向区土地面积为278.93公顷。截至2014年初,开发区共有不可建设土地面积6.88公顷,为河湖及其蓄滞洪区土地,占开发区土地总面积的1.77%;已建成城镇建设用地面积为120.67公顷,占开发区土地总面积的31.02%;未建成城镇建设用地面积为261.48公顷,占开发区土地总面积的67.21%(表5.5)。

表5.5　岱山经济开发区土地利用状况统计表(按建设状况划分)

类别	编码	主区		发展方向区		合计	
		面积/公顷	比例/%	面积/公顷	比例/%	面积/公顷	比例/%
开发区土地	Z	110.10	100.00	278.93	100.00	389.03	100.00
已建成城镇建设用地	A	65.34	100.00	55.33	100.00	120.67	100.00
住宅用地	A1	0.29	0.45	0.00	0.00	0.29	0.24
工矿仓储用地	A2	54.16	82.89	40.74	73.64	94.91	78.65
交通运输用地	A3	7.54	11.54	14.52	26.24	22.06	18.28
街巷用地	A31	7.54	11.54	14.52	26.24	22.06	18.28

续表

类别	编码	主区		发展方向区		合计	
		面积/公顷	比例/%	面积/公顷	比例/%	面积/公顷	比例/%
公共管理与公共服务用地	A5	3.35	5.12	0.07	0.12	3.41	2.83
公园与绿地	A51	3.07	4.69	0.07	0.12	3.14	2.60
未建成城镇建设用地	B	42.37	100.00	219.11	100.00	261.48	100.00
已建成农村建设用地	B1	11.88	28.04	6.10	2.78	17.98	6.88
其他未建成城镇建设用地	B2	30.49	71.96	213.01	97.22	243.50	93.12
已达到供地条件的其他土地	B21	16.69	39.39	132.69	60.56	149.38	57.12
未达到供地条件的其他土地	B22	13.80	32.57	80.32	36.66	94.12	36.00
不可建设土地	C	2.39	100.00	4.49	100.00	6.88	100.00
河湖及其蓄滞洪区土地	C1	2.39	100.00	4.49	100.00	6.88	100.00

数据来源:岱山经济开发区2014年度土地集约利用评价技术报告。

(三)定海工业园区

定海工业园区土地总面积为718.29公顷,其中主区面积为339.11公顷,发展方向区面积为379.18公顷。截至2014年初:开发区共有不可建设土地29.55公顷,主要为河湖及其蓄滞洪区土地,占开发区土地总面积的4.11%;已建成城镇建设用地面积为299.04公顷,占开发区土地总面积的41.63%;未建成城镇建设用地面积为389.70公顷,占开发区土地总面积的54.25%(表5.6)。可开发区域大部分为海涂围垦地,地势平坦,土地资源十分丰富,有良好的土地发展条件。

表5.6　定海工业园区土地利用状况(按建设状况划分)

类别	编码	主区		发展方向区		合计	
		面积/公顷	比例/%	面积/公顷	比例/%	面积/公顷	比例/%
开发区土地	Z	339.11	100.00	379.18	100.00	718.29	100.00
已建成城镇建设用地	A	107.16	100.00	191.88	100.00	299.04	100.00
工矿仓储用地	A2	75.78	70.72	185.76	96.81	261.54	87.46

续表

类别	编码	主区		发展方向区		合计	
		面积/公顷	比例/%	面积/公顷	比例/%	面积/公顷	比例/%
交通运输用地	A3	25.47	23.77	6.12	3.19	31.59	10.56
街巷用地	A31	25.47	23.77	6.12	3.19	31.59	10.56
公共管理与公共服务用地	A5	5.91	5.51	0.00	0.00	5.91	1.98
公园与绿地	A51	5.18	4.83	0.00	0.00	5.18	1.73
未建成城镇建设用地	B	217.44	100.00	172.26	100.00	389.70	100.00
其他未建成城镇建设用地	B2	217.44	100.00	172.26	100.00	389.70	100.00
已达到供地条件的其他土地	B21	192.10	88.35	172.26	100.00	364.36	93.50
未达到供地条件的其他土地	B22	25.34	11.65	0.00	0.00	25.34	6.50
不可建设土地	C	14.51	100.00	15.04	100.00	29.55	100.00
河湖及其蓄滞洪区土地	C1	14.51	100.00	14.76	98.14	29.27	99.05
其他不可建设土地	C3	0.00	0.00	0.28	1.86	0.28	0.95

数据来源：定海工业园区2014年度土地集约利用评价技术报告。

（四）普陀经济开发区

截至2014年初，浙江普陀经济开发区不可建设土地有13.93公顷，均为河湖及其蓄滞洪区土地，占开发区土地总面积比例为2.07%；在可建设土地中，已建成城镇建设用地面积为334.75公顷，占开发区土地总面积的49.66%；未建成城镇建设用地面积为325.37公顷，占开发区土地总面积比例为48.27%，其中发展方向区未建成城镇建设用地320.56公顷，占发展方向区面积的62.93%（表5.7）。由此可见普陀经济开发区主区土地大部分已建成，发展方向区土地超过一半未建成，因此未来可供土地主要集中在发展方向区，主区未来的发展空间较小。

表5.7 普陀经济开发区土地利用状况(按建设状况划分)

类别	编码	主区		发展方向区		合计	
		面积/公顷	比例/%	面积/公顷	比例/%	面积/公顷	比例/%
开发区土地	Z	164.66	100.00	509.39	100.00	674.05	100.00
已建成城镇建设用地	A	153.68	100.00	181.06	100.00	334.75	100.00
住宅用地	A1	79.55	51.76	10.23	5.65	89.78	26.82
工矿仓储用地	A2	0.44	0.29	140.33	77.50	140.77	42.05
交通运输用地	A3	25.82	16.80	23.22	12.82	49.04	14.65
街巷用地	A31	25.82	16.80	5.45	3.01	31.27	9.34
商服用地	A4	11.74	7.64	1.56	0.86	13.30	3.97
公共管理与公共服务用地	A5	36.13	23.51	5.73	3.17	41.86	12.51
公园与绿地	A51	14.83	9.65	0.00	0.00	14.83	4.43
未建成城镇建设用地	B	4.81	100.00	320.56	100.00	325.37	100.00
已建成农村建设用地	B1	0.00	0.00	19.15	5.97	19.15	5.89
已建成农村工矿仓储用地	B11	0.00	0.00	1.78	0.56	1.78	0.55
其他未建成城镇建设用地	B2	4.81	100.00	301.41	94.03	306.22	94.11
已达到供地条件的其他土地	B21	4.81	100.00	263.82	82.30	268.63	82.56
未达到供地条件的其他土地	B22	0.00	0.00	37.59	11.73	37.59	11.55
不可建设土地	C	6.17	100.00	7.76	100.00	13.93	100.00
河湖及其蓄滞洪区土地	C1	6.17	100.00	7.76	100.00	13.93	100.00

数据来源:普陀经济开发区2014年度土地集约利用评价技术报告。

(五)舟山港综合保税区

舟山港综合保税区土地总面积为585.69公顷,截至2014年初已建成城镇建设用地36.15公顷,占开发区土地总面积的6.17%;尚未建成土地面积为543.24公顷,占开发区土地总面积的92.75%,区内尚有不可建设土地6.30公顷,占开发区土地总面积的1.08%(表5.8)。

舟山港综合保税区土地已建成城镇建设用地全部为已建成的街巷用地;未建成的城镇建设用地全部为其他未建成城镇建设用地,其中:

239.90公顷已达到供地条件,占全部未建成城镇建设用地的44.16%;
303.35公顷未达到供地条件,占全部未建成城镇建设用地的55.84%
(表5.8)。不可建设土地全部为河湖及其蓄滞洪区土地。

表5.8　舟山港综合保税区土地利用状况(按建设状况划分)

类　　别	编码	面积/公顷	占开发区总面积比例/%
开发区土地	Z	585.69	100.00
已建成城镇建设用地	A	36.15	6.17
交通运输用地	A3	36.15	6.17
街巷用地	A31	36.15	6.17
未建成城镇建设用地	B	543.24	92.75
其他未建成城镇建设用地	B2	543.24	92.75
已达到供地条件的其他土地	B21	239.90	40.96
未达到供地条件的其他土地	B22	303.35	51.79
不可建设土地	C	6.30	1.08
河湖及其蓄滞洪区土地	C1	6.30	1.08

数据来源:舟山港综合保税区2014年度土地集约利用评价技术报告。

三、开发区土地资源的开发与建设特征

(一)舟山经济开发区

截至2014年初,舟山经济开发区不可供应土地面积为200.35公顷;可供应土地总面积为1710.63公顷,其中已达到供地条件的土地面积为412.87公顷,土地开发率为24.1%。尚可供应土地中有已建成农村建设用地19.45公顷。

开发区已供应国有建设用地409.38公顷,土地供应率(占已建成城镇建设用地及已达到供地条件土地之和的比例)为99.15%。已供应国有建设用地中,工矿仓储用地已供应面积占比最高,达76.01%;交通运输用地、公共管理与公共服务用地和商服用地次之,占比分别为13.27%、6.46%和2.46%;住宅用地所占比重较低,仅1.79%。而主区

和发展方向区的各类用地供应结构基本相当。

已供应国有建设用地中,已建成城镇建设用地面积为287.62公顷,土地建成率为70.25%;未建成土地面积为121.77公顷,主要为近几年新供应的土地。已建成城镇建设用地中,住宅用地的建成率最高,达到了100.00%;交通运输用地和公共管理与公共服务用地的建成率也较高,分别达到了93.04%和96.73%;工矿仓储用地和商服用地的建成率仅分别为65.00%和18.39%。主区内各类用地的建成率均接近100%,发展方向区内工矿仓储用地的建成率较低,仅42.07%,其余也都接近100%。

舟山经济开发区已经累计供应土地409.38公顷,其中工矿仓储用地311.19公顷。主区范围前3年未发生土地供应,前5年年供应土地面积最大值为3.57公顷,前5年年供应工矿仓储用地面积最大值为1.76公顷。发展方向区范围前3年年均土地供应面积为39.94公顷,前3年年均供应工矿仓储用地为34.09公顷,前5年年供应土地面积最大值为91.69公顷,前5年年供应工矿仓储用地面积最大值为86.42公顷。

舟山经济开发区已供应国有建设用地中,划拨土地面积为85.28公顷,占已供应土地总面积的20.83%;有偿使用土地面积为324.10公顷,占已供应土地总面积的79.17%;不存在有偿使用且已到期但未处置土地。开发区内尚可供应土地面积为1301.23公顷,其中主区22.80公顷,发展方向区1278.43公顷,尚可供应土地主要集中在发展方向区。根据开发区相关规划,其中尚可划拨土地261.72公顷,尚可有偿使用土地1039.52公顷,尚可供应工矿仓储用地976.12公顷,尚可供应工矿仓储用地主要集中在发展方向区。

经过多年的开发建设,主区范围内土地已基本供应完毕,近几年的主要供地区域已经转向发展方向区,尽管土地供应年际变动大,但总体上发展势头强劲,用地需求量极大,土地供应空间相对有限。

(二)岱山经济开发区

截至2014年初,岱山经济开发区不可供应土地面积为6.88公顷;

可供应土地总面积为 382.15 公顷,其中已达到供地条件的土地面积为 149.38 公顷,土地开发率为 70.67%。尚可供应土地中已建成农村建设用地 17.98 公顷,主要位于主区,所占比重不大。

开发区已供应国有建设用地 155.05 公顷,土地供应率为 57.41%,其中主区土地供应率为 84.30%,发展方向区土地供应率为 45.68%。已供应国有建设用地中,工矿仓储用地占比绝对比重,达 83.38%,其次为交通运输用地,占 14.23%,其他类型用地所占比重都不多。主区和发展方向区的各类用地供应结构基本相当。

已供应国有建设用地中,已建成城镇建设用地总面积为 120.67 公顷,土地建成率为 77.83%,其中主区土地建成率为 94.48%,发展方向区土地建成率为 64.42%。已供应未建成土地面积 34.37 公顷,全部为工矿仓储用地。已建成城镇建设用地中,工矿仓储用地的建成率为 73.41%,其他类型土地的建成率均为 100%。

岱山经济开发区已累计供应土地 155.05 公顷,其中工矿仓储用地面积为 129.28 公顷。主区范围前 3 年年均土地供应面积为 0.73 公顷,前 3 年年均供应工矿仓储用地面积为 0.70 公顷,前 5 年年供应土地面积最大值为 2.20 公顷,前 5 年年供应工矿仓储用地面积最大值为 2.11 公顷。发展方向区范围前 3 年年均土地供应面积为 3.28 公顷,前 3 年年均供应工矿仓储用地面积为 3.28 公顷,前 5 年年供应土地面积最大值为 54.81 公顷,前 5 年年供应工矿仓储用地面积最大值为 54.81 公顷。

岱山经济开发区已供应国有建设用地中,划拨土地面积为 33.88 公顷,占已供应土地总面积的 21.85%;有偿使用土地 121.17 公顷,占已供应土地总面积的 78.15%;不存在有偿使用且已到期但未处置土地。

开发区内尚可供应土地面积为 227.10 公顷,其中主区 38.55 公顷,发展方向区 188.55 公顷,尚可供应土地主要集中在发展方向区,占比为 83.02%。根据开发区相关规划,其中尚可划拨土地面积为 62.99 公顷,其中主区 11.62 公顷,占比 18.45%,发展方向区 51.36 公顷,占比 81.55%;尚可有偿使用土地面积为 164.12 公顷,其中主区 26.93 公顷,占比 16.41%,发展方向区 137.19 公顷,占比 83.59%,;尚可供应工矿仓储用地面积为 145.72 公顷,其中主区 26.93 公顷,占比 18.48%,发展方向区 118.79 公顷,占比 81.52%,尚可供应工矿仓储用地主要集中在发展方向区。

经过 20 余年的开发建设,主区范围内大部分土地已开发建设完毕,且尚可供应土地中有 11.88 公顷为已建成农村建设用地,此部分基本难以形成有效供给,近几年的主要供地区域已经转向发展方向区。开发区实施有效的整合提升有助于促进岱山经济开发区可持续发展,有助于充分发挥开发区引领岱山产业提升和高新技术产业集聚的作用。

(三)定海工业园区

定海工业园区集约利用研究土地总面积 339.11 公顷,在可建设土地 324.60 公顷中,已供应土地 213.07 公顷,供应率达到了 71.20%,已建成城镇建设用地面积为 107.16 公顷,建成率为 50.29%。从以上数据可见,从供应率与建成率看,定海工业园区还有一定的挖掘潜力,目前主区的供应率与建成率并不高。

定海工业园区发展方向区土地的开发强度比较大,且从发展方向区起步不久的现状来看,其建成率相对也比较高,并且发展方向区具有与海相连的自然条件,从其未来的发展潜力看,其土地资源挖掘潜力较大。发展方向区范围内的土地仍有一定的发展潜力,且产业集中,吸引着众多的大型船舶行业的眼光,这将使发展方向区未来具有较好的扩展潜力和美好前景。

(四)普陀经济开发区

普陀经济开发区土地总面积为 674.05 公顷,不可建设土地面积为 13.93 公顷,土地开发率达到 91.40%。截至 2013 年年底,普陀经济开发区已供应土地 364.20 公顷,土地供应率达到 60.36%;已建成城镇建设用地 334.75 公顷,土地建成率达到 91.91%。主区的土地供应率和建成率分别为 99.58%和 97.38%;发展方向区的土地供应率和建成率分别为 46.39%和 87.73%。分析结果显示,普陀经济开发区土地供应率和建成率的特点为:主区已达到较高水平,均在 97%以上;发展方向区水平较低,尤其土地供应率尚未超过 50%,有很大的发展空间。由此可见,主区的发展程度已经很高,今后的土地资源主要依赖发展方向区。

普陀经济开发区主区已供应土地已达到 95.84%,发展方向区已供应土地只有 40.52%,尚可供应土地主要集中在发展方向区范围内,主区的发展空间较小。在已供应土地中,通过划拨方式供应土地 110.53 公顷,占已供应土地的 30.35%,划拨土地中主要为街巷用地、公园与绿地以及公共管理与公共服务用地;以有偿使用方式供应土地 253.66 公顷,占已供应土地的 69.65%。

截至 2013 年年底,普陀经济开发区已供应国有土地 364.20 公顷,到目前为止,普陀经济开发区以有偿方式供应土地中还没有出现到期土地项目,也没有闲置土地。这说明普陀经济开发区管理委员会和舟山市国土资源局普陀分局高度重视土地监管,一直严格执行节约、集约用地管理制度,开发区土地管理成效十分显著。

(五)舟山港综合保税区

截至 2013 年年底,舟山港综合保税区建区仅 1 年多,评价范围内可建设土地中 276.04 公顷土地已达到"五通一平"以上的开发条件,土地开发率已达 47.64%。

该区已达供地条件的土地中,已供应土地面积为 104.83 公顷,占已达到供地条件土地面积的 37.98%。其中:已供应工矿仓储用地面积为 40.37 公顷,占已供应土地的 38.51%;已供应交通运输用地面积为 57.09 公顷,占比为 54.46%;已供应公共管理与公共服务用地面积为 7.37 公顷,占比为 7.03%。

该区已供应国有建设用地中,有 36.15 公顷土地已建成,土地建成率为 34.48%。已供应尚未建成城镇建设用地面积为 68.68 公顷,主要为近几年新供应的项目,大多尚在建设过程中。已建成城镇建设用地中,交通运输用地建成率达 63.32%;其余已供应土地均尚未建成。

截至 2013 年年底,舟山港综合保税区已供应国有建设用地中,以有偿使用方式供地的面积为 60.54 公顷,占已供应国有建设用地面积的 57.76%;以划拨方式供地的面积为 44.28 公顷,占已供应国有建设用地面积的 42.24％；不存在有偿使用且已到期但未处置的土地。根据开发区相关规划，舟山港综合保税区尚可供应土地面积为 474.56 公顷，其中尚可划拨土地面积为 88.05 公顷，占尚可供应土地面积的 18.55％，主要是规划公共管理与公共服务用地、基础设施用地等；尚可有偿使用的土地面积为 386.51 公顷，占尚可供应土地面积的 81.45％，全部是尚可供应的工矿仓储用地。

舟山港综合保税区累计已供应土地面积 104.83 公顷，其中工矿仓储用地面积为 40.37 公顷，占比为 38.51％。前 3 年年均土地供应面积为 30.34 公顷，前 3 年年均供应工矿仓储用地为 11.06 公顷；前 5 年年供应土地面积最大值为 36.49 公顷，年供应工矿仓储用地面积最大值为 33.18 公顷。根据开发区规划，尚有可供应土地面积 474.56 公顷，其中尚可供应工矿仓储用地面积 386.51 公顷，全部位于围网范围内。

四、开发区土地资源利用的强度和效益特征

土地利用强度是衡量建设用地集约、节约利用水平的重要依据，而建设用地利用容积率和建筑密度则是两个重要的衡量指标。综合考虑舟山群岛新区开发区各个区域的土地利用强度情况，可以发现：普陀经济开发区的综合建筑容积率最高，其次为岱山经济开发区，两者均达到了较高的利用水平；而着眼于开发区综合建筑密度，岱山经济开发区和定海工业园区的利用较为集约（表 5.9）。此外，从开发区（工业）角度考虑，岱山经济开发区的利用水平较为集约。由此可见，在新区诸多开发区的土地利用强度约束下，岱山经济开发区的建设用地利用较为集约。值得关注的是，舟山港综合保税区由于是新开发区，截至 2013 年年底，该区相关建筑均尚未建成，因此相关建筑强度数据均为 0。但是从其规划用地强度来看，建成后的土地利用强度将很高。

表 5.9　舟山群岛新区开发区土地利用强度

开发区	总建筑面积/万米²	开发区(综合)		开发区(工业)	
		容积率	建筑密度/%	容积率	建筑系数/%
舟山经济开发区	144.85	0.50	24.35	0.61	47.55
岱山经济开发区	84.18	0.70	29.45	0.88	48.66
定海工业园区	285.37	0.63	31.07	0.89	44.70
普陀经济开发区	293.26	0.90	27.50	——	——
舟山港综合保税区	0.00	0.00	0.00	0.00	0.00

数据来源:根据舟山经济开发区、岱山经济开发区、定海工业园区、普陀经济开发区、舟山港综合保税区 2014 年度土地集约利用评价技术报告整理。

建设用地承载着经济的发展,对建设用地的投入即固定资产投资强度直接影响和关系着舟山群岛新区开发区的建设用地集约、节约利用水平。对新区开发区横向对比分析,舟山经济开发区主区范围内工业用地固定资产投入强度为 3824.91 万元/公顷,高于岱山经济开发区主区范围内工业用地固定资产投入强度的 1918.30 万元/公顷。定海工业园区居其次,主区内工业企业固定资产投入强度为 3390.05 万元/公顷,建设用地利用处于一个较为集约的发展阶段。普陀经济开发区土地利用强度也达到了较高的水平,舟山港综合保税区因所引入企业尚未建成投资,所以相关数据暂时空缺。根据相关规划,舟山群岛新区开发区整体上的建设用地节约、集约利用水平和土地利用效益均较为可观,有较大的发展和利用潜力。

(一)舟山经济开发区

舟山经济开发区评价范围内已建成项目总建筑面积为 144.86 万米²,其中主区 107.59 万米²,发展方向区 37.27 万米²;建筑基底总面积为 70.03 万米²,其中主区 47.92 万米²,发展方向区 22.11 万米²;工矿仓储用地上的总建筑面积为 123.18 万米²,其中主区 97.44 万米²,发展方向区 25.74 万米²;工矿仓储用地上的建筑物构筑物基底、露天堆场和露天操作场地的总面积为 96.18 万米²,其中主区 58.07 万米²,发展方向区 38.11 万米²(表 5.10)。

表 5.10　舟山经济开发区建筑工程状况

单位:万米²

项目	主区	发展方向区	合计
总建筑面积	107.59	37.27	144.86
建筑基底总面积	47.92	22.11	70.03
工矿仓储用地上的总建筑面积	97.44	25.74	123.18
工矿仓储用地上的建筑物构筑物基底、露天堆场和露天操作场地的总面积	58.07	38.11	96.18

数据来源:舟山经济开发区 2014 年度土地集约利用评价技术报告。

开发区综合容积率和建筑密度分别为 0.50 和 24.35%,其中主区综合容积率和建筑密度分别为 0.63 和 28.19%,发展方向区综合容积率和建筑密度分别为 0.32 和 18.80%。开发区工业用地容积率和建筑系数分别为 0.61 和 47.55%,其中主区工业用地容积率和建筑系数分别为 0.77 和 46.13%,发展方向区工业用地容积率和建筑系数分别为 0.34 和 49.88%。

从土地利用强度来看,发展方向区综合容积率和工业用地容积率均较主区低,这一方面既与主区发展较为成熟而发展方向区发展时间尚短有关,另一方面也说明发展方向区用地强度存在较大提升空间。

截至 2013 年年底,舟山经济开发区评价范围内累计完成工业(物流)企业固定资产投资总额 731345 万元,开发区工业(物流)企业税收总额为 47064 万元。主区范围内工业用地固定资产投入强度为 3824.91 万元/公顷,工业用地地均税收为 253.59 万元/公顷;发展方向区范围内工业用地固定资产投入强度为 3270.45 万元/公顷,工业用地地均税收为 198.19 万元/公顷。

(二)岱山经济开发区

岱山经济开发区已建成项目总建筑面积为 84.18 万米²,其中主区 45.38 万米²,发展方向区 38.80 万米²;建筑基底总面积为 35.53 万米²,其中主区 21.87 万米²,发展方向区 13.66 万米²;工矿仓储用地上的总建筑面积 83.60 万米²,其中主区 44.80 万米²,发展方向区 38.80 万米²;

工矿仓储用地上的建筑物构筑物基底、露天堆场和露天操作场地的总面积为 46.18 万米²，其中主区 28.33 万米²，发展方向区 17.85 万米²（表5.11）。

表 5.11　岱山经济开发区建筑工程状况统计

单位:万米²

项目	主区	发展方向区	合计
总建筑面积	45.38	38.80	84.18
建筑基底总面积	21.87	13.66	35.53
工矿仓储用地上的总建筑面积	44.80	38.80	83.60
工矿仓储用地上的建筑物构筑物基底、露天堆场和露天操作场地的总面积	28.33	17.85	46.18

数据来源:岱山经济开发区 2014 年度土地集约利用评价技术报告。

开发区综合容积率和建筑密度分别为 0.70 和 29.45%，其中主区综合容积率和建筑密度分别为 0.69 和 33.47%，发展方向区综合容积率和建筑密度分别为 0.70 和 24.70%，发展方向区综合容积率与主区基本持平。开发区工业用地容积率和建筑系数分别为 0.88 和 48.66%，其中主区工业用地容积率和建筑系数分别为 0.83 和 52.31%，发展方向区工业用地容积率和建筑系数分别为 0.95 和 43.82%，发展方向区工业用地容积率比主区工业用地容积率高出 0.12。

截至 2013 年年底，岱山经济开发区累计完成工业（物流）企业固定资产投资总额 294805 万元，开发区工业（物流）企业税收总额为 21836 万元。主区范围内工业用地固定资产投入强度为 1918.30 万元/公顷，工业用地地均税收为 223.64 万元/公顷；发展方向区范围内工业用地固定资产投入强度为 3356.04 万元/公顷，工业用地地均税收为 238.64 万元/公顷。

（三）定海工业园区

定海工业园区开发区综合容积率和工业用地综合容积率分别为

0.63 和 0.89,建筑密度和工业用地建筑系数分别达到了 31.07% 和 44.70%。① 这四个指标相对于主区较为复杂的工业行业来说,基本符合了省级标准,或者与标准相比仅有比较细微的差距。但从长远角度看,考虑到主区白泉区块产业规划调整政策的实施,这些指标有望更进一步提高。就整个开发区综合而言,以省级标准为依据,定海工业园区主区与发展方向区具有较高的土地利用强度。

定海工业园主区内工业企业固定资产投入强度为 3390.05 万元/公顷,工业用地地均税收为 194.52 万元/公顷,主区的固定资产投资强度与地均税收有待进一步提高。定海工业园区发展方向区的用地效益评价集约度分值为 97.82,工业企业固定资产投入强度为 7132.98 万元/公顷,工业用地地均税收为 270.36 万元/公顷。② 发展方向区的投入产出强度远远高出国家与浙江省的控制指标,也高于主区的强度。综合而言,定海工业园区用地效益达到较高水平。

(四)普陀经济开发区

普陀经济开发区主区的容积率为 1.09,建筑系数为 21.41%。③ 而发展方向区的容积率与建筑系数均与主区有所差别,其原因可能是在于产城融合型的定位差异,即这个定位是由主区的用地比例决定的。普陀经济开发区主区以房地产业及金融服务业为主导产业,但是发展方向区目前已建成城镇建设用地主要为工矿仓储用地,占 77.5%④,所以两个区域不同的功能定位决定了不同的建筑标准。

普陀经济开发区主区的综合地均税收和人口密度现状值比发展方向区要高,均达到了相对较高水平,发展方向区的综合地均税收目前仅为 70.58 万元/公顷⑤,可进一步提高土地产出水平。

① 定海工业园区 2014 年度土地集约利用评价技术报告。
② 同①。
③ 普陀经济开发区 2014 年度土地集约利用评价技术报告。
④ 同③。
⑤ 同③。

（五）舟山港综合保税区

截至 2013 年年底，舟山港综合保税区已建成城镇建设用地面积为 36.15 公顷，全部为交通运输用地，已入驻的 10 家企业（含 1 家污水处理厂）均尚未建成，所以相关建筑强度数据均为 0。① 但是从其已入驻企业的产业类型和规划用地强度来看，建成后的利用强度、固定资产投资总额、产值及税收等都将十分可观。

第二节　舟山群岛新区开发区建设用地集约利用程度

开发区土地集约利用是一个动态发展的过程。根据土地利用的一般规律，在经济利益等驱动下，开发区土地利用不断趋向于集约边际，但在不同的发展阶段及其特有的发展条件下，由于管理者的积极因素或消极因素影响，开发区实际的土地集约利用水平会出现优于或劣于一般规律下的土地利用情况，这也正是开发区土地集约利用评价的立足点所在。开发区土地集约利用评价工作使政府管理部门和用地主体能及时掌握开发区所处阶段的土地集约利用动态，从而采取积极的政策措施推动土地利用趋近集约边际。

根据开发区主区范围内工矿仓储用地和住宅用地的比例关系，开发区评价类型可以划分为工业主导型开发区和产城融合型开发区两类，采取不同的评价指标体系。工矿仓储用地占已建成城镇建设用地的比例大于 30％，且住宅用地占已建成城镇建设用地的比例小于 25％的，划为工业主导型开发区；工矿仓储用地占已建成城镇建设用地的比例小于等于 30％，或住宅用地占已建成城镇建设用地的比例大于等于 25％的，划为产城融合型开发区。

舟山经济开发区主区范围内住宅用地和工矿仓储用地面积占已建成城镇建设用地的比例分别为 4.32％和 74.05％；岱山经济开发区主区

---

① 舟山港综合保税区 2014 年度土地集约利用评价技术报告。

范围内住宅用地和工矿仓储用地面积占已建成城镇建设用地的比例分别为 0.45% 和 82.89%；定海工业园区主区内工矿仓储用地面积占已建成城镇建设用地的比例为 87.46%，无住宅用地；舟山港综合保税区累计已供应工矿仓储用地面积占全部已供应土地面积的比例为 38.51%。因此，这 4 个开发园区均按工业主导型开发区类型进行评价。

普陀经济开发区主区内工矿仓储用地面积占已建成城镇建设用地的比例为 0.29%，住宅用地面积占已建成城镇建设用地的比例为 51.77%。根据上述标准，普陀经济开发区属于产城融合型开发区。

一、开发区建设用地集约利用评价指标体系

(一)建设用地集约利用评价指标体系与指标内涵

工业主导型开发区评价指标体系包括土地利用状况、用地效益和管理绩效三个方面以及目标、子目标和指标三个层次，在具体指标上主区和发展方向区略有差异(表 5.12)。

表 5.12　工业主导型开发区土地集约利用程度评价指标体系

目标	子目标	评价指标			
		主区评价指标	主区评价指标属性	发展方向区评价指标	发展方向区评价指标属性
土地利用状况(A)	土地利用程度(A1)	土地供应率(A11)	正向相关	土地开发率(A13)	正向相关
		土地建成率(A12)	正向相关		
	用地结构状况(A2)	工业用地率(A21)	正向相关	工业用地率(A21)	正向相关
	土地利用强度(A3)	综合容积率(A31)	正向相关	综合容积率(A31)	正向相关
		建筑密度(A32)	正向相关	建筑密度(A32)	正向相关
		工业用地综合容积率(A33)	正向相关	工业用地综合容积率(A33)	正向相关
		工业用地建筑系数(A34)	正向相关	工业用地建筑系数(A34)	正向相关

目标	子目标	评价指标			
		主区评价指标	主区评价指标属性	发展方向区评价指标	发展方向区评价指标属性
用地效益（B）	产业用地投入产出效益（B1）	工业用地固定资产投入强度（B11）	正向相关	工业用地固定资产投入强度（B11）	正向相关
		工业用地地均税收（B12）	正向相关	工业用地地均税收（B12）	正向相关
管理绩效（C）	土地利用监管绩效（C1）	土地闲置率（C11）	负向相关	土地闲置率（C11）	负向相关

产城融合型开发区的土地集约利用程度评价指标体系如表 5.13
所示。

表 5.13　产城融合型开发区土地集约利用程度评价指标体系

目标	子目标	评价指标			
		主区评价指标	主区评价指标属性	发展方向区评价指标	发展方向区评价指标属性
土地利用状况（A）	土地利用程度（A1）	土地供应率（A11）	正向指标	土地开发率（A13）	正向相关
		土地建成率（A12）	正向相关		正向相关
	土地利用强度（A3）	综合容积率（A31）	正向相关	综合容积率（A31）	正向相关
		建筑密度（A32）	正向相关	建筑密度（A32）	正向相关
用地效益（B）	综合用地效益（B1）	综合地均税收（B11）	正向相关	综合地均税收（B11）	正向相关
		人口密度（B12）	正向相关	人口密度（B12）	正向相关
管理绩效（C）	土地利用监管绩效（C1）	土地闲置率（C11）	负向相关	土地闲置率（C11）	负向相关

开发区土地集约利用程度评价指标体系中各评价指标的内涵分
别是：

土地供应率（A11）是指已供应国有建设用地面积与已达到供地条
件的土地面积之比，数值以％表示；反映开发区已达到供地条件土地的供应情况,属正向相关指标。

土地建成率(A12)是指已建成城镇建设用地面积与已供应国有建设用地面积之比,数值以%表示;反映开发区已供应国有建设用地的建成状况,属正向相关指标。

土地开发率(A13)是指开发区发展方向区内已达到供地条件的土地面积与除不可建设土地以外的用地面积之比,数值以%表示;反映开发区发展方向区土地的开发状况,属正向相关指标。

工业用地率(A21)是指已建成城镇建设用地范围内工矿仓储用地面积与已建成城镇建设用地面积之比,数值以%表示;反映开发区已建成城镇建设用地中工矿仓储用地的比重,属正向相关指标。

综合容积率(A31)是指已建成城镇建设用地上的总建筑面积与已建成城镇建设用地面积的比值,无量纲;反映开发区已建成城镇建设用地的综合利用强度,属正向相关指标。

建筑密度(A32)是指已建成城镇建设用地内的建筑基底总面积与已建成城镇建设用地面积的比值,数值以%表示;反映开发区已建成城镇建设用地的平面利用状况,属正向相关指标。

工业用地综合容积率(A33)是指已建成城镇建设用地范围内工矿仓储用地上的总建筑面积与工矿仓储用地面积之比,无量纲;反映开发区工矿仓储用地的综合利用强度,属正向相关指标。

工业用地建筑系数(A34)是指已建成城镇建设用地范围内工矿仓储用地上的建筑物构筑物基底面积、露天堆场和露天操作场地的总面积与工矿仓储用地面积之比,数值以%表示;反映开发区工矿仓储用地的利用状况,属正向相关指标。

工业用地固定资产投入强度(B11)是指已建成城镇建设用地范围内的工业(物流)企业累计固定资产投资总额与工矿仓储用地面积之比,单位为万元/公顷;反映开发区工矿仓储用地的投入强度,属正向相关指标,用于工业主导型开发区土地评价。

工业用地地均税收(B12)是指已建成城镇建设用地范围内的工业(物流)企业税收总额与工矿仓储用地面积之比,单位为万元/公顷;反映开发区工矿仓储用地的产出效益,属正向相关指标,用于工业主导型开发区土地评价。

土地闲置率(C11)是指已供应国有建设用地中闲置土地面积与已供应国有建设用地面积之比,数值以%表示;反映开发区土地的闲置情况,属负向相关指标。

综合地均税收(B11)是指已建成城镇建设用地范围内的第二、三产业税收总额与已建成城镇建设用地面积之比,单位为万元/公顷;反映开发区已建成城镇建设用地的产出效益,属正向相关指标,用于产城融合型开发区土地评价。

人口密度(B12)是指已建成城镇建设用地范围内的常住人口数量与已建成城镇建设用地面积之比,单位为人/公顷;反映单位面积开发区用地承载的人口数量,属正向相关指标,用于产城融合型开发区土地评价。

(二)建设用地集约利用评价指标体系权重

评价指标体系的权重主要采用特尔斐法加以测算。本章邀请多位相关领域的专家设计了指标权重评价表格和快速统计分析程序,确定土地集约利用评价指标权重。以舟山经济开发区为例,建设用地集约利用评价指标体系权重确定的具体过程和结果如下。

第一轮,指标初步评估。先将背景资料发给各位专家,由专家对目标、子目标和指标三个层次的权重进行评估和赋分,不要求专家阐述理由和详细论据,但赋分必须符合评价目标和子目标的权重区间规定。意见征询表回收后立即进行统计处理,求出专家意见的均值和标准差,并修改制定下一轮意见征询表。

第二轮,信息反馈和再征询。将前一轮打分表格、统计处理结果及新一轮征询表交给专家,由专家根据总体意见的倾向(均值)和分散程度(标准差)来修改自己前一次的评估意见,并回收所有表格,统计分析后确定最终权重结果。

指标评估结果采用分值评估的处理方法,并采用百分制打分,在分值评估中,计算均值和标准差的公式为

$$E = \frac{\sum\limits_{i=1}^{m} \alpha_i}{m},$$

$$\sigma^2 = \frac{1}{m-1} \sum_{i=1}^{m} (\alpha_i - E)^2.$$

其中,σ 为标准差,m 为专家总人数,α_i 为第 i 位专家的评分值。

专家们根据前一轮所得的均值和标准差来修改自己的意见,从而使 E 值逐次接近最后的评估结果。

二、开发区建设用地集约利用评价指标现状值和理想值

(一)建设用地集约利用评价指标现状值

建设用地集约利用评价指标现状值主要根据上述对各个指标的内涵界定及相关计算公式来确定,并明确各指标分子分母的取值口径(表 5.14)。以浙江舟山经济开发区为例,其各评价指标的现状值如表 5.15。

表 5.14　浙江舟山经济开发区土地集约利用评价指标

评价范围	目标权重值	目标	权重值	子目标	子目标权重值	指标	指标权重值
主区	0.80	土地利用状况	0.72	土地利用程度	0.25	土地供应率	0.45
						土地建成率	0.55
				用地结构状况	0.24	工业用地率	1.00
				土地利用强度	0.51	综合容积率	0.27
						建筑密度	0.20
						工业用地综合容积率	0.32
						工业用地建筑系数	0.21
		用地效益	0.18	产业用地投入产出效益	1.00	工业用地固定资产投入强度	0.45
						工业用地地均税收	0.55
		管理绩效	0.10	土地利用监管绩效	1.00	土地闲置率	1.00

续表

评价范围	目标权重值	目标	权重值	子目标	子目标权重值	指标	指标权重值
发展方向区	0.20	土地利用状况	0.72	土地利用程度	0.25	土地开发率	1.00
				用地结构状况	0.24	工业用地率	1.00
				土地利用强度	0.51	综合容积率	0.27
						建筑密度	0.20
						工业用地综合容积率	0.32
						工业用地建筑系数	0.21
		用地效益	0.18	产业用地投入产出效益	1.00	工业用地固定资产投入强度	0.45
						工业用地地均税收	0.55
		管理绩效	0.10	土地利用监管绩效	1.00	土地闲置率	1.00

表 5.15　浙江舟山经济开发区土地集约利用程度评价指标现状值

评价范围	目标	子目标	指标	现状值
主区	土地利用状况	土地利用程度	土地供应率	98.31%
			土地建成率	96.44%
		用地结构状况	工业用地率	74.05%
		土地利用强度	综合容积率	0.63
			建筑密度	28.19%
			工业用地综合容积率	0.77
			工业用地建筑系数	46.13%
	用地效益	产业用地投入产出效益	工业用地固定资产投入强度	3824.91 万元/公顷
			工业用地地均税收	253.59 万元/公顷
	管理绩效	土地利用监管绩效	土地闲置率	0.00

续表

评价范围	目标	子目标	指标	现状值
发展方向区	土地利用状况	土地利用程度	土地开发率	15.45%
		用地结构状况	工业用地率	64.96%
		土地利用强度	综合容积率	0.32
			建筑密度	18.80%
			工业用地综合容积率	0.34
			工业用地建筑系数	49.88%
	用地效益	产业用地投入产出效益	工业用地固定资产投入强度	3270.45
			工业用地地均税收	198.19
	管理绩效	土地利用监管绩效	土地闲置率	0.00

(二)建设用地集约利用评价指标理想值

建设用地集约利用评价指标理想值是开发区在评价时点现行法规政策、规划条件及集约用地管理目标导向下,各项指标所能实现的理想水平,是建设用地集约利用评价指标的参照标准。理想值的大小直接影响现实利用水平下的土地集约利用程度评价和潜力测算的结果,其合理性直接影响到评价结果的科学性、客观性。同时,理想值除用于土地集约利用程度评价外,也反映开发区某一发展阶段特定时点土地集约利用的理想状态,是开发区进一步强化土地集约利用管理的目标方向。

当前有关评价指标理想值的确定方法尚没有统一的标准,学术界对此也没有形成共识,加之理想值的大小还受国家节约、集约用地政策,开发区所在地区社会经济发展水平、交通区位、相关规划,开发区类型和开发年限等诸多因素的交叉影响,因而确定的技术难度较大。理想值确定一般可采用以下方法:①目标值法:结合国民经济和社会发展规划、土地利用总体规划、城乡规划等相关规划,以及有关用地标准、行业政策等,在分析土地利用现状的基础上,确定指标理想值;②经验借鉴法:参考相关开发区土地集约利用先进水平,确定指标理想值;③趋势法:在遵循节约集约、合法合规用地原则的前提下,结合开发区社会经济发展状况和趋势,估测指标理想值;④专家咨询法:选择一定数量(10~40人)熟悉城市、开发区经济社会发展和土地利用状况的专家,提供相关材料,咨询确定指标理想值。

　　以舟山经济开发区为例,建设用地集约利用评价指标理想值立足于舟山经济开发区的用地现状与规划、发展定位,并在上述方法指导下,结合各类相关技术标准和查阅相关文献,探索舟山经济开发区的各项指标的演变规律,经综合分析、初步确定后,咨询专家,最终确定(表5.16)。

表 5.16　浙江舟山经济开发区土地集约利用评价指标理想值

目标	子目标	主区评价指标	主区评价指标现状值	主区评价指标理想值	主区评价指标理想值确定依据	发展方向区评价指标	发展方向区评价指标现状值	发展方向区评价指标理想值	发展方向区评价指标理想值确定依据
土地利用状况	土地利用程度	土地供应率	98.30%	98.30%	经验借鉴法	土地开发率	15.45%	20.00%	目标值法
		土地建成率	96.40%	100.00%	目标值法				
	用地结构状况	工业用地率	74.05%	74.00%	目标值法、经验借鉴法	工业用地率	64.96%	69.39%	目标值法、经验借鉴法
	土地利用强度	综合容积率	0.63	0.65	目标值法	综合容积率	0.32	0.40	目标值法
		建筑密度	28.19%	30.00%	目标值法	建筑密度	18.80%	20.00%	目标值法
		工业用地综合容积率	0.77	0.80	目标值法	工业用地综合容积率	0.34	0.80	目标值法
		工业用地建筑系数	46.13%	46.13%	目标值法	工业用地建筑系数	49.88%	49.88%	目标值法
用地效益	产业用地投入产出效益	工业用地固定资产投入强度	3824.91	3824.91	目标值法	工业用地固定资产投入强度	3270.45	3750.00	目标值法
		工业用地地均税收	253.59	300.00	目标值法	工业用地地均税收	198.19	240.00	目标值法

续表

目标	子目标	主区评价指标	主区评价指标现状值	主区评价指标理想值	主区评价指标理想值确定依据	发展方向区评价指标	发展方向区评价指标现状值	发展方向区评价指标理想值	发展方向区评价指标理想值确定依据
管理绩效	土地利用监管绩效	土地闲置率	0.00	0.00	目标值法	土地闲置率	0.00	0.00	目标值法

1. 土地开发率

土地开发率与开发区的开发进度安排和开发年限密切相关。从理论上讲,基于规划目标值法,土地开发率的理想值标准与开发区的建设规划目标年期、截至评价时点的已开发年限直接相关。由于开发区建设一般需要经历前期的土地"五通一平"开发达到供地条件,到形成土地供应,再到已供项目的建设、项目的竣工投产等不同阶段的一个完整时间周期,且各个建设过程均存在一点时滞,如:土地开发达到供地条件后到形成土地供应,一般至少需要半年时间;已供土地到项目竣工建成一般需要 1 年多的建设周期;再到投产形成产能还需要一定的时间。因此,基于规划目标值法确定土地开发率理想值时,除考虑开发区的建设规划目标年期、截至评价时点的已开发年限外,还需考虑建设周期的一定时滞。比如,某一开发区规划用 20 年时间全部建成,在假定按平均进度完成的前提下,理论上开发区全部土地均到达"五通一平"开发程度应当在第 18 年前全部完成,即第 18 年后的土地开发率理想值为 100%,第 n 年评价时点的土地开发率理想值应为 $n/18$。

根据舟山经济开发区控制性详细规划,区内土地开发分一、二两期,其中一期范围规划到 2020 年基本建设完毕,二期尚未进入实质开发。叠加分析发展方向区划定范围与规划开发时序安排,按照前述思路确定土地开发率的理想值为 20.00%。

2. 土地供应率

土地供应率是指已供应国有建设用地面积与已达到供地条件的土地面积之比。由于达到供地条件土地到形成土地供应一般至少存在半年左右的时滞,即当期开发完成的可供土地不可能在当期就能全部供应出去,因此一般情况下土地供应率不可能达到100%。据此,在假定按平均进度实施滚动开发的前提下,第 i 开发年的土地供应率的理想值指标一般为 $(i-0.5)/i$,即土地供应率指标值一般与开发区所处的开发阶段相关,并遵循先低,后快速上升,最后趋于稳定的一般规律。同时,在开发区设置初期,由于产业集聚速度较慢,土地开发利用的速度相应较慢;而开发区发展到相对成熟阶段时,基础设施配套较为完善,产业链基本形成,开发区内产业的集聚效应将大大增强,新增企业的数量也快速增加;最后开发区到了发展成熟阶段,产业达到较高层次,发展方式从外延式向内涵式转变,发展对土地的需求逐渐减少,开发区土地开发利用将呈现总体稳定状态。

舟山经济开发区主区于1992年成立,开发时间超过20年,目前已处在较为成熟的阶段,理论上土地供应率指标趋向于稳定。根据前述的一般规律,与省内同期批准建设的其他开发区相比,该阶段的土地供应率一般在80%~90%比较合理。目前舟山经济开发区主区98.31%的土地供应率远高于上述标准,已处在相当理想的水平,因此取其现状值为理想值,即98.31%。

3. 土地建成率

土地建成率不仅受开发区发展阶段影响,还与建设项目周期有关。开发区发展处于早期阶段时,新供应土地比例一般较大,土地建成率相对较低;到了成熟阶段,新供应土地比例较小,已建成土地占绝大多数,土地建成率就相对较高。另外,土地建成与土地供应之间存在时滞性,即当期供应的土地很少在当年就建成投产,一般情况下项目建设因建设类别和建设规模的不同,建设时间在1~3年不等。类似于土地供应率指标,土地建成率指标的理想值也存在先低,后快速上升,再趋于稳定的一般规律。

舟山经济开发区已发展到相对成熟阶段,根据一般规律,理想状况下土地建成率应为90%~95%,但考虑到舟山经济开发区主区近3年来无土地供应的实际,确定截至评价时点土地建成率的理想值为100.00%。

4. 工业用地率

基于规划目标值法,开发区工业用地率的理想值主要受到开发区规划用地结构比例影响,同时也受开发策略和开发进度影响。作为产业主导的集中区域,在基础设施先行和产业先导的政策导向下,一般开发区在初创阶段由于基础设施用地先行,工业用地率一般低于规划结构比例。在开发区成长阶段,则应体现产业先导的原则,工业用地率一般应高于规划结构比例。到开发区成熟阶段,随着产业的集聚带来的人口集聚及对生活服务设施的需求增加,工业用地率逐步下降并逼近于规划用地结构比例。

舟山经济开发区主区和发展方向区范围内的工业用地率现状值分别达到了 74.05%、64.96%。而根据相关规划,主区和发展方向区范围的规划工业用地比重分别为 53.42% 和 69.39%,主区的工业用地率现状值已远远高于规划比例。由此确定理想值与现状值一致,发展方向区的工业用地率理想值按规划比例确定为 69.39%。

5. 综合容积率、建筑密度、工业用地综合容积率和工业用地建筑系数

基于土地节约、集约利用的内涵及目标导向,开发区工业用地综合容积率和工业用地建筑系数原则上应不得低于国家、省及地方规定的相关产业的控制指标。目前舟山经济开发区工业项目准入标准主要以《浙江省工业等项目建设用地控制指标(2014)》为依据,结合舟山经济开发区以船舶、机械制造为主的产业特点,项目用地的建筑容积率应不低于0.8,建筑系数不低于 30%。经测算,舟山经济开发区主区的工业用地综合容积率和工业用地建筑系数的现状值分别为 0.77、46.13%,发展方向区的工业用地综合容积率和工业用地建筑系数分别为 0.34 和49.88%。考虑到主区和发展方向区工业用地现状建筑系数均已远高于上述标准,因而确定主区和发展方向区工业用地建筑系数的理想值分别为 46.13% 和 49.88%,而工业用地综合容积率的理想值均为 0.8。

开发区综合容积率、建筑密度理想值的高低,主要受开发区不同用地的比例结构以及各类用地的指标控制值影响,前者一般视开发区规划用地比例而定,后者更多需要考虑相关用地的土地利用强度要求。一般地,由于开发区存在一定比例的道路、绿化等开敞空间用地,区域整体的容积率、建筑密度一般要远远低于具体地块的控制标准。根据舟山经济开发

区的相关规划以及《浙江省商业、住宅、办公建设项目用地控制指标》(试行)对商业、住宅、办公建设项目的土地利用强度控制标准以及近几年出让地块的容积率、建筑密度指标实际值,最终确定主区和发展方向区的综合容积率理想值分别为 0.65 和 0.40,建筑密度分别为 30.00% 和 20.00%。

6.工业用地固定资产投入强度、工业用地地均税收

基于土地节约、集约利用的内涵及目标导向,开发区工业用地固定资产投入强度、工业用地地均税收指标理想值的确定,一般可以将相关控制指标作为最低控制标准,同时考虑开发区所处的开发阶段。由于土地开发建成到投产并到达目标产能一般存在一定的时滞,因此,工业用地固定资产投入强度、工业用地地均税收需要根据开发区的开发阶段做适当的修正。

《浙江省工业等项目建设用地控制指标(2014)》按类型规定了工业仓储项目在用地效益方面的要求,结合舟山经济开发区各类产业用地的比例结构,初步测算确定主区和发展方向区的工业用地固定资产投入强度理想值一般不低于 3750 万元/公顷,工业用地地均税收理想值一般不低于 240 万元/公顷。第一方面,舟山市区属于《浙江省工业等项目建设用地控制指标(2014)》规定的二类地区,区域条件可向下修正 10%,但本着土地集约利用从高确定理想值原则,对区域条件不做修正。第二方面,舟山经济开发区主区的发展已超过 20 年,参考省内类似发展阶段开发区的用地效益水平,工业用地地均税收一般都在 300 万元/公顷左右。鉴于理想值的导向性作用,本着从高确定理想值的原则,确定主区工业用地地均税收为 300 万元/公顷。第三方面,考虑到主区工业用地固定资产投资强度已超出上述标准,因此取其现状值作为理想值,即3824.91 万元/公顷。

7.土地闲置率

评价时点,舟山经济开发区主区和发展方向区内的土地闲置率均为0.00,已到达理想状态,确定理想值为 0.00。

三、开发区建设用地集约利用程度

(一)建设用地集约利用评价指标标准化

由于建设用地集约利用评价指标的量纲不同,取值范围相差很大,不具有直接可比性,为此需要对建设用地集约利用评价各指标数据作标准化处理,以消除量纲差别,使各指标原始数据具有可比性。建设用地集约利用度评价指标的标准化采用理想值比例推算法,即采用百分比标准化法对各评价指标作标准化处理,以评价指标实现度来衡量开发区土地利用指标现状值在何种程度上满足理想值的要求。其中正向评价指标标准化应采用理想值比例推算法,以指标实现度分值进行度量,公式为

$$S_{ijk} = \frac{X_{ijk}}{T_{ijk}} \times 100.$$

其中:S_{ijk} 为 i 目标 j 子目标 k 指标的实现度分值,为 $0 \sim 100$;X_{ijk} 为 i 目标 j 子目标 k 指标的现状值;T_{ijk} 为 i 目标 j 子目标 k 指标的理想值。

土地闲置率指标为负向指标,标准化公式为

$$S = (1 - X) \times 100.$$

其中:S 为土地闲置率的实现度分值;X 为土地闲置率的现状值。

各评价指标实现度分值应为 $0 \sim 100$。当指标理想值小于现状值时,该指标的实现度分值记为 100。

(二)建设用地集约利用度

建设用地集约利用度各个分值和综合值的计算主要采用多因素综合评价法,按照评价子目标分值、目标分值、综合值三个层次依次进行。

1. 子目标分值计算公式

子目标分值计算公式为

$$F_{mij} = \sum_{k=1}^{n} (S_{mijk} w_{mijk}).$$

其中:F_{mij} 为 m 评价范围 i 目标 j 子目标的土地利用集约度分值;S_{mijk} 为 m 评价范围 i 目标 j 子目标 k 指标的实现度分值;w_{mijk} 为 m 评价范围 i 目标 j 子目标 k 指标相对 j 子目标的权重值;m 取值为 1 为主区,取值

为 2 为发展方向区;n 为指标个数。

2.目标分值计算公式

目标分值计算公式为

$$F_{mi} = \sum_{j=1}^{n} (F_{mij} w_{mij}).$$

其中:F_{mi} 为 m 评价范围 i 目标的土地利用集约度分值;F_{mij} 为 m 评价范围 i 目标 j 子目标的土地利用集约度分值;w_{mij} 为 m 评价范围 i 目标 j 子目标相对 i 目标的权重值;m 取值为 1 为主区,取值为 2 为发展方向区;n 为子目标个数。

3.评价范围分值计算

开发区土地利用集约度评价范围分值计算公式为

$$F_{m} = \sum_{i=1}^{n} (F_{mi} w_{mi}).$$

其中:F_m 为 m 评价范围的土地利用集约度分值;F_{mi} 为 m 评价范围 i 目标的土地利用集约度分值;w_{mi} 为 m 评价范围 i 目标的权重值;m 取值为 1 为主区,取值为 2 为发展方向区;n 为目标个数。

4.综合值计算

开发区建设用地利用集约度综合值计算公式为

$$F = \sum_{m=1}^{2} (F_{m} w_{m}).$$

其中:F 为土地利用集约度综合值;F_m 为 m 评价范围的土地利用集约度分值;w_m 为 m 评价范围的权重值;m 取值为 1 为主区,取值为 2 为发展方向区。

根据以上计算方法,可得到舟山群岛新区 5 个开发区的土地利用集约程度评价计算结果,如表 5.17—5.21 所示。

表 5.17　舟山经济开发区土地利用集约度分值计算结果

综合值	评价范围	集约度分值	目标	目标集约度分值	子目标	子目标集约度分值	指标	标准化值
94.17	主区	97.03	土地利用状况	98.00	土地利用程度	98.04	土地供应率	100.00
							土地建成率	96.44
					用地结构状况	100.00	工业用地率	100.00
					土地利用强度	97.04	综合容积率	97.36
							建筑密度	93.96
							工业用地综合容积率	96.76
							工业用地建筑系数	100.00
			用地效益	91.49	产业用地投入产出效益	91.49	工业用地固定资产投入强度	100.00
							工业用地地均税收	84.53
			管理绩效	100.00	土地利用监管绩效	100.00	土地闲置率	100.00
	发展方向区	82.74	土地利用状况	79.86	土地利用程度	77.26	土地开发率	77.26
					用地结构状况	93.62	工业用地率	93.62
					土地利用强度	74.67	综合容积率	79.22
							建筑密度	94.00
							工业用地综合容积率	42.12
							工业用地建筑系数	100.00
			用地效益	84.66	产业用地投入产出效益	84.66	工业用地固定资产投入强度	87.21
							工业用地地均税收	82.58
			管理绩效	100.00	土地利用监管绩效	100.00	土地闲置率	100.00

表 5.18　岱山经济开发区土地利用集约度分值计算结果

综合分值	评价范围	目标集约度分值	目标	集约度分值	子目标	子目标集约度分值	指标	标准化值
92.76	主区	92.38	土地利用状况	91.67	土地利用程度	94.12	土地供应率	93.67
							土地建成率	94.48
					用地结构状况	100.00	工业用地率	100.00
					土地利用强度	86.33	综合容积率	73.10
							建筑密度	95.62
							工业用地综合容积率	82.70
							工业用地建筑系数	100.00
			用地效益	90.49	产业用地投入产出效益	90.49	工业用地固定资产投入强度	76.80
							工业用地地均税收	100.00
			管理绩效	100.00	土地利用监管绩效	100.00	土地闲置率	100.00
	发展方向区	94.31	土地利用状况	93.74	土地利用程度	91.35	土地开发率	91.35
					用地结构状况	100.00	工业用地率	100.00
					土地利用强度	91.64	综合容积率	87.66
							建筑密度	74.84
							工业用地综合容积率	100.00
							工业用地建筑系数	100.00
			用地效益	93.06	产业用地投入产出效益	93.06	工业用地固定资产投入强度	83.90
							工业用地地均税收	99.43
			管理绩效	100.00	土地利用监管绩效	100.00	土地闲置率	100.00

表 5.19　定海工业园区土地利用集约度分值计算结果

综合分值	评价范围	集约度分值	目标	目标集约度分值	子目标	子目标集约度分值	指标	标准化值
89.57	主区	87.61	土地利用状况	85.91	土地利用程度	67.50	土地供应率	79.11
							土地建成率	55.88
					用地结构状况	94.29	工业用地率	94.29
					土地利用强度	90.93	综合容积率	78.75
							建筑密度	97.09
							工业用地综合容积率	89.00
							工业用地建筑系数	98.89
			用地效益	87.34	产业用地投入产出效益	87.34	工业用地固定资产投入强度	96.86
							工业用地地均税收	77.81
			管理绩效	100.00	土地利用监管绩效	100.00	土地闲置率	100.00
	发展方向区	97.43	土地利用状况	96.95	土地利用程度	100.00	土地开发率	100.00
					用地结构状况	99.80	工业用地率	99.80
					土地利用强度	93.99	综合容积率	95.00
							建筑密度	93.98
							工业用地综合容积率	93.60
							工业用地建筑系数	93.36
			用地效益	97.82	产业用地投入产出效益	97.82	工业用地固定资产投入强度	99.07
							工业用地地均税收	96.56
			管理绩效	100.00	土地利用监管绩效	100.00	土地闲置率	100.00

表 5.20　普陀经济开发区土地利用集约度分值计算结果

综合分值	评价范围	集约度分值	目标	目标集约度分值	子目标	子目标集约度分值	指标	标准化值
91.15	主区	90.87	土地利用状况	90.53	土地利用程度	98.48	土地供应率	99.58
							土地建成率	97.38
					土地利用强度	85.23	综合容积率	99.09
							建筑密度	71.37
			用地效益	88.35	产业用地投入产出效益	88.35	综合地均税收	83.46
							人口密度	95.69
			管理绩效	100.00	土地利用监管绩效	100.00	土地闲置率	100.00
	发展方向区	92.29	土地利用状况	89.95	土地利用程度	96.40	土地开发率	96.40
					土地利用强度	85.65	综合容积率	87.50
							建筑密度	83.80
			用地效益	94.73	产业用地投入产出效益	94.73	综合地均税收	96.68
							人口密度	91.80
			管理绩效	100.00	土地利用监管绩效	100.00	土地闲置率	100.00

表 5.21　舟山港综合保税区土地集约利用度分值计算结果

综合分值	目标	目标集约度分值	子目标	子目标集约度分值	指标	指标实现度
27.36	土地利用状况	24.80	土地利用程度	99.19	土地供应率	100.00
					土地建成率	98.52
			用地结构状况	0.00	工业用地率	0.00
			土地利用强度	0.00	综合容积率	0.00
					建筑密度	0.00
					工业用地综合容积率	0.00
					工业用地建筑系数	0.00
	用地效益	0.00	产业用地投入产出效益	0.00	工业用地固定资产投入强度	0.00
					工业用地地均税收	0.00
	管理绩效	100.00	土地利用监管绩效	100.00	土地闲置率	100.00

第三节　舟山群岛新区开发区建设用地集约利用潜力

舟山群岛新区是我国第一个以海洋经济为主题的国家级新区。未来 10～20 年,舟山群岛新区将建设成为我国大宗商品储运中转加工交易中心、重要的现代海洋产业基地、我国海洋海岛综合保护开发示范区和陆海统筹发展先行区。根据《浙江舟山群岛新区发展规划》,到 2020年,海洋生产总值年均增长 20% 左右,接近 2500 亿元,人均 GDP 超过20 万元,港口货物年吞吐量达到 6 亿吨以上。由此可知,舟山群岛新区承担着实现国家发展战略的重任,同时将迎来一个经济总量的高速增长期,开发区将承担为舟山群岛新区未来经济高速发展提供用地空间保障的重任。因此,深入研究分析开发区建设用地的集约利用潜力,具有重要意义。

一、开发区建设用地集约利用潜力的测算方法

开发区建设用地集约利用潜力主要包括扩展潜力、结构潜力、强度潜力和管理潜力四个方面。扩展潜力是指截至评价时点,开发区评价范围内尚可供应用于建设的土地面积,包括尚可供应土地面积和尚可供应工矿仓储用地面积。结构潜力是指开发区评价范围内已建成城镇建设用地中,通过用地结构调整可增加的工矿仓储用地面积。强度潜力是指开发区评价范围内已建成城镇建设用地中,某项土地利用强度指标(工业用地综合容积率、工业用地建筑系数、工业用地固定资产投入强度、工业用地产出强度)现状值与理想值的差距换算形成的用地面积。管理潜力是指通过处置有偿使用且已到期但未处置土地和应收回闲置土地,可增加的土地供应面积。其中扩展潜力属于外延式开发范畴,结构潜力、强度潜力和管理潜力属内涵式开发范畴,在对以上潜力进行测算和分析的基础上,结合开发区前 3 年、前 5 年土地供应情况,可进一步测算开发区土地尚可开发年数。

（一）扩展潜力测算

扩展潜力包括尚可供应土地面积和可供应工矿仓储用地面积，属于外延型潜力。

1.尚可供应土地面积测算

尚可供应土地面积主要按以下公式计算：

$$Q_{EP} = Q_Z - Q_E - Q_D.$$

其中：Q_{EP} 为开发区尚可供应土地面积；Q_Z 为开发区评价范围面积；Q_E 为截至评价时点开发区已供应国有建设用地面积；Q_D 为开发区不可建设土地面积。

2.尚可供应工矿仓储用地面积测算

尚可供应工矿仓储用地面积测算主要在尚可供应土地中对比开发区相关建设规划确定的工矿仓储用地面积得到。

（二）结构潜力测算

结构潜力是已建成城镇建设用地中，通过用地结构调整可增加的工矿仓储用地面积，属于内涵型潜力。结构潜力根据以下公式计算：

$$Q_{SP} = Q_A(P_I - P_P).$$

其中：Q_{SP} 为开发区土地集约利用结构潜力；Q_A 为截至评价时点开发区已建成城镇建设用地面积；P_I 为工业用地率的理想值；P_P 为工业用地率的现状值。

（三）强度潜力测算

强度潜力是指已建成城镇建设用地中土地利用和投入产出强度与理想值的差距换算形成的用地面积，属于内涵型潜力。强度潜力测算公式为

$$Q_{IP} = \frac{Q_{A2}(I_I - I_P)}{I_I}.$$

其中：Q_{IP} 为开发区土地集约利用强度潜力；Q_{A2} 为截至评价时点开发区已建成工矿仓储用地面积；I_I 为工业用地综合容积率、工业用地建筑系数、工业用地固定资产投入强度、工业用地地均税收的理想值；I_P 为工业用地综合容积率、工业用地建筑系数、工业用地固定资产投入强度、工

业用地地均税收的现状值。

（四）管理潜力测算

管理潜力是指通过处置到期项目用地和闲置土地可增加的土地供应面积。管理潜力根据以下公式计算：

$$Q_{AP} = Q_{D22} + Q_G.$$

其中：Q_{AP} 为管理潜力，单位为公顷；Q_{D22} 为有偿使用且已到期但未处置土地面积，单位为公顷；Q_G 为闲置土地面积，单位为公顷。

（五）尚可供地年数测算

开发区尚可供地年数分为尚可供地年数Ⅰ和尚可供地年数Ⅱ。

1. 尚可供地年数Ⅰ测算

尚可供地年数Ⅰ根据尚可供应土地面积、尚可供应工矿仓储用地面积、前3年年均供应土地面积、前3年年均供应工矿仓储用地面积测算得出。计算公式如下：

$$Y_{Ii} = \frac{Q_i}{S_i}.$$

其中：Y_{Ii} 为 i 类用地尚可供地年数Ⅰ，单位为年；Q_i 为 i 类用地扩展潜力，单位为公顷；S_i 为前3年年均供应 i 类用地面积，开发区设立不足3年的，按照实际供地年份的年均供应 i 类用地面积计算，单位为公顷；i 为供地类型，分别指尚可供应土地、尚可供应工矿仓储用地。

2. 尚可供地年数Ⅱ测算

尚可供地年数Ⅱ根据尚可供应土地面积、尚可供应工矿仓储用地面积、前5年年供应土地面积最大值、前5年年供应工矿仓储用地面积最大值测算得出，计算公式为

$$Y_{IIi} = \frac{Q_i}{E_i}.$$

其中：Y_{IIi} 为 i 类用地尚可供地年数Ⅱ，单位为年；Q_i 为 i 类用地扩展潜力，单位为公顷；E_i 为前5年年供应 i 类用地面积最大值，单位为公顷；i 为供地类型，分别指尚可供应土地、尚可供应工矿仓储用地。

二、开发区建设用地集约利用潜力的测算结果及其分析

按照上述测算方法,分别得到舟山经济开发区等 5 个开发园区的建设用地集约利用潜力。

(一)浙江舟山经济开发区

舟山经济开发区评价范围内有尚可供应土地面积 1301.23 公顷,其中主区和发展方向区分别为 22.80 公顷和 1278.43 公顷;有尚可供应工矿仓储用地 976.12 公顷,其中主区和发展方向区分别为 5.17 公顷和 970.95 公顷。主区范围内的扩展潜力主要分布在弘生大道北侧和尖山岗周边;发展方向区范围内的扩展潜力主要分布在区块东部,即新港园区控制性详细规划二期区域。总体而言,扩展潜力分布较集中,除少量地块因项目后期发展适度预留需要或地块个别原因外,扩展潜力的分布与开发区块发展时序密切相关。

舟山经济开发区主区的结构潜力为 0,发展方向区的结构潜力为 5.21 公顷。从开发区规划来看,主区的工矿仓储用地的比例已高于规划的比例,因此随着规划的实施,工矿仓储用地的比例还将进一步降低;发展方向区东部有大片的尚可供应工矿仓储用地,随着规划的实施,工矿仓储用地的比例还将有所提升。

在强度潜力方面,评价范围内通过提高工业用地综合容积率可挖潜土地面积 48.30 公顷,绝大多数位于发展方向区;通过提高工业用地固定资产投入强度挖潜土地面积为 9.77 公顷,全部位于发展方向区;通过提高地均税收挖潜土地面积为 32.79 公顷,主区和发展方向区分别有 19.48 公顷和 13.31 公顷;通过提高建筑系数已基本无潜力可挖。但是总体而言,强度潜力也较为可观,后续挖潜大有可为。

舟山经济开发区评价范围不存在有偿使用且已到期但未处置土地和闲置土地,管理潜力为 0,土地监管绩效突出(表 5.21)。

表 5.21　舟山经济开发区土地集约利用潜力

单位:公顷

潜力类型	潜力构成	主区	发展方向区	合计
扩展潜力	尚可供应土地面积	22.80	1278.43	1301.23
	尚可供应工矿仓储用地面积	5.17	970.95	976.12
结构潜力	用地结构调整可增加工矿仓储用地面积	0.00	5.21	5.21
强度潜力	提高工业用地综合容积率挖潜土地面积	4.08	44.22	48.30
	提高工业用地建筑系数挖潜土地面积	0.00	0.00	0.00
	提高工业用地固定资产投入强度挖潜土地面积	0.00	9.77	9.77
	提高工业用地地均税收挖潜土地面积	19.48	13.31	32.79
管理潜力	有偿使用且已到期但未处置土地面积	0.00	0.00	0.00
	闲置土地面积	0.00	0.00	0.00

　　舟山经济开发区主区范围尚可供应土地面积已较为有限,扩展潜力因适度预留项目空间需要等原因,近几年来主要供应的土地已集中在发展方向区。主区范围内前 3 年无土地供应,因而重点依据前 5 年土地供应最大值测算其尚可供地年数。其中尚可供地年数 Ⅱ 为 6.40 年,尚可供应工矿仓储用地的年数 Ⅱ 为 2.90 年。

　　发展方向区内扩展潜力相对较大。依据前 3 年年均供应土地面积测算得出的尚可供地年数 Ⅰ 为 32.00 年,尚可供应工矿仓储用地的年数 Ⅰ 为 13.90 年;依据前 5 年供应土地面积最大值测算得出尚可供地年数 Ⅱ 为 28.50 年,尚可供应工矿仓储用地的年数 Ⅱ 为 11.20 年(表 5.22)。

表 5.22　舟山经济开发区尚可供地年数

用地类型	扩展潜力/公顷	前 3 年年均供应用地面积/(公顷/年)	前 5 年年供应用地面积最大值/(公顷/年)	尚可供地年数 Ⅰ	尚可供地年数 Ⅱ
主区尚可供应土地	22.80	0.00	3.57	—	6.40
主区尚可供应工矿仓储用地	5.17	0.00	1.76	—	2.90

续表

用地类型	扩展潜力/公顷	前3年年均供应用地面积/（公顷/年）	前5年年供应用地面积最大值/（公顷/年）	尚可供地年数Ⅰ	尚可供地年数Ⅱ
发展方向区尚可供应土地	1278.43	39.94	91.69	32.00	13.90
发展方向区尚可供应工矿仓储用地	970.95	34.09	86.42	28.50	11.20

（二）岱山经济开发区

岱山经济开发区评价范围内有尚可供应土地面积227.10公顷，其中主区和发展方向区分别为38.55公顷和188.55公顷，有尚可供应工矿仓储用地145.72公顷，其中主区和发展方向区分别为26.93公顷和118.79公顷。扩展潜力的分布与开发区块发展时序密切相关，主区范围内的扩展潜力主要分布在主区中北部和西部，发展方向区范围内的扩展潜力集中连片，范围广阔。

根据上述测算结果，岱山经济开发区主区和发展方向区的结构潜力均为0。对比开发区规划，岱山经济开发区评价范围内工矿仓储用地的比例已高于规划的比例，因此随着规划的实施，工矿仓储用地的比例还将进一步降低。

在强度潜力方面，评价范围内通过提高工业用地综合容积率可挖潜土地面积9.37公顷，全部位于主区；通过提高工业用地固定资产投入强度挖潜土地面积为19.13公顷，主区和发展方向区分别有12.57公顷、6.56公顷；通过提高工业用地地均税收挖潜土地面积为0.23公顷，全部位于发展方向区。强度潜力不大，但在日益紧张的土地供需形势下，必须深入推进强度挖潜工作。

岱山经济开发区评价范围不存在有偿使用且已到期但未处置土地和闲置土地，管理潜力为0，土地监管绩效突出（表5.23）。

表 5.23 岱山经济开发区土地集约利用潜力

单位：公顷

潜力类型	潜力构成	主区	发展方向区	合计
扩展潜力	尚可供应土地面积	38.55	188.55	227.10
	尚可供应工矿仓储用地面积	26.93	118.79	145.72
结构潜力	用地结构调整可增加工矿仓储用地面积	0.00	0.00	0.00
强度潜力	提高工业用地综合容积率挖潜土地面积	9.37	0.00	9.37
	提高工业用地建筑系数挖潜土地面积	0.00	0.00	0.00
	提高工业用地固定资产投入强度挖潜土地面积	12.57	6.56	19.13
	提高工业用地地均税收挖潜土地面积	0.00	0.23	0.23
管理潜力	有偿使用且已到期但未处置土地面积	0.00	0.00	0.00
	闲置土地面积	0.00	0.00	0.00

岱山经济开发区主区范围尚可供应土地面积已较为有限，扩展潜力因适度预留项目空间需要等原因，近几年来主要供应的土地已集中在发展方向区。按上述公式计算，依据前 3 年年均供应土地面积测算得出的尚可供地年数 I 为 52.7 年，尚可供应工矿仓储用地的年数 I 为 38.70 年；依据前 5 年供应土地面积最大值测算得出尚可供地年数 II 为 17.60 年，尚可供应工矿仓储用地的年数 II 为 12.80 年。发展方向区依据前 3 年年均供应土地面积测算得出的尚可供地年数 I 为 57.50 年，尚可供应工矿仓储用地的年数 I 为 36.20 年；依据前 5 年供应土地面积最大值测算得出尚可供地年数 II 仅为 3.40 年，尚可供应工矿仓储用地的年数 II 为 2.20 年(表 5.24)。

表 5.24 岱山经济开发区尚可供地年数

用地类型	扩展潜力/公顷	前 3 年年均供应用地面积/(公顷/年)	前 5 年年供应用地面积最大值/(公顷/年)	尚可供地年数 I	尚可供地年数 II
主区尚可供应土地	38.55	0.73	2.20	52.70	17.60

用地类型	扩展潜力/公顷	前3年年均供应用地面积/（公顷/年）	前5年年供应用地面积最大值/（公顷/年）	尚可供地年数Ⅰ	尚可供地年数Ⅱ
主区尚可供应工矿仓储用地	26.93	0.70	2.11	38.70	12.80
发展方向区尚可供应土地	188.55	3.28	54.81	57.50	3.40
发展方向区尚可供应工矿仓储用地	118.79	3.28	54.81	36.20	2.20

单纯从数字上看，似乎岱山经济开发区可供年限非常大，用地保障能力较强，但实际上由于区内存在较大比例的已建成集体建设用地，这些土地实际难以形成有效供给，加上随着舟山群岛新区建设的深入推进，结合正常年份土地供应量，实际尚可供地年限在5年左右。

（三）定海工业园区

根据计算结果，定海工业园区主区尚可供应土地面积仅为111.53公顷，发展方向区可供应土地面积为91.57公顷。由此可见开发区主区的扩展潜力依旧可观，主区可以根据产业调整升级的最新措施来发展，做好准备，加快发展。而发展方向区其扩展潜力根据其独特的地理位置，不仅仅局限在91.57公顷的土地上，还可以依据规划与相关政策向海域发展，挖掘其土地资源潜力。

定海工业园区主区与发展方向区的结构潜力分别是4.59公顷与0.36公顷。因其工业用地率较理想值相差不大，所以挖掘潜力很小。从总体上来讲，主区与发展方向区强度潜力都比较小，难以挖掘。而主区与发展方向区相比较，主区在固定资产投资强度与地均税收上的挖掘潜力大于发展方向区，而发展方向区在综合容积率与建筑系数上的挖掘潜力比主区大。因而，在土地利用强度上，主区与发展方向区的潜力虽然不大，但是依旧有挖掘的余地。由于定海工业园区目前无到期项目用地，也没有闲置的土地，因此目前还没有土地集约利用管理潜力可挖（表5.25）。

表 5.25　定海工业园区土地集约利用潜力

单位：公顷

潜力类型	潜力构成	主区	发展方向区	合计
扩展潜力	尚可供应土地面积	111.53	91.57	203.10
	尚可供应工矿仓储用地面积	68.16	83.45	151.61
结构潜力	用地结构调整可增加工矿仓储用地面积	4.59	0.36	4.95
强度潜力	提高工业用地综合容积率挖潜土地面积	8.34	11.89	20.23
	提高工业用地建筑系数挖潜土地面积	0.84	12.33	13.17
	提高工业用地固定资产投入强度挖潜土地面积	2.39	1.73	4.12
	提高工业用地地均税收挖潜土地面积	16.82	6.40	23.22
管理潜力	有偿使用且已到期但未处置土地面积	0.00	0.00	0.00
	闲置土地面积	0.00	0.00	0.00

　　定海工业园区主区前 3 年年均供地 9.88 公顷，而发展方向区前 3 年年均供地 48.89 公顷，这与区域发展起步的时间、地理位置的差异和产业规划有着密切的关系，因为发展方向区的起步晚于主区，主区范围的供地在更早的时间段内已经有了较高的需求量而供应更早，同时在主区范围内在一定时间段内尚可供应的土地量相较于发展方向区也更少。另外发展方向区具有较有优势的地理位置，与海相连且与定海区人口聚集的区域较远，其土地资源本身可供应的量相较主区更大。而随着定海区产业结构的调整与升级，相关规划也有所调整和侧重，最终造成了这样的差距。主区与发展方向区尚可供应仓储用地面积的特点也是如此。按照前 5 年最大值计算尚可供应年份Ⅱ时，由于主区在 2010 年供地相对较多，所以主区尚可供地年份为不足 4 年，尚可供应仓储用地仅 3 年多；发展方向区在 2012 年供地面积较大，尚可供地年份Ⅱ为 1 年多，尚可供应仓储用地年份Ⅱ为 1 年多（表 5.26）。由于发展方向区每年供地的数量比较大，按照可供年限测算的结果看，发展方向区可供地潜力已经不大。而主区近几年的供地数量基数比较小，相对于发展方向区拥有更大的潜力。

表 5.26　定海工业园区尚可供地年数

用地类型	尚可供地年数 Ⅰ	尚可供地年数 Ⅱ
主区供应土地	11.29	3.67
主区供应工矿仓储用地	6.93	3.25
发展方向区供应土地	1.87	1.74
发展方向区供应工矿仓储用地	1.26	1.15

(四)普陀经济开发区

测算结果表明,普陀经济开发区主区尚可供应土地仅为 0.68 公顷,而发展方向区可供应土地为 295.24 公顷,可见主区扩展潜力已十分有限,未来的扩展潜力主要集中在发展方向区。同样尚可供应工矿仓储用地也主要集中在发展方向区,占尚可供应土地的 65.35%。

本章评价强度潜力主要依据综合地均税收进行分析,由于主区与发展方向区综合地均税收均有上升空间,都有一定的强度潜力。主区的强度潜力为 25.42 公顷,发展方向区的强度潜力为 6.00 公顷,虽然目前主区的强度潜力大于发展方向区,但考虑到发展方向区正处于不断发展建设中,未来可能具有更大的潜力可挖。由于普陀经济开发区主区与发展方向区均无闲置用地,因此目前还没有土地集约利用管理潜力可挖(表5.27)。

表 5.27　普陀经济开发区土地集约利用潜力

单位:公顷

潜力类型	潜力构成	主区	发展方向区	合计
扩展潜力	尚可供应土地面积	0.68	295.24	295.92
	尚可供应工矿仓储用地面积	0.00	192.95	192.95
强度潜力	提高综合地均税收挖潜土地面积	25.42	6.00	31.42
管理潜力	有偿使用且已到期但未处置土地面积	0.00	0.00	0.00
	闲置土地面积	0.00	0.00	0.00

本章评价主区前 3 年平均每年供地 0.33 公顷,数量十分有限,前 5 年最大供地也仅有 1.99 公顷,且主区尚可供应土地面积也仅为 0.68 公

顷,所以尚可供地年数Ⅰ和Ⅱ均十分少。发展方向区前3年平均每年供地14.48公顷,前5年最大供地面积达到119.11公顷,体现了发展方向区处于上升发展阶段,土地需求量比较大。发展方向区的工矿仓储用地供应情况与土地总体供应基本同步。总体来讲,发展方向区的尚可供应年数Ⅰ比较多,由于前5年供地最大值比较大,供地年数Ⅱ比较少(表5.28)。

表5.28 普陀经济开发区尚可供地年数

用地类型	尚可供地年数Ⅰ	尚可供地年数Ⅱ
主区供应土地	2.05	0.34
主区供应工矿仓储用地	0.00	0.00
发展方向区供应土地	20.25	2.46
发展方向区供应工矿仓储用地	53.30	1.79

(五)舟山港综合保税区

舟山港综合保税区尚处于初创期,扩展潜力较大,尚可供应土地面积474.56公顷,其中尚可供应工矿仓储用地面积386.51公顷。扩展潜力主要分布在衢山区块和本岛区块的东部及南部区域。根据上述计算结果,通过用地结构调整可增加的工矿仓储用地面积的结构潜力总面积为5.42公顷(表5.29)。

表5.29 舟山港综合保税区土地集约利用潜力

单位:公顷

潜力类型	潜力构成	潜力规模
扩展潜力	尚可供应土地面积	474.56
	尚可供应工矿仓储用地面积	386.51
结构潜力	用地结构调整可增加工矿仓储用地面积	5.42
强度潜力	提高工业用地综合容积率挖潜土地面积	0.00
	提高工业用地建筑系数挖潜土地面积	0.00
	提高工业用地固定资产投入强度挖潜土地面积	0.00
	提高工业用地产出强度挖潜土地面积	0.00

续表

潜力类型	潜力构成	潜力规模
管理潜力	有偿使用且已到期但未处置土地面积	0.00
	应收回闲置土地面积	0.00

舟山港综合保税区尚可供地年数,依据前3年年均供应土地面积测算得出的尚可供地年数Ⅰ为15.60年,尚可供应工矿仓储用地的年数Ⅰ为34.90年;依据前5年供应土地面积最大值测算得出尚可供地年数Ⅱ为13.00年,尚可供应工矿仓储用地的年数Ⅱ为11.60年(表5.30)。由于舟山港综合保税区建区初期阶段招商引资的波动性,以上测算的尚可供地年数存在很大的不确定性。

表 5.30　舟山港综合保税区尚可供地年数

用地类型	扩展潜力/公顷	前3年年均供应用地面积/(公顷/年)	前5年年供应用地面积最大值/(公顷/年)	尚可供地年数Ⅰ	尚可供地年数Ⅱ
尚可供应土地	474.56	30.34	36.49	15.60	13.00
尚可供应工矿仓储用地	386.51	11.06	33.18	34.90	11.60

三、开发区建设用地集约利用潜力的挖潜途径

面对日趋严峻的建设用地供需矛盾,强化用地挖潜工作力度,最大限度地挖掘开发区的各类用地潜力,促进开发区向更高层次的节约、集约用地方向发展,是保障和促进舟山群岛新区各开发区科学发展、可持续发展的必由之路。舟山群岛新区各开发区应当以省内外具有示范性的国家级开发区为标杆,突出注意产业结构的提升和注重引进高品质的企业入区,确保用好剩余的每一分土地;更要强化已引进企业的用地管理,不断设立更高的土地集约利用目标,用经济措施、行政措施引导企业节约、集约用地,充分挖掘土地集约利用潜力。针对舟山群岛新区各开发区用地潜力的实际情况,结合当前节约集约用地形势,本书建议制定切实可行的政策措施,深入推进开发区用地挖潜工作。

第一,科学编制新增建设用地供应计划,用好用足建设用地扩展潜

力。当前,舟山群岛新区几个开发区的可供应土地面积都不是很大,舟山经济开发区有尚可供应土地面积 1301.23 公顷,其中主区和发展方向区分别为 22.80 公顷和 1278.43 公顷;岱山经济开发区有尚可供应土地面积 227.10 公顷,其中主区和发展方向区分别为 38.55 公顷和 188.55 公顷;定海工业园区主区内尚可供应的土地面积为 111.53 公顷,发展方向区内尚可供应的土地面积为 91.57 公顷;普陀经济开发区的发展方向区可供应土地为 295.24 公顷。建议开发区加强对扩展潜力利用的计划管理,科学合理制定年度供地计划,严格按照节约优先战略和"亩产论英雄,以集约促转型"的节约、集约用地新理念要求,在实施招商、选商准入门槛,履约合同管理,批后监管等各个环节切实加强集约用地管理,特别是要注重完善产业链招商机制,优先引进对开发区产业发展具有导向性的高端船舶装备制造产业、海洋生物医药产业、机电及精工等新兴产业和现代港口物流产业等的大型企业、优质企业。要按照构建现代产业集群的基本要求,突出开发区研发、物流、检测、信息、培训等生产性公共服务平台建设,强化专业化配套协作,完善创新体系,切实增强集群品牌效应,不断优化开发区的投资发展环境。同时,要利用土地利用总体规划修订的有利时机,利用开发区在土地集约利用方面的有利优势,积极争取新增建设用地指标,合理扩大用地发展空间,解决现有发展方向区扩展潜力严重不足的问题。

第二,激励约束并重,加大强度挖潜力度,着力推进集约促转型。舟山群岛新区各开发区通过提高工业用地的土地利用强度和投入产出效益的强度潜力较为可观,但后续挖潜难度较大。强度潜力挖潜工作的重点在于,切实提高存量低效建设用地的利用效率,尤其是提高企业效益,从而增加企业的地均税收。建议开发区制定切实可行的激励政策,鼓励成长性企业强化自主创新和中小科技型企业发展,适度开发或通过存量厂房改造标准厂房,努力引进税源型、科技型、创新型企业入驻,助推产业转型升级。同时积极引导用地企业在符合相关规划和建筑设计标准的前提下,适度增加现有厂房层数等提高工业用地综合容积率,适度增资扩股或实施"零地招商"等以提高投资强度和产出水平。加强对入驻企业生命周期的跟踪分析,及时掌握步入衰退期的企业状况,并适时制定激励政策引导因经营效益下降、倒闭等导致厂房闲置、用地低效的企业,及早进行技术改造实现转型升级,或腾退土地、厂房,实施"腾笼换鸟",通过推进存量低效用地"二次开发",促进土地集约利用。

第三,加强用地预审,提高工业用地准入门槛。舟山群岛新区的开发区,目前大都正处于发展建设阶段,为提高土地的集约利用程度,结合当前"调结构、稳增长"的发展基调,在工业用地的利用和管理过程中,应始终坚持不断推进土地集约利用,减少土地粗放利用和低效利用的理念和原则。同时结合项目实际情况,以投资强度、容积率、建筑系数等强制性指标为重点,控制企业的投资强度和用地效益,每项指标都明确控制工业用地准入"门槛";按照《浙江省工业等项目建设用地控制指标(2014)》,加强用地预审,严格控制准入门槛,对于达不到建设用地控制指标要求的企业,坚决不单独供地,同时,要大力推行建设多层标准厂房,提高开发区建设用地的节约、集约利用水平。

第四节　促进海洋产业集聚的舟山群岛新区开发区集约用地政策建议

一、开发区海洋产业集聚发展的目标和战略定位

(一)开发区海洋产业集聚发展的目标

力争通过提升发展,到 2020 年,舟山群岛新区开发区在综合实力、开发格局、产业集聚、项目引进、开放合作、改革创新等方面实现以下目标。

1.综合实力迈上新台阶

"十三五"期间,全区经济发展继续保持较快增长,综合竞争力明显增强,综合保税区跻身全国海关特殊监管区域第一方队,对舟山市经济社会的贡献度和带动力大幅提升。到 2020 年,全区产业增加值达到

100亿元,规上工业总产值达到375亿元,财政总收入达到35亿元。其中:综合保税区产业增加值达到20亿元;一线进出口值达到35亿美元以上;贸易额达到1000亿元以上;财政收入达到20亿元;码头货物吞吐量达到4000万吨以上;保税燃油直供量达到400万吨以上,居全国第一;单位面积产出率位列全国海关特殊监管区域中上行列。

2.开发建设呈现新格局

"十三五"期间,初步形成开发区和综合保税区"两翼齐飞,多点开花"的发展新格局。其中,开发区一期、综合保税区本岛分区全面完成整合提升,开发区二期建设和产业布局基本完成,综合保税区衢山分区和朱家尖空港分区实现封关运行。"十三五"期间,全区累计投入开发建设资金80亿元,累计实现全社会固定资产投资700亿元,开发建设面积达到20千米^2。

3.产业集聚呈现新特色

预计到2020年,基本形成开发区工业产业和综合保税区服务业产业两大支柱,培育产值20亿元以上主导工业产业五个,集聚仓储加工、大宗交易、电子商务、金融配套四大类服务业产业。工业产业技术水平不断提高,战略性新兴产业产值占规上工业总产值比重达到15%,高新技术产业产值占规上工业总产值比重达到50%。生产性服务业快速发展,生产性服务业增加值占服务业增加值的比重不断上升。

4.项目引进取得新突破

预计到2020年,力争累计引进综合保税区注册企业7000家以上,规模制造类项目100个,包括10亿元以上制造类项目10个,50亿元以上制造类项目5个,100亿元以上项目2个,境外制造类项目3个(表5.31)。

表 5.31　海洋产业集聚区"十三五"规划经济发展目标

年份	产业增加值/亿元	综合保税区产业增加值/亿元	规上工业总产值/亿元	固定资产投资/亿元	财政总收入/亿元	综合保税区财政总收入/亿元	一线进出口值/亿美元	贸易额/亿元	实际利用市外资金/亿元	注册企业/家	码头吞吐量/万吨	保税燃油直供量/万吨
2016	22	0.5	85	104	6	2.5	1.5	300	90	3000	40	120
2017	33	2.5	125	120	10	5.0	5.0	450	105	4000	1000	150
2018	57	6.0	215	137	16	8.0	8.0	600	120	5000	2100	200
2019	80	10.0	300	158	24	13.0	15.0	800	140	6000	3200	300
2020	100	20.0	375	180	35	20.0	35.0	1000	160	7000	4300	400

数据来源:《浙江舟山群岛新区海洋产业集聚区"十三五"发展规划纲要》, 2016年。

5.开放合作取得新成效

长江经济带地区区域通关一体化改革取得新进展,实现口岸信息系统互联共享,"一次申报、一次查验、一次放行"货物通关和"单一窗口"申报模式全面推进。打通与世界主要港口的海上交通运输体系,逐步实现与宁波舟山港、上海自贸试验区、长江经济带以及"一带一路"沿线国家功能对接、贸易互通、合作共赢的良好发展局面。

6.改革创新取得新进展

综合保税区保税仓储、保税加工、保税展示、口岸服务等功能优势得到进一步发挥,大宗商品交易、大型装备制造、跨境电子商务、文化创意、保税燃供、外轮供应、海事中介以及离岸贸易等特色产业加快突破,综合保税区的竞争优势和发展空间进一步拓展。金融改革开放水平、金融创新水平和金融业发展质量全面提升,初步形成融资租赁、互联网金融、供应链金融以及航运金融配套金融服务产业链,力争在大宗商品贸易金融、融资租赁等方面取得新突破。

7.创新能力达到新高度

争取正式获批国家级高新区,大学科技园运行良好,科技企业孵化器常态化发展。到2020年,科技活动经费支出、新增发明专利授权量和国(省)千人才引进数较2015年实现翻番,年均企业孵化量达30家。

(二)开发区海洋产业集聚发展的战略定位

未来舟山群岛新区开发区海洋产业集聚发展的战略定位主要包括

五个方面。

1.海洋产业集聚核心区

以服务国家"海洋强国"战略和深入实施《浙江海洋经济发展示范区规划》为引领,以海洋经济为主攻方向,发展以临港重型装备制造、船配机电制造、航空配件制造、清洁能源、绿色石化装备制造为主导的现代工业产业;加大综合保税区对海洋产业辐射力度,建设以水产品及冷链、高档消费品等为主的保税仓储、加工、展示和交易中心,开拓以大宗商品中转贸易、清洁能源产业为核心的现代港口物流行业;推进探索浙江海洋经济对外开放合作的新思路,加大与沿江、沿海发达城市合作,助力浙江海洋经济实现新发展。

2.舟山自由贸易岛建设先行区

全面落实《浙江舟山群岛新区发展规划》中"三步走建设舟山自贸港区"的目标,充分发挥综合保税区先行先试、开发开放、辐射带动作用,通过制度创新、管理创新、服务创新,实现贸易投资便利化、规范化、公开化,努力使综合保税区成为舟山自由贸易港区建设的主阵地和突破口。

3.舟山江海联运服务引领区

抓住舟山江海联运中心建设契机,深入对接上海国际航运中心、全力推进舟山国际海事服务基地建设,推进以保税燃油供应为突破口的全业态海事服务,打造集外轮供应、海事中介、船舶修造、航运咨询于一体的国际海事综合信息化服务平台,加快相关配套产业集聚发展,着力构建通江达海、对接国际、功能齐全、服务高效的现代海事服务体系,提升长三角地区海事配套服务能力。

4.产城融合示范区

加强集聚区与周边功能区的空间与功能互动,实现与北蝉、白泉、展茅城区等区块的资源共享和产城联动,全面梳理产业配套体系,并完善内部配套服务功能,满足生产与生活需要,形成北部产城融合示范区,促进区域产城一体化发展。

5.改革创新试验区

围绕加快转变经济发展方式,聚焦重点工作、关键领域、重点环节,推动供给侧结构性改革,着力突破制约发展转型的体制机制瓶颈,形成相对自主、功能突出、运行有效的开发建设体系,为集聚区在"新常态"下实现快速发展和建设工业新城区提供制度保障。

二、开发区促进海洋产业集聚发展的土地集约利用政策建议

(一)通过推动产业转型升级,促进开发区土地集约利用内涵的转变

舟山群岛新区开发区的发展要突出以港造区理念,充分依托港口和区位优势,把握舟山群岛新区建设的有利契机,以建设大平台、大产业、大项目、大企业为目标,围绕舟山市打造"海洋产业集聚岛"和"海洋产业集聚核心区"的战略目标,突出产业特色,坚持制造业与服务业双轮驱动、融合发展,加快推进先进制造业迈入中高端,积极谋划推动现代服务业跨越发展;重点引进海洋工程、新兴产业和高新技术产业项目,争抢产业发展的制高点,促进开发区土地利用向内涵集约型转变,为申报国家级高新技术产业园区奠定基础,为全面建成中国(舟山)海洋科学城提供有力的产业支撑。

1.完善产业布局,集中建设五大主导工业产业

(1)临港重型装备制造

积极推进扬帆集团迁建项目、富通电缆项目、恒安泰海洋柔性管道等产业项目建设,形成以高附加值船舶、海洋工程平台、海洋柔性管道、海洋特种光缆制造为核心的临港重型装备基地。支持和鼓励企业建设产品研发中心,加大技术创新力度,在产品品类、产品质量标准上有新的创新和突破。力争到 2020 年,临港重型装备制造产业产值达到 90 亿元。

(2)船配机电制造

整合提升中基日造等船配机电企业,积极争取国外高端船配产业向园区转移,打造中高端船配机电产业平台。鼓励黎明发动机、欧华船配、扬帆通用机械等企业进一步做大做强,提升综合竞争实力,创建省市名品名牌。引导一般性船配机电制造项目转产转业,鼓励企业固定资产通过市场流转,"腾笼换鸟",为新兴产业发展提供空间。力争到 2020 年,

船配机电制造产业产值达到 65 亿元。

（3）航空配件制造

对接朱家尖现代航空产业园,加快发展航空装备及零配件制造等相关延伸产业。吸引从事中外合资或国产的通用航空飞机零部件制造加工企业落户园区,完善舟山航空产业链条,打造航空产业"1 小时服务圈"。抓住国家推进低空开放的契机,积极拓展直升机产业的零部件制造、维修及租赁展销业务。力争到 2020 年末,航空配件制造产业产值达到 25 亿元。

（4）清洁能源及装备制造

以 LNG(liquefied natural gas,液化天然气)进口及储运分销为核心,加快新奥 LNG 加注站项目建设和后续 LNG 项目推进,开展 LNG加注、中转、储运、调拨等业务,并依托综合保税区政策,探索建设 LNG交易市场。探索构建泛能微网,加快利用工业建筑屋面以及商业建筑屋面安装太阳能光伏系统。延伸发展 LNG 压缩机、压力容器、固定储罐,光伏制造装备、高效发电设备、大型煤化工成套设备等清洁能源装备制造和分布式天然气发电、LNG 冷能利用产业链,进一步拓展冰雪旅游和大数据信息中心产业。力争到 2020 年,清洁能源及延伸产业产值达到160 亿元。

（5）绿色石化装备制造

重点对接鱼山绿色石化基地项目,发展石油化工成套生产装置、自动化仪表与控制系统、石油化工单元设备、石油化工流体机械、仓储物料加工输送技术与装备,以及高浓度难降解化工废水处理装备、废油再生基础油成套装备等石油化工污染物处理装备制造产业。到 2020 年末,争取 1～2 个相关重大产业项目投产,产值达到 25 亿元。

2.强化综合保税区辐射带动,完善四大主导服务业产业

（1）加快发展现代仓储物流

利用舟山在东北亚的重要战略区位、天然深水良港和丰富岸线资源优势,依托综合保税区保税仓储、物流、加工功能,引进数家全球知名大型物流公司,配套发展上百家中小物流企业,形成完整快捷、竞争有序的

保税物流产业链,货物储运、中转分拨、拆拼分装、保税加工等现代物流产业规模进一步扩大,运营效率明显提升。到 2020 年末,综合保税区码头货物吞吐量达到 4000 万吨以上。

提升优势产业保税仓储物流配送能力,重点推进新港二期公共码头设施、综合保税区冷链仓储、综合保税区衢山分区一期建设,提供最优质的基础设施配套条件。发展保税仓储物流增值服务业。鼓励国内外大型跨国贸易公司以综合保税区作为区域或国际贸易活动基地,建立和发展全球和区域贸易网络,进行从采购、保税物流、加工到分销的系列贸易增值活动。加快冷链物流产业升级,加快冷藏物流基础设施建设,引进国内外知名的冷链物流商,不断完善冷链物流体系,以进口水产品及冷链为重点,打造辐射长江经济带,服务全中国,集仓储、加工、展示、交易、配送为一体的进口水产品及冷链基地。

(2)做大做强大宗商品交易市场

充分利用舟山港作为水产品、船舶主要产地以及矿产品、油品、粮食、金属、原料、木材等大宗商品的主要中转港和集散地的战略地位,利用综合保税区内保税展示、保税仓储、保税加工和保税物流的政策优势,加快文化艺术品交易市场、进口水产品及冷链交易市场、国际船舶及成套设备交易、石油化工交易中心运作,推进矿产品、金属、大宗原材料、粮油以及进口木材等交易市场建设,积极引进国内外经营者、贸易商和交易会员。积极推进进口大宗商品的采购配送中心、分拨分销中心建设,深入开展大宗商品装卸、仓储、中转和多式联运等业务。到 2020 年末,园区贸易额达到 1000 亿元以上,一线进出口值达到 35 亿美元以上。

(3)创新发展跨境电子商务

抓住中韩、中澳自由贸易协定生效机遇,依托综合保税区保税物流、仓储、展示、交易、中转以及综合服务优势,推进跨境电子商务和金融支付等企业集聚,促进跨境电子商务成为对外贸易新兴渠道,大宗商品、水产品、肉类、乳制品、船舶及成套设备等特色产品成为跨境电子商务发展的优势领域,打造长三角地区海外仓储物流配送基地和重要的跨境电子商务园区。加快配套服务平台建设,重点推进国际商品博览中心建设和综合保税区进口商品直销中心全国布局。创新开展"异地O2O"进口模式，重点推进与杭州跨境电子商务综合试验区合作，实现综合保税区仓储、展销中心体验、电商平台下单、综合保税区打包配送的运营模式。集聚跨境电子商务主体，加快构建整合跨境电商平台和电商企业诚信体系，集聚一批配套企业，形成完整产业链。

（4）大力发展各类生产性服务业

积极引进天使投资、风险投资、股权融资等多层次融资平台，逐步构建完善的投融资体系。重点构建融资租赁、互联网金融、产业融资平台、供应链金融以及航运金融配套金融服务产业链。推进以保税燃油供应为突破口的全业态海事服务，积极发展航运金融与保险、航运信息咨询服务、船舶交易服务、航运人才培训的海事服务中心和数据中心，加快建设国际海员俱乐部、外供服务中心以及国际性离岸燃油补给服务中心，着力完善海事仲裁、船级社、财产保险、商事纠纷协调、海损理算、物流、代理、港口服务等海事配套服务产业发展，引进国内外知名保税燃油供应企业、外轮供应企业、船级社、船舶管理企业、海事金融机构、航运物流企业等在舟山设立总部、分支机构，打造集外轮供应、海事中介、船舶修造、航运咨询于一体的国际海事综合信息化服务平台。

3.强化孵化培育，构建两大产业循环圈

（1）科创孵化平台

引导和扶持社会资本参与搭建科技创业孵化器，积极推进持股孵化市场化运营手段，与大院名校联合共建创新载体，鼓励民营企业建立混合所有制孵化器，推动孵化器开展组织创新和机制创新，重点与浙江海洋大学联合建立大学科技园，推动科技项目产业化。争取至2020年末，年均孵化企业数量达到30家。

探索建立新材料、电子电气、生物健康等新兴产业投资基金，积极推动科技租赁公司设立。对接沪、杭、甬科技金融机构，争取在集聚区设立分支机构，建设科技创业金融生态圈，实现健全企业各发展阶段全产业链的优质资本服务体系。深化多层次资本市场建设，推动创新型中小企业在浙江股权交易中心挂牌。健全以技术交易市场为核心的技术转移和产业化金融服务体系。

（2）短周期小微平台

依托集聚区开发公司资产管理平台优势，探索建立区内小微企业有序进出机制。针对生命周期短、产业门类小、产业链不全、产能落后、转型升级困难的小微企业，通过固定资产市场流转、融资租赁、厂房代建等形式，逐步降低企业固定资产产权持有率及持有年限，降低企业资产负债率，使小微企业"进得来，出得去"，减少"僵尸企业"出现，加快小微企业产业更替，同时为今后园区整合提升改造提供充足空间。

（二）通过加大开放开发力度，促进开发区土地集约利用模式的转变

随着舟山群岛新区正式获批为第四个国家级战略新区，舟山经济开发区的发展面临宝贵的发展机遇。尽管开发区的发展方向区尚存在相对较大的用地空间，但要借助舟山群岛新区全面落实《浙江舟山群岛新区发展规划》中"三步走建设舟山自贸港区"的目标，充分发挥综合保税区的先行先试、开发开放、辐射带动作用，通过制度创新、管理创新、服务创新，实现贸易投资便利化、规范化、公开化，打造舟山自贸试验区先行区等优势，坚持开发区土地利用规划的高起点、开发区土地利用门槛的高标准，促进开发区土地集约利用模式的转变，使开发区真正成为高新技术产业、先进制造业和高端服务业的集聚地。

1. 全力争取海洋制造业深度开放

以服务国家"海洋强国"战略和深入实施《浙江海洋经济发展示范区规划》为引领，以发展海洋经济为主攻方向，争取进一步扩大海洋制造业开放，实施海洋产业投资负面清单管理模式，放宽外商投资海洋高端制造业的领域、股比、主体等限制，加快实施具有国际竞争力的海洋产业发展机制，加大综合保税区对海洋产业的辐射力度，支持各类海洋产业跨国公司集聚，推进探索海洋经济转型发展的新思路，加大与国内外沿海发达城市合作，助力海洋经济实现新发展。

2. 积极促进金融服务业健康发展

复制推广上海自贸试验区等金融改革举措，探索创新与大宗商品贸易、海洋装备制造、特色海事服务投资便利化相配套的金融服务体系，进

一步完善各项基础设施和服务机制,为金融服务业营造一个透明、高效的发展环境,全面打造与区内优势产业深度融合、相互促进的金融服务业体系。进一步引入投资基金、资产管理等各种类金融机构,形成传统金融与新兴金融多种业态集聚发展的良好格局。重点拓展跨境融资租赁、国际结算中心、大宗商品贸易双向融资平台、双币产业投资基金、人民币对外投资中心等跨境金融业态。推动传统仓储企业拓展供应链金融及期货保税交割功能,带动仓单流通、质押贷款融资、质押保险、保证金等一系列金融服务,全面推动区域传统功能型产业转型升级。

3. 全面加快特色海事服务产业延伸拓展

抓住舟山江海联运中心建设契机,深入对接上海国际航运中心,全力推进舟山国际海事服务基地建设。推进以保税燃油供应为突破口的全业态海事服务,引进国内外知名船级社、船舶管理公司等在舟山设立总部、分支机构,推进舟山国际海员俱乐部建设,争取提高海事人员流通便利性,打造集外轮供应、海事中介、船舶修造、航运咨询于一体的国际海事综合信息化服务平台。复制推广上海自贸试验区等航运体制创新举措,抓紧探索有助于大宗商品贸易便利化的航运制度和运作模式试点,着力构建通江达海、对接国际、功能齐全、服务高效的现代海事服务体系。重点突破保税燃油供应资质限制、长三角地区全港区直供、设立华东地区供油中心、先供后报、"一船多能"外轮供应等,争取和推进在舟山试点降低燃供、船舶管理、航运等相关海事服务企业税费以及海员个人所得税等政策,争取设立国家级国际海事服务基地。

4. 不断加大对外开放和区域合作力度

主动融入"一带一路"战略,加强与长江经济带、东部沿海主要城市以及海上丝绸之路重点枢纽国家的交流与合作,积极探索在重点发展领域合作的新途径、新模式、新思路,强化区域联动,实现共享发展。以"宁波-舟山港"一体化建设为契机,推进综合保税区本岛分区配套码头与宁波港集装箱国际班轮航线合作,打通与世界主要港口的海上物流大通道。加强与长江沿线以及北方港口和城市的集装箱运输业务合作,以舟山港为转运枢纽,利用舟山港在沿海和长江T字水道节点的区位优势,打造江海联运集装箱枢纽港。建立江海联运联盟,加快联盟信息一体化建设,设立统一的物流信息、航运支持保障、联盟公共信息平台,实现舟山港与长江沿线港口物流信息全面对接、有效共享。

（三）通过发挥产城融合效应,促进开发区土地集约利用结构的优化

产业是城市发展的基础,城市是产业发展的载体,城市和产业共生、共利。"产城融合"是指产业与城市融合发展,以城市为基础,承载产业空间和发展产业经济;以产业为保障,驱动城市更新和完善服务配套。产城融合有利于进一步提升土地价值,有利于实现开发区土地利用结构的优化,提高开发区土地集约利用水平,扩大产业空间,加速产业聚集。

1. 推动产城规划一体化

秉承区域融合的规划理念,坚持"区域一盘棋,规划一张图",强化区域各项规划间的协调衔接,以科学规划引导产城融合进程。重点对接集聚区城市设计、产城配套区控制性详细规划、白泉镇各单元控制性详细规划,实现产城基础规划无缝衔接。同时,适时做好开发区、综合保税区产业发展规划,清洁能源产业园规划,岸线利用规划等专项规划的整合叠加工作,最终形成多规合一、协同引领的规划大布局。

（1）功能定位

以疏港公路沿侧地块为连接城区与产业区、展示产城融合发展的重要纽带,集聚区以产业及其配套服务为重心,并融合城市多元功能的整体风貌,打造产城一体化发展的产城融合带。

（2）规划目标

复合居住、工作、游憩、学习的综合新城,提供完善的生产性服务和生活性服务;综合性的现代服务、合理高效的功能空间组织,结构开放,与周边城市功能片区紧密互动;集聚知识型高端产业、技术、服务和人才;集聚产业链高价值环节,引领区域产业发展;打造特色环境和品牌形象,整合和集聚资源优势,实现对北部产业园区城市形象和城市品牌的塑造。

（3）空间布局

"一心三点七片"。"一心"指综合配套中心,为新港园区一期（包含

产城融合带)配置区域性的商业设施、商务办公、公共服务设施等功能。"三点"指中部的生产配套服务点,为工业配套商业商务、居住、公共服务设施等;西部的物流商贸服务点,为物流产业提供电子商务办公平台,并辅以商贸服务功能;东部社区服务点,区域性的公共配套集中点,提供区域性的教育、商业商贸、社区服务和管理等功能。"七片"以综合配套区为中心,环保公路北侧沿线的西侧为综合保税区和高新技术创业园,东侧为北蝉片区,环岛公路南侧沿线布设商务研发区、高新孵化园和非保税商贸物流园区。

2. 推进分区功能协同化

(1)综合配套区

功能为海洋产业集聚区的综合配套中心,满足园区的生活、生产配套需求,并为整个区域提供集中的商贸服务,打造独特的产城园区,吸纳更多的产业衍生服务项目。集聚商务办公、科技研发、公共交通、居住及生活配套、休闲活动和商业服务等功能,具体设置大型商业综合体、商业步行街,为产业链衍出的三产服务提供集中区域,建造商贸、商务办公、酒店等标志性建筑,并开发各种形式的住宅项目,营造良好的生活、商贸、科创、办公环境。

城市设计引导:空间组织上注重环岛公路界面形象和入口区形象的塑造,利用水体与绿地景观资源,打造标志性空间形象。内部商业水街联系北蝉居住配套和商业商务核心,创造亲水怡人又各具特征的公共场所。整体建筑群落错落有致,具有时代感,艺术性与功能性统一。

(2)综合保税区

综合保税区的重要对外通道沿线主要以保税加工和物流为主。

城市设计引导:以保税加工和仓储物流建筑为主。整体建筑以低层大空间建筑为主,风格上现代简洁,具有时代感,是新区产业区发展的形象区域,是片区独具特色的产业功能区。

(3)非保税商贸物流园区

集现代物流、商贸、电子商务、总部经济、结算中心以及配套设施于一体的非保税商贸物流园区,构建内外互通的物流格局和完善的电子贸易平台。

城市设计引导:以现代简洁风格为主。以仓储建筑和商贸、商务建筑为主体,辅以少量住宅项目,形成一个较为独立的特色化物流商贸组团,具有明显的分区特征,并与周边整体环境统一协调。

(4)高新技术创业园

整合现状产业,构筑产业链,形成集聚效应,提升产业类型,形成园中园模式,营造适合创业的人文环境,以利于吸引高层次创业人才,转化高新技术成果,孵化高新技术企业,最终形成自主创新的高新技术创业园。重点引进、培育战略性新兴产业项目。

城市设计引导:建筑群体在空间组织上具有节奏和韵律美感,注重环境塑造,打造良好空间环境,激发创业灵感。建筑功能以生产和研发、办公相结合,建筑形式灵活,组合多样,艺术性与功能性统一,形成建筑与环境相融合的园中园风貌区。

(5)高新孵化园

培育海洋经济链中需要扶持的新兴产业项目和新型业态(如金融创业服务业、文化创业产业、电子信息产业等)体系,为中小型创业企业提供良好的工作环境和利于企业发展的政策,使企业得以成长,并配建人才公寓等住宅项目。

城市设计引导:孵化主题的商务办公建筑以现代概念风格为主,集合现代花园式小户型、公寓式住宅,创建高品质园区,建筑风格新颖,建筑色彩鲜明。

(6)商务研发区

集商务办公、研发和商业服务于一体的综合开发区以商务办公和科技研发为主要项目,并开发与之配套的金融贸易、商贸展销、酒店餐饮、住宅等商业服务项目。

城市设计引导:丰富的空间布局体现商务研发与生活相融合的生动感。现代简约的商务办公大楼,配合绚丽多彩的商业建筑和环境优美的居住小区,共同营造高品质的园区。

(7)北蝉片区

北蝉片区由乡镇逐步向城市化建设过渡,打造综合性服务社区,为周边区域提供社区级公共配套服务,设置幼儿园、中小学、医疗卫生设施、金融邮电设施、商业设施(超市、餐饮酒店、菜市场、批发市场、洗衣店、美容美发店等)、文体娱乐休闲设施(文化活动中心、健身设施等)、居住小区以及社区服务中心等,为原社区居民和产业集聚区的新居民和职工提供必要的生活服务保障。

城市设计引导:北蝉片区延伸综合配套区的服务功能,空间布局上协调统一,道路系统自然衔接,空间景观互相映衬又相对独立,完善社区组团分区和内部联系。

3.突出产城一体化

(1)建设产城融合服务圈,稳固产业发展基础

启动集聚区产城配套区规划建设,充分利用白泉镇、展茅镇综合服务功能,共同建设集聚区生产生活服务基地,完善生活配套服务体系,全面优化教育、医疗、社会公共服务及住房布局,着力打造"北部产城融合带综合服务圈"。争取在"十三五"期间,产城融合区内人口数量增加3万~5万,为产业发展提供人力资源保障。

(2)突出产业功能互补,带动区域城市化进程

在现有制造业基础上,发挥综合保税区服务业集聚效应,逐步提高三产比重,适时发展一些劳动力密集型产业,以产业发展提升就业创业水平,带动周边居民收入水平提高,构建宜居宜业的良好环境,推进新型工业化、信息化、城镇化、农业现代化同步发展,提高本岛北部城市化速度,共享产业建设成果。引导白泉镇、展茅镇拓展多领域服务业,主动对接高端仓储物流项目,逐步形成物流产业群,培育增值服务链条。

(3)建设"国际集贸"小镇,打造产城融合特色品牌

充分发挥综合保税区商贸条件优势,探索建设"国际集贸"特色小镇,重点发挥国际商品集贸、国际海事服务、工业旅游、冷能利用、特色旅游、消费餐饮配套、交通集散等功能,最终形成商市集聚、配套完善、生活便捷、生态优质的多功能小镇和本岛北部旅游集散中心。

（四）通过加快产业集聚集群，促进开发区土地集约利用标准的提升

围绕建设具有全国竞争力的现代海洋产业基地，加快发展海洋高端装备制造产业，大力培育海洋新兴产业，改造提升传统船配制造产业，做大做强一批具有区域特色和发展潜力的海洋支柱产业，加快形成若干具有较强竞争力的产业集群，并带动传统产业转型升级，从而促进开发区土地集约利用标准的提升。

1.推动开发区产业链集聚发展

根据长三角区域产业发展现状和规划情况，顺应全球新工业革命态势、国内产业结构升级调整趋势，积极发展技术先进、附加值高、带动性强的高端制造产业，提前布局，保证开发区产业集聚的可持续发展。充分利用现有产业基础，大力发展高技术含量、高附加值、低资源消耗、低环境污染的高端专用和功能性化学品、化工新材料、生物质能源、生物化工和生物材料等。

充分依托舟山现有基础，加快重点产业配套企业的引入，积极推动向下游延伸，加速形成产业集群竞争优势、规模效益和扩散效应。依托开发区现有入驻企业资源和产业基础，发挥骨干企业的带动作用，集聚一批有较强配套能力的中小型企业。挖掘骨干企业产业链上下游及配套厂商，掌握产业链企业扩产动向，吸引配套企业落户集聚区。围绕舟山绿色石化基地的建设，吸引新型、高效、节能减排的石化装备优质企业落户集聚区，推动集聚区与舟山石化产业的产业联动发展。培育发展若干个石化产业下游加工专业功能区，功能区间布局合理，定位清晰，特色突出，产品门类丰富且互为补充。打造多个各具特色、投资主体多元化的石化下游延伸加工产业链，包括特种橡胶、高性能工程塑料、高性能合成纤维、新医药、食品添加剂、日用化工品等领域。依托舟山综合保税区和自贸区建设，促进海洋产业上下游联动发展，构建以油品为核心，包括铁矿石、木材和煤炭等大宗商品储存、中转、加工和贸易等的现代海洋服务产业体系。

2.推动开发区高端产业集群的形成

通过高端产业的集聚，未来重点加快形成以下产业集群：临港装备

制造产业集群、绿色石化装备产业集群、高端船舶配件制造产业集群、航空装备及汽车零部件制造产业集群、海洋电子信息产业集群、海洋新能源与新材料产业集群。

(1)临港装备制造产业集群

依托现有基础,建设临港装备制造基地,大力发展石油化工装备、自动化仪表与控制系统、仓储物料加工输送技术与装备、高浓度难降解化工废水处理系统、废油再生基础油成套装备等石油化工污染物处理装备。

(2)绿色石化装备产业集群

抓住舟山市建设绿色石化基地这一历史机遇,大力发展石油化工成套生产装置、自动化仪表与控制系统、石油化工单元设备、石油化工流体机械、仓储物料加工输送技术与装备,以及高浓度难降解化工废水处理装备、废油再生基础油成套装备等石油化工污染物处理装备。

(3)高端船舶配件制造产业集群

依托原有产业基础,积极发展大型甲板机械、舱室设备、推进装备、自动化控制系统、通讯导航、船用电子产品等高端船舶配件。

(4)航空装备及汽车零部件制造产业集群

积极发展飞机零部件、机载设备、机舱内饰用品、航空电子仪表、驾驶模拟器、航空救生器材等航空设备,以及汽车动力装置、传动系统、制动系统、转向系统、电气设备、汽车内外装饰、汽车灯具等汽车零部件、新能源汽车及特种重型车辆等的制造与生产。

(5)海洋电子信息产业集群

加快发展船舶电子、海洋探测、海洋电子元器件、海洋软件和信息服务等产业,加快构建电子产品制造、软件开发、信息资讯与服务为一体的海洋电子信息产业链。

(6)海洋新能源与新材料产业集群

积极发展 LNG 冷能应用、LNG 发电、太阳能光伏发电及装备制造、海水淡化设备制造、海上风能、潮汐能等海洋新能源发电技术研发及装备制造,以及海洋防腐涂料、新型建筑材料、新能源材料、高强高性能结构材料、生物塑料和新一代功能纳米材料等海洋新兴产业。

第六章
舟山群岛新区建设用地后备空间资源研究

　　国务院批准设立舟山群岛新区,使舟山在我国实施海洋经济发展战略中具有独特地位。舟山群岛新区未来建设花园城市、大宗商品储运中转加工交易基地以及发展临港工业、现代服务业等海洋经济都需要较大规模的用地空间。国家发展战略的实现,使土地利用面临严峻的挑战,主要表现为新增建设用地规模不足,空间有限,布局分散,导致大部分新区建设用地项目的"落地"存在困难。根据舟山群岛新区的自然资源禀赋优势和土地利用现状特征,未来舟山群岛新区的建设用地后备空间资源解决的可行途径,主要包括沿海滩涂资源开发利用、低丘缓坡资源开发利用和农村居民点用地综合整治。2011 年 6 月,国土资源部与浙江省人民政府签署了《关于创新国土资源管理机制共同推进浙江海洋经济示范区建设的合作协议》,协议明确要求按照"全面探索、局部试点、封闭运作、风险可控"原则,探索实施"坡地村镇"的低丘缓坡综合开发利用和荒滩未利用地开发新模式,选择条件成熟的区块,鼓励城镇、工业上山和下海,通过开发利用低丘缓坡地和滩涂未利用地,进行城镇、工业和基础设施建设。

第一节 舟山群岛新区沿海滩涂资源的合理开发 利用研究

舟山市海岛众多,岸线曲折漫长,海域辽阔,拥有极为丰富的海洋、海岛和深水岸线资源。舟山市地处长江、钱塘江、甬江三江入海的交汇处,以钱塘江和长江为主的"三江"入海泥沙在全市绵延曲折的海岸线沉积下来,形成了大量可开发利用的滩涂资源,适宜发展港口物流、临港工业、海洋旅游等海洋特色产业和垦造耕地。舟山市沿海滩涂开发利用历史悠久,经历了以兴海煮盐、垦荒种棉、围海养殖、临港工业等为主要利用方式的多个阶段,开展了较大规模的滩涂围垦开发活动。这些年来,舟山市坚持把围垦造地工程作为拓展发展空间、建设海洋经济强市的重要战略举措。2005 年前舟山市共围成滩涂 356 处、围涂总面积达13266.67 公顷。目前全市已围垦海涂 400 余处,围垦成陆面积 16000多公顷,已开发利用围垦成陆土地 13833 公顷,其中:耕地 2660 公顷,海水养殖用地 4533 公顷,盐业生产用地 1120 公顷,城镇建设用地 833 公顷,机场、港口、公路等基础设施和工矿企业用地 4687 公顷。[①] 发挥滩涂资源在舟山群岛新区建设中的耕地后备资源、空间拓展作用,创新滩涂综合开发利用模式,对于缓解建设用地供需矛盾具有重要作用。

一、舟山群岛新区滩涂资源的现状及其利用变化

舟山市滩涂资源比较丰富,岛屿岸线总长度为 2444 千米,共有 5 米等深线以上的滩涂和海域资源 595.64 千米²。其中:理论深度基准面以上的滩涂面积为 185.39 千米²(包括 40 处总面积 3.90 千米² 的沙滩),占全市滩涂资源数量的 31.12%;理论深度基准面与 2 米等深线之间的面积为 121.91 千米²,占全市滩涂资源数量的 20.47%;2 米等深线与 5

---

① 《舟山市土地利用总体规划(2006—2020 年)》(2013 年修改版)。

米等深线之间的滩涂数量最多,面积为 288.34 千米²,占全市滩涂资源
数量的 48.41%(表 6.1)。

表 6.1　舟山市及其各县(区)滩涂资源及高涂现状面积与结构

滩涂类型	定海区		普陀区		岱山县		嵊泗县		舟山市	
	面积/千米²	比重/%	面积/千米²	比重/%	面积/千米²	比重/%	面积/千米²	比重/%	面积/千米²	比重/%
海拔−5米到−2米(不包括)	29.03	35.54	76.31	41.09	136.26	57.07	46.74	52.24	288.34	48.41
海拔−2米到0米(不包括)	15.47	18.94	39.34	21.18	45.76	19.17	21.33	23.84	121.91	20.47
0米及以上	37.18	45.52	70.07	37.73	56.73	23.76	21.41	23.92	185.39	31.12
所有滩涂	81.68	100.00	185.72	100.00	238.75	100.00	89.48	100.00	595.64	100.00

数据来源:《舟山市滩涂围垦总体规划(2009—2020 年)》,2010 年。

从舟山各县区的滩涂资源结构来看:定海区理论深度基准面以上的
滩涂数量最多,占全区滩涂资源面积的 45.52%,2 米等深线与 5 米等深
线之间的滩涂面积占 35.54%,理论深度基准面与 2 米等深线之间滩涂
面积占 18.94%;普陀区 2 米等深线与 5 米等深线之间的滩涂数量最
多,占全区滩涂资源面积的 41.09%,理论深度基准面以上的滩涂面积
占 37.73%,理论深度基准面与 2 米等深线之间滩涂面积占 21.18%;岱
山县 2 米等深线与 5 米等深线之间的滩涂数量最多,占全县滩涂资源面
积的 57.07%,理论深度基准面以上的滩涂以及理论深度基准面与 2 米
等深线之间滩涂面积相差不大,分别占 23.76%和 19.17%;嵊泗县 2 米
等深线与 5 米等深线之间的滩涂数量最多,占全县滩涂资源面积的
52.24%,理论深度基准面以上的滩涂以及理论深度基准面与 2 米等深
线之间的滩涂数量较为接近,面积分别占 23.92%和 23.84%。

从舟山市不同类型滩涂资源在各县区的空间分布来看:5 米等深线
以上的滩涂和海域资源主要分布在岱山县和普陀区,占全市的比重合计
超过 70%,其中岱山县占全市的比重超过 40%;面积最小的是定海区,

仅占全市的 13.71%。2 米等深线与 5 米等深线之间的滩涂面积主要分布在岱山县,占全市的比重达到 47.26%,几近一半;其次是普陀区,超过全市的四分之一。理论深度基准面与 2 米等深线之间的滩涂面积也主要分布在岱山县和普陀区,占全市的比重合计接近 70%,其中面积最大的岱山县,其占全市的比重为 37.54%。理论深度基准面以上的滩涂面积主要分布在普陀区,占全市的比重为 37.80%;其次是岱山县,约占全市比重的 30%(表 6.2)。

表 6.2　舟山市及其各县(区)不同类型的滩涂资源

单位:%

区域	总面积	海拔−5 米到−2 米 (不包括)	海拔−2 米到 0 米 (不包括)	0 米及以上
定海区	13.71	10.07	12.69	20.05
普陀区	31.18	26.47	32.27	37.80
岱山县	40.08	47.26	37.54	30.60
嵊泗县	15.03	16.20	17.50	11.55
舟山市	100.00	100.00	100.00	100.00

数据来源:作者计算整理。

2010—2015 年,舟山市滩涂面积减少了近 500 公顷,年均减少 100 公顷,减少幅度为 3.18%。就滩涂变化的空间分布而言:岱山县略有增加,嵊泗县略有减少;减少的滩涂主要分布在普陀区和定海区,普陀区减少面积最大,减少了 286.58 公顷,年均减少近 60 公顷;减少幅度最大的是定海区,减少了 7.65%,年均减少幅度达 1.53%(表 6.3)。

表 6.3　舟山市及其各县(区)滩涂资源的面积与比例变化(2010—2015 年)

区域	2010 年		2015 年		2010—2015 年变化		
	面积/ 公顷	占全市 比例/%	面积/ 公顷	占全市 比例/%	面积/ 公顷	占全市 比例/%	减少幅 度/%
定海区	2678.69	17.34	2473.64	16.54	−205.05	−0.80	−7.65
普陀区	6386.38	41.35	6099.80	40.79	−286.58	−0.56	−4.49
岱山县	4759.44	30.81	4765.15	31.86	5.71	1.05	0.12

续表

区域	2010 年		2015 年		2010—2015 年变化		
	面积/公顷	占全市比例/%	面积/公顷	占全市比例/%	面积/公顷	占全市比例/%	减少幅度/%
嵊泗县	1621.35	10.50	1615.61	10.81	−5.74	0.30	−0.35
舟山市	15445.86	100.00	14954.20	100.00	−491.66	—	−3.18

数据来源:作者计算整理。

二、舟山群岛新区滩涂资源开发潜力和利用方向

舟山海域地处典型的强潮河口钱塘江口杭州湾的外缘,潮流对舟山海域的泥沙运动和含沙量格局起着重要作用。现有自然滩涂资源处于冲淤动态平衡和缓慢淤积发育状态,进行科学合理的人工促淤,整合现有资源,可提高滩涂开发利用的效益。滩涂开发主要考虑以下几方面的因素。

(1)滩高

以高滩围垦为主。尊重滩涂演变自然规律,边滩围垦起围高程原则上控制在理论最低潮面以上 2 米,嵊泗区块、洋山区块和港区围填海起围高程可根据实际情况适当降低。

(2)岸线与港口资源保护

保护和形成港口资源。既要稳定现有深水航道,保护沿海现有港口资源,又要通过围垦积极增加深水岸线资源,创造建设深水海港的新条件。

(3)航道安全

维持潮流通道畅通。近岸面积较大滩涂和辐射沙洲的围垦,总体上不应改变海洋动力系统格局,应预留足够的汇潮通道,保障潮波交汇畅通,努力使沙洲变得更高,使港槽变得更深。

(4)防汛工程设施

原则上不在河口治导线范围内布局围区;边滩围垦采用齿轮状布局,增加海岸线长度,以有效地保护海洋生态。

根据 2015 年舟山市土地利用变更调查数据,全市滩涂总面积为14954 公顷。由于舟山特殊的地理位置,从滩涂资源的底质及扩展潜力

分析,舟山市滩涂属第四系陆、海相松散沉积层,滩涂的泥沙来源主要依靠以长江为主的三江(长江、钱塘江、甬江)水流所挟带的泥沙,入海径流量及其含泥量丰富。总体上看,泥沙来量丰富,扩展性较强,远期滩涂资源仍将比较丰富。目前这些沿海滩涂资源在技术成熟、资金投入有保障的情况下,均可开发利用,因此其开发利用理论潜力为14954公顷。

可实现开发潜力分析是在综合考虑规划期内经济社会发展水平、用地需求强度、建设限制条件、开发建设成本、资金投入能力、科技保障手段等现实因素,并与舟山群岛新区发展规划、城市总体规划、海洋功能区划、环境保护"十三五"规划等相关规划衔接,对理论潜力进行的可行性分析。舟山市滩涂近期的开发潜力为5821公顷(表6.4)。

表6.4　舟山市及其各县(区)滩涂开发潜力分布及开发利用方向

单位:公顷

行政区域	可实现开发潜力规模	规划开发利用方向	
		建设用地	农用地
定海区	1095	1095	0
普陀区	2000	2000	0
岱山县	1942	1577	365
嵊泗县	783	783	0
舟山市	5820	5455	365

数据来源:《舟山市土地利用总体规划(2006—2020年)》(2013年修改版)。

舟山群岛新区应因地制宜采用顺岸围垦或人工岛围垦方式对滩涂进行开发,其中顺岸围垦主要用于大岛城镇和产业区建设,人工岛式围垦适宜于相对独立的物流、石化等产业基地。经过综合评估,舟山群岛新区可以划分为舟山本岛、金塘、六横、岱山、衢山、嵊泗、洋山和朱家尖八个围垦造地区块,滩涂围垦、围填海域总规模为203千米^2,其中近期开发规模为135千米^2。开发利用方向主要包括:

(1)优先为特色产业发展提供用地空间

综合开发利用滩涂资源,在滩涂围垦区域优先安排产业发展空间,包括安排临港工业、港口物流、海洋旅游等特色产业用地,有效减少建设占用耕地面积,近期内使新区工业化、城市化建设减少占用耕地面积660公顷以上。

（2）优先为城市新区发展提供用地空间

通过滩涂围垦新增城市建设空间,形成以舟山定海、临城、沈家门城区为城市中心,高亭、金塘、白泉、六横、衢山、菜园、洋山镇等为城市副中心的城市形态。推动陆海联动发展,积极发展海洋科教文化产业,推进海洋科学城、摘箬山岛海洋科学研究基地等的建设。

（3）优先为主导产业发展提供用地空间

在围垦区发展国际储运物流、海洋工程装备制造、海洋生物、海洋清洁能源等主导产业。

三、舟山群岛新区滩涂资源围垦重点区域分布

根据舟山市行政区划、岛屿分布、滩涂资源分布和滩涂资源调查评价成果及相关规划,舟山市海岛滩涂资源围垦造地可划分为八个重点区域（表6.5）。

表 6.5　舟山市海岛滩涂围垦和填海造地重点区域开发规模

区域	开发规模/公顷					
	围垦区	围垦区内新增土地	近期围垦区	近期围垦区内新增土地	远期围垦区	远期围垦区内新增土地
舟山本岛区域	4952	2256	4896	2251	56	5
六横区域	3955	2350	3201	2103	754	247
金塘区域	1266	1042	1266	1042	0	0
岱山区域	3733	2640	1658	829	2075	1811
衢山区域	1584	720	457	184	1127	536
洋山区域	3303	3000	1360	1161	1943	1839
嵊泗区域	1036	814	282	155	754	659
朱家尖区域	730	730	350	350	380	380
舟山市全部海岛区域	20559	13552	13470	8075	7089	5478

数据来源:《舟山市土地利用总体规划（2006—2020 年）》（2013 年修改版）。

1. 舟山本岛滩涂围垦区

该区域为中心城市、城乡一体化经济区,包括中心城市及白泉、马岙、岑港等城镇,共同承担全市综合功能,滩涂围垦造地主要集中在该区域的东部和北部。其围垦造地除为港口建设、城镇、风景名胜设施和产业基地建设用地服务外,还符合港口岸线整治、储备土地资源、发展所处区域北部海水养殖业的要求。普陀山、朱家尖风景区周边区域列为限围区或禁围区。规划期内围垦项目共计 16 处,围成总面积 4952 公顷,其中新增土地面积 2256 公顷。近期围垦项目有 15 处,围成总面积 4896 公顷,其中新增土地面积 2251 公顷。远期围垦项目有 1 处,围成总面积 56 公顷,其中新增土地面积 5 公顷。

2. 六横滩涂围垦区

该区域近期以渔农业加工、贸易、旅游等功能为主,远期以港口建设、城镇和产业基地建设功能为主。该区域的六横岛以港口为特征,桃花岛以旅游为特色,虾峙岛等以渔农业及加工为主要功能。该区域围垦造地主要服务方向包括港口建设、城镇建设、产业基地建设,以及港口岸线整治和储备土地资源,主要发展海水养殖业。规划期内围垦项目共计 15 处,围成总面积 3955 公顷,其中新增土地面积 2350 公顷。近期围垦项目有 12 处,围成总面积 3201 公顷,其中新增土地面积 2103 公顷。远期围垦项目有 3 处,围成总面积 754 公顷,其中新增土地面积 247 公顷。

3. 金塘滩涂围垦区

该区域以港口交通、渔农业加工商贸两大功能为主,其围垦造地主要服务方向为港口建设、城镇和临港工业基地建设用地服务,同时兼有港口岸线整治。规划期内围垦项目共计 5 处,围成总面积 1266 公顷,其中新增土地面积 1042 公顷,全部安排在近期实施。

4. 岱山滩涂围垦区

该区域以海产品加工、贸易、旅游综合开发功能为主,其围垦造地的主要服务方向为港口建设、城镇、风景名胜设施和产业基地建设用地服务。规划期内围垦项目共计 8 处,围成总面积 3733 公顷,其中新增土地面积 2640 公顷。近期围垦项目有 6 处,围成总面积 1658 公顷,其中新增土地面积 829 公顷。远期围垦项目有 2 处,围成总面积 2075 公顷,其中新增土地面积 1811 公顷。

5. 衢山滩涂围垦区

衢山作为舟山市第六大岛,除衢山岛西部外,全区为 10 米以上深水区所环抱,因此同时兼有承担港口型城镇(岛屿)功能的要求。该区域滩涂自然资源丰富,围垦造地主要是为了当地各岛渔民的转产转业,以及发展海水养殖业提供生产用地,并为港口建设、旅游度假、城镇和产业基地建设服务。规划期内围垦项目共计 11 处,围成总面积 1584 公顷,其中新增土地 720 公顷。近期围垦项目有 4 处,围成总面积 457 公顷,其中新增土地 184 公顷。远期围垦项目有 7 处,围成总面积 1127 公顷,其中新增土地 536 公顷。

6. 洋山滩涂围垦区

该区域以上海国际航运中心配套功能和旅游度假功能为主,其围垦造地主要服务方向为港口建设、城镇和风景名胜设施用地。规划期内围垦项目共计 8 处,围成总面积 3303 公顷,其中新增土地面积 3000 公顷。近期围垦项目有 4 处,围成总面积 1360 公顷,其中新增土地面积 1160 公顷。远期围垦项目有 4 处,围成总面积 1943 公顷,其中新增土地面积 1839 公顷。

7. 嵊泗滩涂围垦区

该区域以海产品加工、渔业、旅游度假等功能为主,马迹山、浙北中心渔港具有承担大型港口功能的要求。根据该区域滩涂资源调查评价情况,其围垦造地主要服务方向为城镇、风景名胜设施和港口建设用地。规划期内围垦项目共计 8 处,围成总面积 1036 公顷,其中新增土地面积 814 公顷。近期围垦项目有 4 处,围成总面积 282 公顷,其中新增土地面积 155 公顷。远期围垦项目有 4 处,围成总面积 754 公顷,其中新增土地面积 659 公顷。

8. 朱家尖滩涂围垦区

该区域围垦的主要方向为旅游产业。规划期内围垦总面积为 730 公顷,近期围垦总面积为 350 公顷,远期围垦总面积 380 公顷。

近期舟山新区建设围填海主要集中在六横岛区块(临港制造业)、舟山本岛西北部区块(海洋重工业)、定海钓梁区块(海洋工程、海洋生物医药工程)、金塘北部区块(先进制造业、物流业)、普陀城区区块(商服用地、现代服务业)、朱家尖-登步区块(海洋旅游、景观房产)、岱山仇家门区块(临港工业)、长涂双剑涂区块和衢山岛区块(临港工业、港口物流)、小洋山区块(港口现代物流中转、综合服务)和泗礁区块(临港工业、海洋工程)等 11 个重点区块(表 6.6)。

表 6.6 舟山市近期滩涂及围填海重点区块

区块名称	所在地	土地利用现状/公顷				开发利用方向
		小计	未利用地	建设用地	非耕农用地	
定海钓梁区块	定海区	1381	1381			海洋工程、海洋生物医药工程
金塘北部区块	定海区	671	620	4	47	先进制造业、物流业
舟山本岛西北部区块	定海区	232	181	50	1	海洋重工业战略
普陀城区区块	普陀区	486	72	414		商服用地、现代服务业
六横岛区块	普陀区	413	413			临港制造业
朱家尖-登步区块	普陀区	617	470	144	3	海洋旅游、景观房产
岱山仇家门区块	岱山县	256	256			临港工业
长涂双剑涂区块	岱山县	697	697			临港工业、港口物流
衢山岛区块	岱山县	602	602			临港工业、港口物流
小洋山区块	嵊泗县	566	475	91		港口现代物流中转、综合服务
泗礁区块	嵊泗县	383	326	57		临港工业、海洋工程
全部区域	舟山市	6304	5493	760	51	

数据来源:《舟山市土地利用总体规划(2006—2020 年)》(2013 年修改版)。

四、舟山群岛新区促进滩涂资源开发利用的政策建议

为了促进舟山群岛新区滩涂资源的合理开发利用,本书提出以下政策建议。

1. 以海岸带综合规划为载体,创新用海用地规划衔接机制

探索陆海规划合一的实现途径。将舟山群岛新区发展规划、土地利用规划、滩涂围垦规划以及海洋功能区划中均涉及的相同内容在规划安排上进行统一,并落实到一个涵盖舟山群岛陆海区域内共同的空间规划平台上,明确所属陆海区域内各部分的功能划分和控制目标。同时,注重加强规划编制体系、标准体系、协调机制等方面的制度建设,强化统一后的规划的实施和管理,使其真正成为统领舟山群岛新区陆地、海洋开发利用和管理保护的依据。

在规划空间布局方面,以海岸带综合规划为载体,实现土地利用总体规划和海洋功能区划的无缝衔接,落实舟山群岛新区重点基础设施、海洋经济、海岛保护开发项目在陆海空间的布局,同时落实到土地利用总体规划和海洋功能区划中。在用地用海规模衔接方面,在用地用海总规模指标和新增规模指标上实现无缝衔接,规划陆域空间纳入土地利用总体规划指标管理范围,规划海域空间纳入海洋功能区划范围,总规模指标和新增规模指标为土地、海洋两项规划指标之和。经批准的建设围填海项目,落实围填海指标的,完成围填海后,可以追加同等数量土地总规模指标和新增规模指标,将其纳入土地利用总体规划管理范围,并以建设用地类型管理。

2. 创新围填海和土地利用计划管理新机制

衔接好土地利用年度计划和围填海计划工作:国家和省对舟山群岛新区土地利用和围填海年度计划实施统一管理;国土资源部在下达土地利用年度计划时,将建设用围填海计划同时下达;国家海洋局下达建设用和农业用围填海计划。合理安排指标用途,优先保障国家产业政策鼓励发展的项目。建设使用农用地和未利用地计划指标,与建设使用围填海造地计划指标,不交叉使用,分别进行统计和考核。

建立舟山群岛新区新增建设用地计划指标和围填海指标使用情况实施中期评估和年度汇报制度。在下半年指标调剂前,由市政府向省国土资源厅、省海洋与渔业局,函告新区两项计划执行情况,存在的困难以及需解决的问题,省级能解决的加以解决,不能解决的,由省国土资源厅、国家海洋局向国土资源部(规划司)和国家海洋局请示汇报计划执行情况、存在问题和要求解决的困难,请部里在下半年规划指标调整时重点考虑解决相关问题及困难。

3. 创新围填海造地项目审批管理联合出让机制

开展涉海、涉陆建设用地审批及出让管理试点。构建土地管理与海域使用管理协同联动机制,探索试行涉海、涉陆建设项目联合审批方式,建立土地使用权、海域使用权出让联动机制。提高海域使用权和土地资源市场配置的程度,建立用地用海综合考核评价体系。由市政府统一协调,研究涉陆、涉海建设项目联合出让办法,制定涉陆、涉海建设项目出让计划,统一实施公开出让。

围填海造地用于建设的,分为按区域成片开发建设和单个项目建设两种方式。对按区域成片开发建设的,由同级政府作为实施主体,编制区域用海规划,具体项目依法履行围填海审批手续后组织实施,形成的土地按具体项目依法履行土地供应手续。对单个项目建设的:属于公益性项目、符合划拨用地目录的,围填海造地竣工验收后,按划拨土地办理相关土地手续;属于非公益性且依法可协议出让土地的项目,签订协议出让合同并补交土地出让金与海域使用金的差价后,申请办理土地相关手续;属于经营性的项目,实施联合公开出让。

4. 加强围填海形成土地的调查与登记,研究海域使用权换发国有土地使用权证办法

加强围填海形成土地的调查与登记,及时开展土地利用现状调查和年度土地变更调查,按照《土地利用现状分类》国家标准,实地认定围填海形成土地的地类,建设用和农业用围填海计划范围内用地,形成土地后分别纳入建设用地和农用地管理;依据有关规定,确定围填海形成土地的权属,实施海域使用权证换发土地使用证统筹管理,开展换证办法研究。

政府通过招标拍卖方式出让海域使用权和土地使用权的,填海形成的土地可直接换发国有土地使用权证书,土地取得方式一栏注明为出让。政府组织实施填海项目形成的土地,由政府土地储备机构实行收购,按规划直接认定为建设用地,按具体项目依法履行土地供应手续,由用地单位申请办理土地使用权证书。

第二节　舟山群岛新区低丘缓坡资源的合理开发利用

舟山群岛处在闽浙隆起地带的东北端,构造线走向呈东北-西南向,由天台山、四明山余脉入海而成,是浙江省天台山山脉向东北方向延伸露出海面部分,属东海大陆架海区。舟山群岛地形分散,岸线蜿蜒曲折,港湾众多,地貌较复杂。由 1339 个岛屿组成的岛屿丘陵区,主要几个大岛丘陵起伏,多小盆地。岛屿陆地大多由上侏罗统陆相火山岩系及海相淤积平原构成。滨海小平原狭窄,平原与丘陵交错分布,山脊或分水岭相隔,形成一丘一岙的地形。市内较大的岛屿上分布着较高山峰和丘冈,分层次构成以本岛为典型的高丘、低丘、平原、滩涂(潮间带)以及海域地貌的环状结构。较小岛屿海拔较低,以低丘地貌为主,一般为"一山一岛"或"一丘一岛"。舟山市地貌基本以丘陵为主,平原较为狭窄。在舟山市 1455 千米² 的土地中,平原仅占 30%,高丘占 6%,低丘占 61%,其他地貌类型土地占 3%。群岛环境导致舟山市可开发利用土地面积分散、狭小,开发成本高。丘陵面积在全部土地面积中所占的比重最大,导致可开发利用的土地更加有限,并在一定程度上增加了土地开发利用的难度。

随着舟山群岛新区的建设,建设用地的需求量日益增加。应适度开发低丘缓坡土地,落实国土资源部与浙江省合作协议中提出的支持浙江省积极探索实施"台地工业,坡地村镇"的低丘缓坡土地综合开发利用新模式,参照浙江省其他试点地区的政策,充分合理开发利用舟山市低丘缓坡地中适宜的建设用地,为解决舟山群岛新区经济发展与耕地保护的两难困境提供可行途径。

一、舟山群岛新区低丘缓坡资源的现状特征

(一)不同海拔高度和坡度的土地资源面积

从不同海拔高度的土地面积来看,全市海拔低于 100 米的土地面积约占土地总面积的 70%,其中海拔 0~10 米的土地面积为 420.23 千米²;海拔 10~100 米的土地面积为 599.67 千米²,这些地区是全市农作物、经济林、工矿企业、居民点用地等的集中区。地势较低的嵊泗、岱山两县,海拔低于 100 米的土地面积约占了其土地总面积的 90%。全市海拔在 100~250 米的土地面积为 192.59 千米²,占陆地总面积的 15.52%,其中群岛南部的定海、普陀两区占了绝大部分,这些地区是纯林区。海拔 250 米以上的土地面积为 28.75 千米²,占全市陆地面积的 2.32%[①],主要分布于舟山本岛。

从不同坡度的土地面积来看,全市坡度在 0°~6° 的土地面积为 442.07 千米²,占土地总面积的 35.61%。其中,定海 205.27 千米²,占 46.43%;普陀 132.27 千米²,占 29.92%;岱山 96.33 千米²,占 21.79%;嵊泗 8.20 千米²,占 1.86%。该坡级是潮土、水稻土的主要分布区,是粮、棉、畜、禽的产区,全市绝大部分耕地分布于该区。坡度在 6°~15° 的土地面积为 148.13 千米²,占土地总面积的 11.94%。其中,定海 54.60 千米²,占 10.41%;普陀 33.40 千米²,占 8.69%;岱山 51.13 千米²,占 19.36%;嵊泗 9.00 千米²,占 13.23%。此坡级土壤主要是红壤土类,是经济作物及旱地主要分布区。坡度在 15°~25° 的土地面积为 336.93 千米²,占土地总面积的 27.18%。其中,定海 152.80 千米²,占 45.35%;普陀 97.20 千米²,占 28.85%;岱山 66.73 千米²,占 19.81%;嵊泗 20.20 千米²,占 6.00%。由于土层薄,农业利用上的难度大,此坡级除有少量的开垦旱地外,基本上以林业为主,是全市林业的主要分布区,其中经济林(茶

---

① 《舟山市低丘缓坡开发利用研究》,2010 年。

叶等)占了一定的比例。坡度在 25°以上的土地面积有 312.33 千米²,占土地面积的 25.16%。其中,地势较高的定海、普陀两区占了绝大部分。由于条件的限制,该区宜发展林业。目前,此坡级尚有坡耕地 20.13 千米²。①

(二)低丘缓坡资源的数量与分布

一般而言,低丘缓坡资源主要是指海拔低于 300 米,同时坡度在 6°~15°的区域。考虑舟山市实际情况,将其低丘缓坡土地资源概念的坡度范围提高到 25°,即低丘缓坡是指海拔低于 300 米,且坡度在 6°~25°的土地。

通过叠加分析土地利用现状变更调查数据、数字高程模型 DEM、地形图等相关数据,可了解低丘缓坡资源面积及分布区域特点,划分低丘缓坡已开发区域、适宜开发区域及不可开发区域等。在开发利用过程中要扣除那些会对人们社会生活、生态环境有严重破坏的部分,确保低丘缓坡的综合开发利用不会影响当地的生态环境。根据相关法律、政策及舟山市相关规划,不能开发利用的低丘缓坡原则上包括生态公益林、自然保护区、土地利用总体规划确定的禁止建设区等。

根据坡地资源调查结果,全市可开发利用低丘缓坡资源总面积为 390.53 千米²,主要分布在定海区干览镇、小沙镇、金塘镇、白泉镇、岑港镇、环南街道、北蝉乡,普陀区东港街道、勾山街道、展茅街道、朱家尖街道、六横镇、桃花镇、东极镇,岱山县岱东镇、长涂镇、衢山镇、高亭镇、岱西镇、东沙镇,嵊泗县菜园镇、嵊山镇、洋山镇、五龙乡、黄龙乡、枸杞乡、花鸟乡。

低丘缓坡资源可开发利用的重点区块分布情况为,定海区共有重点区块 14 个,重点区块总面积 183.89 公顷,其中:耕地区块 12 块,面积为 100.53 公顷;建设用地区块 2 块,面积为 83.33 公顷。普陀区重点区块有 10 个,总面积为 854.80 公顷,其中:建设用地区块 6 块,面积为 797.47 公顷;耕地区块 4 块,面积为 57.33 公顷。嵊泗县可开发利用的

① 《舟山市低丘缓坡开发利用研究》,2010 年。

重点区块 9 个,总面积 173.47 公顷,其中:耕地 4 块,面积为 16.27 公顷;居住区 2 块,面积为 20.67 公顷;旅游区 3 块,面积为 136.53 公顷。①

二、舟山群岛新区低丘缓坡资源的开发构想

(一)开发的总体思路和基本原则

1. 总体思路

随着舟山群岛新区发展规划的实施以及海洋经济发展示范区的建设,各类建设用地的需求将快速增加,在舟山群岛新区建设过程中,可充分运用好 2011 年国土资源部与浙江省人民政府签署的合作协议,按照"全面探索、局部试点、封闭运作、风险可控"原则,探索实施"坡地村镇"的低丘缓坡综合开发利用,选择条件成熟的区块,进行城镇、工业和基础设施建设。因此,为了节约耕地资源,缓解土地供需紧张矛盾,在低丘缓坡资源的开发利用思路上,遵循"宜建则建、宜耕则耕、宜林则林"的原则:对城镇周边、土地贫瘠的区块,在符合规划的前提下,可适当开发为建设用地,以拓展发展空间,缓解建设用地紧张的矛盾;对土壤层厚、有水源的地块,在符合规划的前提下,可列为耕地开垦区,以增加耕地资源,解决耕地占补平衡问题;对林分质量较好的成片林地,尽可能保持现状,以增强生态功能,改善生态环境。

2. 基本原则

一是突出区位优势,便于整体开发。原则上要求:建设用地区块区位条件较好,靠近城市和工业功能区,有一定的资源环境承载能力和良好的基础设施配套;耕地区块有较好的气候水热、土壤、水利灌溉和农业经济大环境等条件。

二是突出县(区)积极性,便于有效开发。充分考虑县区低丘缓坡重点区块综合开发利用工作的积极性,以及区块开发前期工作的深度,便于今后区块的开发实施。

---

① 《舟山市低丘缓坡开发利用研究》,2010 年。

　　三是突出相对重要性,便于统筹开发。要考虑低丘缓坡资源在地区发展中的重要性,尤其是要考虑可开发利用土地资源较为稀缺又无滩涂围垦等其他方式补充建设用地和耕地资源的地区,便于统筹开发。

　　四是要突出生态环境保护,便于科学开发。低丘缓坡重点区块选择与开发要充分考虑生态环境的承载能力,要避免与省级以上生态公益林保护产生矛盾,避免涉及坡度在 25°以上的区域,避免开发后会产生严重水土流失的重点区域。

　　(二)开发的重点区块及其空间分布

　　舟山市扣除地质灾害频繁的区域、禁止建设区域和生态保护用地等后,可供综合开发利用的低丘缓坡地面积为 42242.00 公顷,适宜开发为建设用地的面积约有 6480.00 公顷。[①] 汇总各地低丘缓坡基础资料和开发计划,全市近期可开发项目 33 个,开发总面积 1212.13 公顷,其中可开发为耕地 174.13 公顷,可开发为建设用地 1038.00 公顷。[②] 近期低丘缓坡地重点开发区块及其项目名称、分布以及面积如下。

　　1. 市本级

　　市本级可开发 5 个项目,分布在金塘区块和六横区块,开发总面积为 411.73 公顷,其中可开发为耕地的有 41.20 公顷,可开发为建设用地的有 370.53 公顷。[③]

　　(1)金塘区块

　　金塘区块可开发 3 个项目,开发总面积为 94.53 公顷,其中可开发为耕地的有 14.53 公顷,拟开发为建设用地的有 80.00 公顷。[④]

　　该区块主要项目包括:①金塘镇浦口村造地项目,面积 8.00 公顷,现为林地,可开发为耕地,周围有道路、给排水等基础设施;②金塘镇樟树岙低丘缓坡开发项目,位于金塘镇大观村,面积 80.00 公顷,现为林地、耕地,可开发为建设用地,目前无相关配套基础设施;③金塘镇河平

---

　　①　《舟山市土地利用总体规划(2006—2020 年)》(2013 年修改版)。
　　②　《舟山市低丘缓坡开发利用研究》,2010 年。
　　③　同②。
　　④　同②。

村野岭墩低丘缓坡开发项目,面积 6.53 公顷,现为林地,可开发为耕地,周围有道路、给排水等基础设施。

(2)六横区块

六横区块可开发 2 个项目,开发总面积为 317.20 公顷。其中可开发为耕地的有 26.67 公顷,可开发为建设用地的有 290.53 公顷。[①]

该区块主要项目包括:①龙头跳-外沙门项目,位于六横东南部、台门渔港南部,面积为 209.53 公顷,现为疏林地,可开发为建设用地,定位于旅游商务开发,现有道路、电力、电信、给水、排水等配套设施;②清港后山岗项目,位于六横中部,面积为 26.67 公顷,现为疏林地,可开发为耕地,周围无配套基础设施。

2.定海区

定海区可开发 11 个项目,分布于 6 个乡镇街道,开发总面积为 89.33 公顷,其中可开发为耕地 86.00 公顷,可开发为建设用地的有 3.33 公顷。[②]

该区域主要项目包括:①干览镇双庙村东夹岙造地项目、桐子山造地项目、半山陈造地项目,这 3 个项目均位于干览镇双庙村,面积分别为 6.53 公顷、3.93 公顷、5.40 公顷,现均为林地,可开发为耕地,现有道路、给水、排水等基础设施;②干览镇新建村南洞水库上游低丘缓坡开发项目,面积为 6.67 公顷,现为林地,可开发为耕地,现有道路、给水、排水等基础设施;③小沙镇庙桥居委会古德岭造地项目,面积为 14.13 公顷,现为林地、园地、未利用地,可开发为耕地,现有道路、给水、排水等基础设施;④小沙镇华厅村造地项目和白泉镇水管口村造地项目,面积分别为 16.67 公顷和 10.00 公顷,现均为林地、园地,可开发为耕地,现有道路、给水、排水等基础设施;⑤岑港镇五龙桥建设用地复垦项目,面积为 10.00 公顷,现为建设用地、林地,可开发为耕地,现有道路、给水、排水等基础设施;⑥环南街道盘峙村长坑建设用地复垦项目,面积为 7.33 公顷,现为建设用地,可开发为耕地,现有道路、给水、排水等基础设施;

---

① 《舟山市低丘缓坡开发利用研究》,2010 年。
② 同①。

⑦北蝉乡淡水坑低丘缓坡开发项目,面积为 3.33 公顷,现为林地,可开发为建设用地,现无相关配套基础设施;⑧北蝉乡西田舍低丘缓坡开发项目,面积为 5.33 公顷,现为林地,可开发为耕地,现有道路、给水、排水等基础设施。

3. 普陀区

普陀区可开发 8 个项目,分布于 4 个街道和 2 个乡镇,开发总面积537.60 公顷。其中可开发为耕地的有 30.67 公顷,可开发为建设用地的有 506.93 公顷。[①]

该区域主要项目包括:①东港山坡地开发项目,面积为 157.60 公顷,现为农居、部分林地、荒草地和未利用地,可开发为建设用地,定位为居住房和商务区,现有道路、电力等配套设施;②城北南北开发项目,面积为 38.67 公顷,位于勾山街道,现为山林、民房,可开发为建设用地,定位为居住房和商务区,现无相关配套基础设施;③南岙开发项目,面积为186.67 公顷,位于勾山街道,现为山林、耕地,可开发为建设用地,定位为居住区,现有道路等配套设施;④黄泥岗开发项目,面积为 13.33 公顷,位于勾山街道,现为荒草地,可开发为耕地,现无相关配套基础设施;⑤响岩岗开发项目,面积为 13.33 公顷,位于展茅街道,现为荒草地、林地,可开发为耕地,现有道路等配套设施;⑥大平岗开发项目,面积为98.67 公顷,位于朱家尖街道,现为菜地、疏林地、耕地,可开发为建设用地,定位为旅游开发,现有道路、电力、电信、给水等配套设施;⑦东海明珠开发项目,面积为 25.33 公顷,位于桃花镇鹁鸪门,现为耕地、未利用地,可开发为建设用地,定位为旅游开发,现有道路、电力、电信、给水、排水等配套设施;⑧庙子湖开发项目,面积为 4.00 公顷,位于东极镇,现为耕地、林地,可垦造为耕地,现无相关配套基础设施。

4. 嵊泗县

嵊泗县可开发 9 个项目,分布于 7 个乡镇,开发总面积 173.47 公顷。其中可开发为耕地的有 16.27 公顷,可开发为建设用地的有

---

① 《舟山市低丘缓坡开发利用研究》,2010 年。

157.20 公顷。①

该区域主要项目包括:①枸杞乡、黄龙乡、菜园镇绿化村、花鸟乡开发项目,面积分别为 6.67 公顷、3.00 公顷、3.40 公顷和 3.20 公顷,现均为荒草地,可都开发为耕地,现均无相关配套基础设施;②菜园半山腰开发项目,面积为 10.00 公顷,现为荒草地(有零星建筑物),可开发为建设用地,定位为居住区,现有公路等配套基础设施;③大山开发项目,位于洋山镇,面积为 10.67 公顷,现为荒草地,可开发为建设用地,定位于居住区,现无相关配套基础设施;④滩浒岛开发项目,面积为 16.33 公顷,现为渔村,可开发为建设用地,定位为旅游区,有基本的基础设施;⑤北朝阳开发项目和南朝阳开发项目,均位于五龙乡,面积分别为 100.20 公顷、20.00 公顷,现为林地,可开发为建设用地,定位为旅游区,现无相关配套基础设施。

三、舟山群岛新区低丘缓坡资源开发利用的政策建议

低丘缓坡综合开发利用是一项综合性的系统工程,涉及产业布局调整、城镇发展、农田水利建设、地质灾害防治、水土保持、生态环境保护等方面,因此,需要采取一系列技术创新与政策激励相结合的有效措施,充分调动各个相关部门,特别是乡镇街道开展低丘缓坡资源开发的积极性,同时促进低丘缓坡资源的合理开发利用。为此,本书提出如下政策建议。

1. 细化调查,深化低丘缓坡资源开发利用的适宜性评价

由于海岛型低丘缓坡具有海岛型的地域特征,相对陆地丘陵区的低丘缓坡,其生态敏感性更强,生态承载力更低,并且分布更加零散,因此,需要从宏观和微观相结合的视角,细化低丘缓坡资源的调查评价(黄杉等,2017)。宏观视角是在整个岛的视角下看所有的低丘缓坡地,关注因素是所有低丘缓坡的共同特性;微观视角是指在单块低丘缓坡地的视角下看该低丘缓坡地块的个性差异。各低丘缓坡地之间个性差异大,单个

---

① 《舟山市低丘缓坡开发利用研究》,2010 年。

地块的内部情况复杂,难以一次性统一量化评估所有低丘缓坡地的内部情况,所以以往相对简单机械的多因子评价方法仅适用于宏观视角下分析海岛整体的低丘缓坡地适宜开发的总量和总体分布,但这不足以充分关注单块低丘缓坡地的内部特征,即微观视角下地块的特征,其主要包括:①由于地块的某些因素无法量化评估,导致在宏观层面上被忽略;②由于宏观视角下低丘缓坡地各要素取平均值,无法反映单个低丘缓坡项目区内具体地块的特征。

宏观视角下评估的适宜建设的低丘缓坡资源,并非其所有的地块都适宜建设。开发建设是以地块为单位进行,需要在进行宏观视角下的用地开发利用适宜性分析后,将用地适宜性高、面积大而集中的低丘缓坡地,作为可能开发的地块,并在微观层面对这些地块进行详细研究。此外,海岛事实上并非都是毫无建设痕迹的原生态空间,不能仅以生态条件作为制约因素,要考虑到海岛上已有的城市建设情况和未来发展规划。因此,应分别从宏观自上而下、微观自下而上两个方向研究海岛型低丘缓坡的建设用地适宜性:宏观层面上除了生态,需要增加城市发展状态和空间形态两个制约因素,以考虑海岛的城市建设现状和未来规划的影响;微观上分析适宜建设的单个低丘缓坡开发项目所有地块的水土安全格局。结合宏观与微观两个层面的结果,分析出最终适宜性分布,并以适宜性分区为基础编制相应的开发利用规划管理指引。

2.合理统筹,构建低丘缓坡综合开发利用协同机制

低丘缓坡综合开发利用协同机制的构建主要包括三个方面:

第一,探索建立"政府主导,部门协同"机制。建立健全政府负责、部门协同、公众参与、上下联动的工作机制,加强组织领导,做好统筹协调,形成工作合力。由市国土资源局牵头,市农办、发改委、财政、环保、建设、交通、水利、林业等部门参加的推进市低丘缓坡综合利用工作联席会议制度,统筹协调全市低丘缓坡建设用地开发利用工作,加强工作指导,研究推进政策,解决重大问题,审核开发项目,开展绩效考评。各县(区)建立政府牵头、部门参与的工作机制,市与县(区)部门根据各自职责分级负责,高效协同推进低丘缓坡综合开发利用工作。

第二,探索建立"公益配套,资金整合"机制。县(区)政府加大对项目区配套的路、水、电、气、讯等基础设施建设,保障低丘缓坡综合开发利用项目建设顺利实施。低丘缓坡综合开发利用项目开发为城镇建设用地的,将项目区内各项公共基础设施纳入市政工程建设,落实专项建设资金;开发为村庄建设用地的,统筹整合农房改造、美丽乡村建设、农户异地搬迁、地质灾害治理等政策,搞好项目区内各项基础设施建设。允许原有坡地宅基地实施整体旧村(自然村)改造后结余的集体建设用地由当地县级政府按照"同地同价"原则公开出让,所得收益返还村集体经济组织用于建设新农村和发展村集体公益事业。

第三,探索建立"计划倾斜,指标奖励"机制。低丘缓坡综合开发利用项目建设涉及农用地转用的,由市国土资源局根据各县(区)报备的项目建设用地实施方案,安排专项新增建设占用非耕地计划指标,各县(区)的剩余新增建设用地规划空间指标须优先保障项目建设用地;对利用原有坡地宅基地实施整村(自然村)改造的,市里按改造使用原有宅基地面积的二分之一,奖励有关县(区)新增建设占用非耕地计划指标;对项目地块开发村庄建设用地的,可适当放宽农户建房宅基地面积标准限制。涉及占用林地的,由林业部门相应安排专项占用林地定额;支持项目区内林地改造和建设;允许按相关规定对省级公益林进行局部调整,确保项目建设用地顺利开发。

3.规范管理,构建低丘缓坡综合开发利用保障机制

低丘缓坡综合开发利用保障机制的构建主要包括三个方面:

第一,探索建立"征转分离,分类管理"机制。低丘缓坡综合开发利用项目区范围内的用地,可以按照"用多少,征多少;建多少,转多少"的原则,实行"征转分离,分类管理"。凡项目区内建设占用的土地,应办理农用地转用和土地征收手续的,按建设用地实施管理;生态保留用地的,可以根据项目开发需要办理征收手续后,仍按原土地用途进行管理。符合农村道路建设标准的道路用地,可以纳入农村道路范围使用管理;符合林业生产经营条件的道路建设,可以纳入林业生产设施用地管理。项目农转用、土地征收参照城市建设用地批次报批要求实行单独组件报

批,实施专项管理。

第二,探索建立"多规合一,公众参与"机制。按照"依山而建,依势而就"的建设用地要求,结合土地利用总体规划调整完善,落实低丘缓坡综合开发利用项目区块建设用地规划空间,做好土地利用总体规划与城乡规划、林地保护利用规划等相关规划的衔接工作,实现低丘缓坡综合开发利用建设项目用地空间、布局"多规合一",确保项目能够顺利落地。对"坡地村庄"的建设用地规划选址和村庄设计,要遵循"村民自治、农民自愿"的原则,充分听取和征求村民意见,尊重和维护村民民主决策和民主管理权利,确保广大农民安居乐业,促进农村生产生活生态融合。

第三,探索建立"点面结合,差别供地"机制。低丘缓坡综合开发利用项目区内,可以根据"点状布局,垂直开发"的生态型建设用地要求,实行"点面结合,差别供地"。对实施点状布局单体开发的建设地块,可以按地块独立供地;对实施点状布局整体开发的,可以实行多个单体建筑开发建设地块整体组合供地。项目区内生态保留用地可不纳入供地范围;开发城镇建设用地的道路用地,可纳入市政道路用地管理实行划拨供地。项目区内的建筑,可根据控制性详细规划适当调整容积率、密度等要求,建设生态型村镇。项目区内旅游景区配套的咨询服务中心、游客集散中心、旅游停车场、景观绿化等公益性基础设施用地,可采用划拨方式供地。

4. 严格实施,促进低丘缓坡地综合开发利用有序推进

为有序推进低丘缓坡地综合开发利用,可从以下方面加强项目实施管理:

第一,严格项目实施过程管理。低丘缓坡地综合开发利用方案报经备案后,由县(区)政府依法办理项目土地征收审批手续,涉及农用地转用的,同时办理农用地转用审批手续。农转用涉及林地的,先行办理林地占用审核手续;征收林地不转用的,及时办理林权证变更手续。土地征收、农用地转用经市政府批准后,县(区)政府要抓紧完成用地政策处理,切实做好农民安置补偿,尽快启动项目建设,严格控制工期,避免土地长期裸露,防止水土流失。

第二,强化生态环境和地质灾害防护。严格开展环境影响评价、水

土流失和地质灾害评估,作为低丘缓坡地综合开发利用规划选址和项目立项的前提;制定落实生态环境保护、水土保持、地灾防治具体措施,防止引发生态环境、地质灾害等问题。

第三,强化自然地貌和优质耕地保护。结合低丘缓坡地综合开发利用项目区块地形地貌特征,依山而建,依势而就,科学合理开发利用低丘缓坡地,既防止削峰填谷式开发,又做到"零占耕地"。

第四,强化规划管控。以土地利用总体规划为基础,强化与相关规划的衔接,优先选择区位条件好、资源环境承载力强、非地质灾害高易发区的地块开展低丘缓坡地综合开发利用,切实做好低丘缓坡地综合开发利用规划。

第五,开展绩效考评。低丘缓坡地综合开发利用项目实施完成后,由市国土资源局会同市级有关部门进行专项验收。对未按期完成项目建设用地开发的,相应扣减年度用地计划指标。低丘缓坡地综合开发利用专项规划实施期满后,由市国土资源局会同市级有关部门组织综合考核,开展绩效评价,评价结果报告市政府,并作为低丘缓坡地综合开发利用项目所在县(区)继续开展低丘缓坡地综合开发利用项目的申报评审依据。

5. 积极创新,开展"坡地村镇"建设用地试点工作

当前,"坡地村镇"逐渐取代"台地产业"成为低丘缓坡地综合利用的主要方式(国土资源部土地制度创新专题调研组,2015),在统筹"保耕地、保生态、保发展"中发挥了初步作用,并展现出巨大潜力。作为低丘缓坡地综合利用的"升级版",要求"坡地村镇"实行"点状布局,垂直开发",在项目区块内的建筑实行依山顺势、错落有致、间距适宜的建设规划布局;建设用地按建筑落地面积进行等量开发,将未纳入建设用地开发的部分作为生态保留用地,尽量避免对建筑周边原始生态用地的占用。具体可分为3种类型:①对交通便利、紧邻城镇周边、纳入城镇建设用地开发的低丘缓坡地,可以点状布局建筑,进行单宗地开发,也可以多宗地组合开发,促进新型城镇化建设;②对结合生态移民、地灾避险、农房改造和中心村建设等,通过规划引导纳入村庄建设的低丘缓坡地,可实行点状农房建设用地或带状农房建设用地布局开发,打造生态型、集

聚型村居,促进美丽乡村建设;③对依托山林自然风景资源,开发生态(农业)观光、休闲度假、生态养生、露营运动等生态休闲旅游观光建设项目用地,可以实行点状配套设施建设用地布局开发,促进旅游业发展。

第三节 舟山群岛新区农村居民点的综合整治研究

一、舟山群岛新区农村居民点用地利用现状及特征

(一)农村居民点用地利用现状

根据舟山市土地利用现状变更调查数据,2015 年全市农村居民点用地面积为 12411.06 公顷,人均农村居民点用地面积为 302 米^2,约为浙江省人均农村居民点用地面积的 2 倍。就总量规模而言,普陀区的农村居民点用地面积最大,达 4647.53 公顷,占全市农村居民点用地面积的近 40%;其次是岱山县和定海区,分别为 3565.34 公顷和 3370.57 公顷,各约占全市的四分之一;嵊泗县面积最小,仅为 827.62 公顷。就人均规模而言,定海和普陀 2 个区低于全市平均的人均农村居民点用地面积,而岱山和嵊泗 2 个县高于全市平均水平。岱山县的人均农村居民点用地面积最大,达 478 米^2,嵊泗县次之,人均农村居民点用地面积为 308 米^2;定海区最小,为 221 米^2,但仍然超出浙江全省平均水平近 40%(表 6.7)。

表 6.7 舟山市及其各县(区)农村居民点用地利用现状(2015 年)

区域	总面积/公顷	农村人口/万人	人均面积/米^2
定海区	3370.57	15.27	221
普陀区	4647.53	15.65	297
岱山县	3565.34	7.46	478
嵊泗县	827.62	2.69	308
舟山市	12411.06	41.07	302

数据来源:作者计算整理。

(二)农村居民点用地利用特征

1. 农村居民点用地规模不断增长

2010—2015年,舟山群岛新区的农村居民点用地,无论是总规模,还是人均规模,均呈增长态势。就总量规模而言,相对于2010年,舟山群岛新区2015年农村居民点用地规模增加了1650.21公顷,增长了15.34%,年均增长率超过3%;其中定海和普陀两个区增长了近20%,年均增长率约为4%。就人均规模而言,舟山群岛新区农村居民点用地总量增加的同时,农村人口在不断减少,导致人均农村居民点用地增长幅度较大。2010—2015年舟山群岛新区农村居民点用地人均规模增加了近40米^2,增长幅度最大的岱山县超过70米^2,定海区和普陀区的人均农村居民点用地面积增长率均超过23%,年均增长率约为5%(表6.8)。

表6.8　舟山市及其各县(区)农村居民点用地变化(2010—2015年)

区域	2010年			2010—2015年		
	总面积/公顷	农村人口/万人	人均面积/米^2	总面积/公顷	农村人口/万人	人均面积/米^2
定海区	2844.78	15.84	180	525.79	−0.57	41
普陀区	3898.57	16.24	240	748.96	−0.59	57
岱山县	3208.15	7.88	407	357.19	−0.42	71
嵊泗县	809.35	2.86	283	18.27	−0.17	25
舟山市	10760.85	42.82	264	1650.21	−1.75	38

数据来源:作者计算整理。

2. 村庄布局分散,人均基础设施建设成本高

由于受到海岛分布等自然因素和传统居住习惯的影响,以及缺乏强有力的规划引导措施,大部分村庄在空间分布上显得非常分散。长期以来,村庄建设基本上处于自发性的发展之中,农村居民点散而小,极大地增加了公共设施和生活基础设施的建设难度,提高了建设成本,也造成了土地资源利用过程中的浪费。

3. 农村建筑杂乱,容积率低

农村建筑大多历史悠久,不同年代、不同结构的建筑物相互交叉,大

多数村庄的房屋存在朝向各异、错落不齐、道路质量差、功能混杂等问题。此外,农村建筑物以两三层楼房为主,占地面积大而容积率低,农村居民点用地粗放利用情况比较普遍。

4. 集约化程度低,空心村现象较普遍

农村宅基地户均占地量大,土地集约化利用程度较低。随着城市化进程的加快,农村人口大量流向城镇,使得农村住宅空置现象突出,很多农村居民点已成为名副其实的"空心村"。由于现行户籍制度,虽然有些家庭已举家迁往城镇,但户口还在原地,原有房屋往往保留,形成"空心宅"。

二、舟山群岛新区农村居民点用地整治潜力

综合考虑舟山群岛新区长远发展所需的要素保障,按照内聚外引原则,积极引导重点生态保护区域和偏远小岛的人口逐步向外迁移,引导和鼓励人口向舟山岛、岱山岛、六横岛、金塘岛、泗礁岛等资源环境承载能力较强、新兴产业发展较快的宜居区域转移,不断提高人口素质,促进人口集聚,以城市化促进新渔农村建设。根据《舟山市定海区土地利用总体规划(2006—2020年)》(2013年调整完善版),舟山群岛新区将严格控制城乡建设用地规模,按照统筹城乡发展和新农村建设的要求,以落实城乡建设用地增减相挂钩政策为核心,结合农村土地综合整治和"大岛建,小岛迁"的原则,积极推进村庄撤、扩、并,建设中心村,加强新农(渔)村建设,加快并完善农村公共基础设施建设,促进城乡统筹发展,在本岛布置小沙、白泉和勾山等三个农村居民的集聚区。规划2020年舟山群岛新区人均农村居民点用地下降至155米^2,减少农村居民点用地545公顷,新农(渔)村建设用地总规模控制在10950公顷以内。舟山群岛新区各个县区农村居民点用地整治潜力的具体情况如下。

(一)定海区

定海区将引导农村建设向农居集聚区集中,促进村庄适度集聚和土地等资源的集约利用,促进农村基础设施和公共设施集约配置;严格保护海岛特色村,控制农居保留区和农居控制区的新增农村用地。大力推

进城乡一体化进程,实行渔农村宅基地自愿有偿退出机制,逐步推进农居禁建区的撤并、迁移。

根据《舟山市定海区土地利用总体规划(2006—2020年)》(2013年调整完善版),通过积极推进和实施农村土地整治,至2020年,定海区的村庄面积将调整为2825公顷。通过引导村庄集聚发展、农村土地综合整治等措施,定海区的人均农村居民点面积将下降为120米^2。定海区将规划布局69个农居集聚区、9个特色村保护区、50个农居保留区、136个农居控制区和84个农居禁建区。至2020年,定海区将规划建设36个农居集聚区,重点建设小沙农居集聚区和白泉农居集聚区。

按照美丽海岛的建设思路,结合农房改造建设,定海区将实施农村宅基地有偿退出机制,积极开展现代化农居集聚区建设。结合标准农田质量提升和基本农田示范区建设,深入开展农村土地综合整治,推动农渔村人口、产业和公共服务设施向中心镇、中心村集聚,促进农渔村的集约发展、集聚发展。定海区将通过农村土地综合整治,对84个农居禁建区内的村庄用地进行逐步整治,规划农居禁建区主要为水源保护区内的小村庄、偏远渔村、地质灾害区内的村庄、空心村等。至2020年,定海区将缩并、复垦村庄面积534公顷,农村居民点人均面积控制在120米^{2}以内。

(二)普陀区

结合"大岛建,小岛迁"战略,普陀区将引导村庄用地适度向大岛平坦地区、建设条件适宜的低丘缓坡地带集中。按照新农村建设、农村农房改造、千村示范万村整治规划和城乡建设用地增减相挂钩的要求,根据《舟山市普陀区土地利用总体规划(2006—2020年)》(2013年调整完善版),普陀区将积极推进和实施农村土地整治,农村土地综合整治的重点区域为朱家尖街道、桃花镇,重点做好朱家尖街道西荷村、桃花镇茅山村、沈家门街道登步岛蛏子港村的农村土地综合整治。至2020年,普陀区将缩并、复垦村庄面积为161公顷,村庄面积调整为3639公顷,人均农村居民点面积不超过136米^2。

结合村庄布点规划和渔农村建设规划,同时结合海岛渔农村居民点分布的特点,普陀区将制定迁村并点、集中居住的激励政策,统筹安排新农村建设用地,农村居民适度集聚,逐步优化空间布局。至 2020 年,普陀区将实施村改居 30 个,建设 17 个中心村、38 个基层村,撤并 16 个村,重点建设芦花村、螺门村、茅洋村、大展村、顺母村、西岙村、南沙村、莲兴村、双塘中心村、台门中心村、田岙中心村、嵩山村、茅山村、晨港村、蚂蚁岛村、沙头村、前山村等 17 个中心村;中心村和基层村人均农村建设用地分别控制在 125 米² 和 140 米²。普陀区将严格限制分散建房的宅基地审批,鼓励农民进城镇购房或按规划集中建房。按规定建房后,原住房拆除复耕或转让给符合条件的建房户,防止闲置浪费。复耕的宅基地可置换用于城镇、工业小区建设。

（三）岱山县

按照全县人均农村居民点现状利用水平,通过"大岛建,小岛迁"和"撤小村建大村"等举措,适度集中归并农村居民点,加大整治农村建设用地,根据《舟山市岱山县土地利用总体规划(2006—2020 年)》(2013 年调整完善版),到 2020 年,岱山县通过农村土地综合整治,对低效利用的旧村庄再开发利用规模为 175 公顷,农村居民点用地规模控制在 2560 公顷以内,人均农村居民点用地控制在 117 米² 以内。

岱山县将充分考虑农村产业经济发展前景和农(渔)民生活习惯,按照"大岛建,小岛迁"的战略,形成科学合理的村庄布局。到 2020 年末,全县农村居民点用地将主要较集中地分布于县域各个大岛屿的中心村和行政村,加强对"低、小、散"、"空置闲置"等类型居民点的集约利用,控制自然村落用地选址的无序性和散落布局的随意性,促进城乡统筹发展。为此,结合村庄整治规划以及村庄布点规划,岱山县将村庄划分等级并制定相应用地标准。

1.村庄等级体系

全县村庄分为四个等级:村改居型、中心村型、基层村型和撤并村型。全县共有 39 个渔农村新型社区、11 个城镇社区、85 个行政村、488个自然村。①村改居型:自然村归入村改居型,并入城镇范围;②中心村:规划中心村,由自然村合并形成,分别为摇星浦村、双合村、泥峙村、龙头村、虎斗村、南峰村、南浦村、江南村、中段村、倭井潭村、皇坟村、四平村、田涂村、秀北村;③基层村:规划保留的基层村,规划期内保留现状;④撤并村:规划撤并的自然村,规划期内实施拆迁复垦,对已实施"小岛迁"的扁担山岛、东寨岛等废弃、闲置的现状建设用地进行腾退整理。

2.村庄用地标准

第一,新建中心村如占用耕地,人均建设用地指标严格控制在 95 米^2 以内;如占用非耕地,人均建设用地指标放宽至 100 米^2 以内。扩建中心村人均建设用地指标严格控制在 110 米^2 以内。第二,基层村人均建设用地指标严格控制在 120 米^2 以内。

(四)嵊泗县

按照新渔农村建设和城乡统筹的要求,结合"365 集约节约用地行动计划"、"812 土地整治工程"、"千村示范万村整治"以及"大岛建,小岛迁"战略,嵊泗县将深入开展农村土地综合整治,打造各具特色的"美丽海岛、乐活渔村"精品村(精品社区)。通过农村土地综合整治,缓解土地供需矛盾,优化农村土地利用结构和布局,推进城镇基础设施和公共配套设施向农村延伸,推进城乡基本公共服务均等化,全面改善海岛渔农村人居环境,积极推进村庄撤、扩、并,有序引导人口向城镇和中心村集聚,推进废弃建设用地盘活和复垦工作。规划到 2020 年,全县人均农村居民点用地控制在 130 米^2 以内。

嵊泗县将以新渔农村建设规划为依据,根据农村住宅分类建设思路,按照集聚区、保留区、控制区、禁建区四种类型,以及聚集发展、引导发展、限制发展、整体搬迁、逐步搬迁等村庄发展空间策略,促进村庄适度集聚和土地资源节约集约利用,逐步优化空间布局,重点加强散乱、废弃、闲置和低效利用农村建设用地整理。重点建设 13 个新型渔农村社区,包括菜园镇的金沙社区、金平社区、绿华社区,洋山镇滩浒社区,嵊山镇的前卫社区、壁下社区,五龙乡的东山社区、朝阳社区,枸杞乡的大王社区、龙泉社区,黄龙乡的南港社区、北港社区,花鸟乡的花鸟社区。实施村改居 13 个,建设中心村 1 个,人均农村建设用地按 140 米^2 控制。

三、舟山群岛新区农村居民点用地整治政策指引

(一)农村居民点用地整治原则

以规划和政策引导农村居民点迁村并点、向中心村和城镇集聚,实施城镇建设用地增加与农村建设用地减少相挂钩制度,推进农村居民点用地综合整治。在农村居民点用地整治过程中,应遵循以下原则:

第一,坚持农民主体,政府引导。各级政府要始终把农民群众的利益放在首位,尊重农民群众的意见,考虑农民群众的承受能力,兼顾满足农民群众在精神文化层面对新农村建设的新要求、新希望,实事求是,量力而行,防止强迫命令。要充分发挥农民群众的主体地位,充分调动农民群众的积极性和创造性,在规划设计、建房选址、建设施工、建材选购、质量管理、工程验收等各个环节,让农民群众享有知情权、参与权、决策权和监督权,引导广大农民共建幸福家园。

第二,坚持统筹谋划,有序推进。各地要根据各个村庄在县市域村庄布局规划中的不同定位,统筹城乡规划,推动形成"中心集聚、点轴推进、带动腹地、网络发展"的城乡空间发展格局。要着眼于镇域乃至县市域的发展要求,优先选取区位条件好、有一定基础、辐射带动能力强的村庄,开展农房建设改造示范村试点,科学确定示范村的发展方向,统筹安排基础设施和公共服务设施建设,优化资源要素配置,科学推进农房建设改造示范村工程建设。

第三,坚持立足实际,彰显特色。示范村建设要从实际出发,充分立足村庄现有基础条件,切实把握村庄的肌理结构和文化内涵,灵活、合理安排农民住房、公用设施、生态要素,最大限度保留乡土元素,切忌脱离实际盲目求大、求新、求洋、求全。要深入发掘、培育和做强村庄个性特点,在人文历史、自然生态、居民风貌、民俗文化、农林渔业、悠闲旅游、基层建设和社会管理等一个或多个方面突出特色,努力建设成为主题突出、特色鲜明、内涵丰富、韵味独特的高品质农村居民点,防止千户一面、千村一面。

第四,坚持资源节约,环境保护。严格执行"一户一宅,建新拆旧"政

策,充分挖掘用地潜力,鼓励不占或少占耕地,尽可能利用空闲地、低丘缓坡地建房,做到各类用地安排合理紧凑、村庄布局集中适度,实现节约集约用地。积极采用适宜的节能型建筑材料和技术工艺,充分利用太阳能、风能、沼气等可再生能源,确保村庄生活垃圾、生活污水得到有效治理,农民生产生活生态环境得到有效保护和改善,建设绿色低碳农居。

(二)不同区位的农村居民点用地整治指引

1.城市中心城区农村居民点整治指引

对城市中心城区农村居民点整治以拆迁安置小区项目为主。按照城市社区建设标准,统一规划、建设、管理,严格规划选址和建筑设计,完善基础设施建设和公共服务设施,实行社区物业化管理,建设一批建筑优美、设施完备、环境舒适的现代化住宅小区。拆迁安置房以多层公寓式住宅为主,限制并逐步取消独立式和联排式住宅。

2.城中村农村居民点整治指引

对城中村农村居民点整治以修缮为主。避免大拆大建,保留结构较好和布局合理的房屋,对危旧房比较集中,规划确需集中改造的,进行集中连片改造或原拆原建。

3.城郊村农村居民点整治指引

对城郊村农村居民点整治以公寓房建设项目为主。按照政府指导、政策引导、市场运作、多元投入、规范管理的思路,建设一批渔农村公寓房、农民工公寓房。

4.边远小岛农村居民点整治指引

对边远小岛农村居民点整治以异地搬迁安置为主。积极鼓励边远小岛居民异地批地或集中统一建房,优化安排小岛居民集中异地建房安置。对五保户、低保户等,在人口集聚地建设廉租住房、敬老院,实行集中居住;对有一定经济能力的,在镇区或中心村统一建设移民新村及渔农民公寓房进行安置;对较为富裕的,鼓励其购置城镇商品房,有计划地逐步减少边远小岛的居民数量。

5.中心村周边农村居民点整治

对中心村周边农村居民点整治以中心村建设项目为主。通过建设中心村新集聚区,把分散在周围各个自然点的农户集聚起来,逐步建设要素集约、人口集中、产业集聚、功能集成的中心村。

(三)不同类型的农村居民点用地整治指引

1.历史文化型农村居民点用地整治指引

优先保护历史风貌,维护传统民居,并结合村庄整治、建设进行有机更新。重点是全市 30 多个历史文化村落,如定海区马岙镇乌岙村、金塘镇柳行村等。通过发掘村庄历史文化的深层次内涵,处理好村落原有的建筑形态、空间构成、院落布局等建筑文化特色的延续性,保护村庄的特色风俗、传统技艺、地方戏曲等非物质遗存,并将其附着到具体的物质空间上,通过特色街区、文化景点等设施建设,结合物质遗存和非物质遗存的有效保护和利用,传承村庄文脉,维护和塑造村庄特色。

从整体上保护历史建筑、环境和传统空间格局的原真性,保护村落风貌的完整性,传承地方历史文脉,再现浓郁的地方传统文化氛围。将文化村的保护范围划分为核心保护区和建设控制地带两个层次:在核心保护区对重点保护院落的格局和传统氛围进行严格维护,并将其挂牌、建档;对于建设控制地带,根据实际情况开展保护、整饬、保留或拆除等整治措施。严格控制历史风貌地区的天际轮廓线,控制更新建筑高度与风格形式。

2.特色产业型农村居民点用地整治指引

应以村镇建设规划为指引,统筹整合农村资源,实现农村产业的有序规范发展,如岱山县林家村。根据产业发展实际情况,对全村区域进行生活区、农业生产区、工业区或观光农业区等板块划分。梳理原村落内部空间,协调好工业区域、农业区域、道路、绿化等现代需求与村庄传统布局的适应性。为集中发展产业经济,可通过新建住宅小区等途径建设若干相对独立的住宅组团,实现生活区的相对聚集。村庄发展产业经济的同时,需注重当地生态环境的保护,应使产业经济的发展与当地的生态人居环境相协调。

3.观光旅游型农村居民点用地整治指引

具有特色风光的村庄,应因地制宜,充分挖掘旅游资源,着力发展旅游产业。要强化旅游规划,合理制定建设规模和开发强度,科学规划旅游项目,合理组织旅游路线,避免游客对村民生活的不合理干扰。统筹安排村庄基础配套设施及景区服务设施建设,完善交通条件。优化村庄布局,结合景区特色进行合理分区,形成居民生活区、旅游核心区、旅游商业区等区域。对于景区内部及周边的建筑、民居,要在保持地方传统风格的基础上进行适度改造,使改造后的村庄整齐美观,新老建筑相协调,并与其景区特色相符合。

参考文献

[1] ALONSO W. Location and land use: toward a general theory of land rent [J]. Economic Geography,1964(3):11-26.

[2] BONDAD-REANTASO M G, SUBASINGHE B P, JOSUPEIT H, et al. The role of crustacean fisheries and aquaculture in global food security: past, present and future[J]. Journal of Invertebrate Pathology, 2012(2):158-165.

[3] BOUMA J, BATJES N H, GROOT J J R. Exploring land quality effects on world food supply[J]. Geoderma,1998(1-2):43-59.

[4] CAO M K, MA S J, HAN C R. Potential productivity and human carrying capacity of an agro-ecosystem: analysis of food production potential of China[J]. Agricultural Systems,1995:387-414.

[5] CHRISTOPHE B, MANUEL B. Feeding 9 billion by 2050-putting fish back on the menu[J]. Food Security,2015(7):261-274.

[6] FERNG J J. Effects of food consumption patterns on paddy field use in Taiwan[J]. Land Use Policy,2009(3):772-781.

[7] FOGEL R W. The escape from hunger and premature death,1700-2100: Europe, America, and the Third World[M]. Cambridge: Cambridge University Press,2004.

[8] GERBENS-LEENES P W，NONHEBEL S，IVENS W P M F. A method to determine land requirements relating to food consumption patterns[J]. Agriculture，Ecosystems and Environment，2002（1）：47-58.

[9] INGRAM J S I，GREGORY P J，BRKLACICH M. Climate change and food security[J]. Philos Trans R Soc Lond B Biol Sci，2005(1463):2139-2148.

[10] MAHFUZUDDIN A，MYLENE H L. Improving developing country food security through aquaculture development—lessons from Asia[J]. Food Policy,2002(27):125-141.

[11] NATHANAEL H，NEILB R. Farming fish for profits：a small step towards food security in sub-Saharan Africa[J]. Food Policy，2006(5):401-414.

[12] PENNING de V F W T，VVA K H，RABBINGE R. Natural resources and limits of food production in 2040[M]//BOURMA J. Eco-regional approaches for sustainable land use and food production. The Netherlands：Kluwer Academic Publishers，1995：65-87.

[13] PINSTRUP-ANDERSEN P. Food security：definition and measurement[J]. Food Security，2009(1):5-7.

[14] WALFORD N. Agricultural adjustment：adoption of and adaptation to policy reform measures by large-scale commercial farmers[J]. Land Use Policy,2002(3):243-257.

[15] 伯大华.威海市城市建设用地节约集约利用研究[D].济南:山东大学,2015.

[16] 曹端海.从新加坡土地管理经验谈土地可持续利用[J].中国国土资源经济,2012(6):20-23.

[17] 曹瑞芬,蔡银莺,张安录,等.中国土地用途管制绩效的时空差异性分析[J].资源科学,2013(6):13-21.

[18] 曹志宏.基于谷物当量的中国居民食物消费变化及其对农业生产需求分析[J].资源科学,2013(11):2181-2187.

[19] 陈百明.中国农业资源综合生产能力与人口承载能力[M].北京:气象出版社,2001.

[20] 陈吉余.中国围海工程[M].北京:中国水利水电出版社,2000.

[21] 陈先伟,辜寄蓉,杨海龙.城市土地集约利用与土地供需关系研究[J].资源开发与市场,2010(10):924-928.

[22] 迟凤玲.典型国家(地区)食物安全管理模式研究[D].北京:中国农业科学院,2006.

[23] 戴必蓉,杨子生.土地节约与集约利用的概念和内涵探析[J].全国商情(理论研究),2010(7):119-120.

[24] 丁声俊.实施"以粮食为重点的综合化食物安全"新战略[J].粮食问题研究,2008(3):10-21.

[25] 杜红亮,陈百明.食物综合生产能力地区间差异的定量评估——以河北省为例[J].资源科学,2010(2):346-352.

[26] 杜能,约翰·冯,吴衡康.孤立国同农业和国民经济的关系[M].北京:商务印书馆,1986.

[27] 段兆广.我国城市土地集约利用对策研究[J].国土资源导刊,2007(4):12-13.

[28] 樊保军.政策导向影响下我国建设用地集约利用内涵与实例特征分析[J].上海城市规划,2015(4):81-86.

[29] 范华.新加坡白地规划土地管理的经验借鉴与启发[J].上海国土资源,2015(3):31-34.

[30] 封志明,陈百明.中国未来人口的膳食营养水平[J].中国科学院院刊,1992(3):21-26.

[31] 封志明,孙通,杨艳昭.2003—2013年中国粮食增产格局及其贡献因素研究[J].自然资源学报,2016(6):895-907.

[32] 高国力.新加坡土地管理的特点及借鉴[J].宏观经济管理,2015(6):86-89.

[33] 国土资源部土地制度创新专题调研组."坡地村镇":开创低丘缓坡地综合利用新阶段[J].中国土地,2015(11):7-11.

[34] 何秀荣,肖海峰,朱启荣,李鹏,等.中国国家层面的食物安全评估[J].中国农村观察,2004(6):14-22,80.

[35] 黄继辉,张绍良,侯湖平,等.城市土地节约利用与集约利用概念辨析[J].国土资源导刊,2006(6):17-19.

[36] 黄明华,田晓晴.关于新版《城市规划编制办法》中城市增长边界的思考[J].规划师,2008(6):13-15.

[37] 黄杉,董越,华晨.浙江省舟山群岛新区海岛型低丘缓坡土地开发利用的方法与应用[J].浙江大学学报(工学版),2017(5):879-886.

[38] 李蕊超,金藏玉,林慧龙.传统牧区草地农业替代战略——基于6大牧区的研究[J].草地学报,2014(4):685-690.

[39] 林坚,张沛,刘诗毅.论建设用地节约集约利用评价的技术体系与思路[J].中国土地科学,2009(4):4-10.

[40] 林坚.地价、容积率、城市规划[J].北京规划建设,1994(4):39-42.

[41] 刘润秋.耕地占补平衡模式运行异化风险及其防范[J].四川大学学报(哲学社会科学版).2010(3):89-96.

[42] 刘婷.城乡建设用地节约集约利用评价研究[D].南京:南京农业大学,2010.

[43] 刘新卫,张丽君,李茂.中国土地资源集约利用研究[M].北京:地质出版社,2006.

[44] 刘彦随,王介勇,郭丽英.中国粮食生产与耕地变化的时空动态[J].中国农业科学,2009(12):4269-4274.

[45] 刘长民.从粮食和营养安全视角看中国水产养殖业发展[J].中国渔业经济,2014(2):12-17.

[46] 卢良恕,刘志澄.中国中长期食物发展战略[M].北京:农业出版社,1993.

[47] 卢良恕.中国农业新发展与食物安全[J].中国食物与营养,2003(11):13-16.

[48] 陆红生.土地管理学总论[M].北京:中国农业出版社,2015.

[49] 马明.关于容积率的认识与思考[J].住宅科技,2011(6):21-24.

[50] 孟展,傅介平.新形势下耕地占补平衡制度改革路径初探[J].农村经济与科技,2015(3):26-27,66.

[51] 南雪倩.香港土地政策与土地利用机制[J].北京规划建设,2016(3):9-4.

[52] 欧阳安蛟.容积率影响地价的作用机制和规律研究[J].城市规划,1996(2):18-21.

[53] 邱宜伦.舟山市围垦造地过程存在的问题及对策[J].浙江国土资源,2011(6):28-29.

[54] 任继周,侯扶江.改变传统粮食观,试行食物当量[J].草业学报,1999(S1):55-65.

[55] 任继周,林慧龙.农田当量的含义及其所揭示的我国土地资源的食物生产潜力——一个土地资源的食物生产能力评价的新量纲及其在我国的应用[J].草业学报,2006(5):1-10.

[56] 任继周,南志标,林慧龙.以食物系统保证食物(含粮食)安全——实行草地农业,全面发展食物系统生产潜力[J].草业学报,2005(3):1-11.

[57] 石忆邵,彭志宏,陈永鉴,等.国际大都市建设用地规模与结构比较研究[M].北京:中国建筑工业出版社,2010.

[58] 帅文波,杜新波.土地节约集约利用内涵及机制研究[J].生态经济(中文版),2013(4):52-57.

[59] 宋娟,江曼琦,张伟.建设用地节约集约利用机理研究[M].天津:南开大学出版社,2015.

[60] 孙计川.耕地占补平衡政策要点与地方实践探索[J].中国房地产,2016(10):69-77.

[61] 孙蕊,孙萍,吴金希,等.中国耕地占补平衡政策的成效与局限[J].中国人口·资源与环境,2014(3):41-46.

[62] 孙文盛.节约集约用地知识读本[M].北京:中国大地出版

社,2006.

[63] 谭永忠,何巨,岳文泽,等.全国第二次土地调查前后中国耕地面积变化的空间格局[J].自然资源学报,2017(2):186-197.

[64] 谭永忠,吴次芳,王庆日,等."耕地总量动态平衡"政策驱动下中国的耕地变化及其生态环境效应[J].自然资源学报,2005(5):727-734.

[65] 唐菊华,吕昌河.我国城市化过程中实施耕地占补平衡的问题与对策[J].安徽农业科学,2008(9):3837-3839,3902.

[66] 唐羽彤,林慧龙.食物安全评价及其发展的路径选择[J].草业学报,2015(7):189-196.

[67] 唐在富,冯利红.香港土地管理的做法及启示[J].经济纵横,2014(10):30-34.

[68] 汪波,王伟华.城市土地集约利用的内涵及对策研究[J].重庆大学学报(社会科学版),2005(5):16-18.

[69] 王家庭,张换兆,季凯文.中国城市土地集约利用[M].天津:南开大学出版社,2008.

[70] 王静,邵晓梅.土地节约集约利用技术方法研究:现状、问题与趋势[J].地理科学进展,2008(3):68-74.

[71] 王静,杨小唤,蔡红艳.20a 来中国占补耕地光温生产潜力时空特征[J].自然资源学报,2013(1):126-136.

[72] 王洛忠,秦颖.产量"十连增"背景下我国粮食安全问题研究[J].中共中央党校学报,2014(1):77-83.

[73] 王梅农,刘旭,王波.我国耕地占补平衡政策的变迁及今后走向[J].安徽农业科学,2010:19034-19037,19059.

[74] 王情,岳天祥,卢毅敏,等.中国食物供给能力分析[J].地理学报,2010(10):1229-1240.

[75] 王万茂.土地用途管制的实施及其效益的理性分析[J].中国土地科学,1999(3):9-12.

[76] 王文刚,庞笑笑,宋玉祥.土地用途管制的外部性、内部性问题及制

度改进探讨[J].软科学,2012(11):33-37.

[77] 王跃先,崔童.以粮食安全为视角论耕地占补平衡[J].学理论,2012(6):27-28.

[78] 吴海鹏.试析美国粮食战略对中国居民膳食结构的改变[J].世界农业,2014(6):51-59

[79] 吴群,王婵婵.城市土地市场供需机制研究综述[J].商业研究,2008(5):207-210.

[80] 谢敏,郝晋珉,丁忠义,等.城市土地集约利用内涵及其评价指标体系研究[J].中国农业大学学报,2006(5):117-120.

[81] 辛良杰,王佳月,王立新.基于居民膳食结构演变的中国粮食需求量研究[J].资源科学,2015(7):1347-1356.

[82] 熊敏光,刘子仁.耕地占补平衡存在的问题及实现途径[J].农村经济与科技,2013(8):73-74.

[83] 徐再彬.城市建设用地节约集约利用内涵分析及机制研究[J].经营管理者,2017(8):308.

[84] 许红燕,黄志珍.舟山市水资源分析评价[J].水文,2014(3):87-91.

[85] 许坚,邵捷传.科学发展观与土地资源节约和集约利用——中国科协2005年学术年会第38分会场综述[J].中国土地科学,2005(6):54-56.

[86] 许丽丽,李宝林,袁烨城,等.2000—2010年中国耕地变化与耕地占补平衡政策效果分析[J].资源科学,2015(8):1543-1551.

[87] 许世卫.新时期中国食物安全发展战略研究[M].济南:山东科学技术出版社,2003.

[88] 杨海龙.土地集约利用解决土地供需矛盾的系统动力学分析[D].成都:四川师范大学,2010.

[89] 杨升,梁娟,封薇薇,等.舟山海岛滩涂资源开发利用与可持续发展研究[J].海洋开发与管理,2012(3):17-21.

[90] 岳永兵,刘向敏.耕地占补平衡制度存在的问题及完善建议[J].中国国土资源经济,2013(6):13-16.

[91] 翟国强.关于确定居住用地容积率的几点思考[J].规划师,2006(12):
74-76.

[92] 张铭羽,赵文武,吴万夫.发展水产品生产为保障食物安全做贡献[J].
中国渔业经济,2004(6):5-7,.

[93] 张雪雪.关于土地用途管制的比较研究及借鉴意义[J].长春教育
学院学报,2015(12):18-20.

[94] 赵学敏.湿地:人与自然和谐共存的家园——中国湿地保护[M].
北京:中国林业出版社,2005.

[95] 赵姚阳,蒋琳琳,王洁.居民膳食结构变化对中国食物生产用地需
求的影响研究[J].中国人口·资源与环境,2014(3):54-60.

[96] 浙江省水利厅.浙江省地下水利用与保护规划[R].2009.

[97] 浙江省水利厅.浙江省水资源公报[R].2012.

[98] 中华人民共和国国土资源部.国务院关于深化改革严格土地管理
的决定[EB/OL].[2004-12-28].http://www.mlr.gov.cn/xwdt/
jrxw/200412/t20041227_633678.htm.

[99] 中华人民共和国国土资源部.中国国土资源统计年鉴[M].北京:
地质出版社,2000—2011.

[100] 中华人民共和国国土资源部.中华人民共和国土地管理法[EB/OL].
[2007-11-27]. http://www.mlr.gov.cn/tdzt/zdxc/tdr/2003/
2003/200711/t20071127_664322.htm.

[101] 周爽.农用地节约集约利用研究——以东昌府区为例[D].重庆:
西南大学,2012.